非 暴 力 的 细 节 ： 甘 地 书 信 选

梵澄译丛·主编闻中

非暴力的细节
甘地书信选

［印］莫罕达斯·卡拉姆昌德·甘地　著

阮思余　庄楠　等译

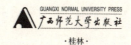
GUANGXI NORMAL UNIVERSITY PRESS
广西师范大学出版社
·桂林·

前言

　　此选集是圣雄甘地生前所写的书信汇编，这些信件在甘地生前并未出版过。在其去世之后，人们才将其生前写给友人与同事的诸多信件进行系统的整理。我们已经试图根据不同的主题对这些信件所包含的重要思想进行了甄选与分类。

　　选集的第一部分完整地收录了一百封信件。大部分都是针对重大时事写成的。读者们定能通过这些信件洞悉甘地吉（Gandhiji[①]）那丰富多变的人格魅力。

　　选集的第二部分收录了甘地吉写给同事以及重要公众人物的诸多信件，其中蕴含着甘地吉的众多思想。我深信这些信件中蕴藏着重大的普世意义，也将会吸引世界各地的读者。

什里曼·纳拉扬（Shriman Narayan）

邦长官邸

艾哈迈达巴德

1968 年 10 月 16 日

[①]　Gandhiji 是印度人对甘地的一种尊称，类似于"甘地翁"的意思。——译者注

目 录

第一部分　信件

1. 致达达拜·纳奥罗吉 [①]

[这封信应该是甘地吉写给纳奥罗吉的许多信件中的第一封。纳奥罗吉熟悉南非印度人的问题。早在 1891 年他们向英国政府请愿的时候，纳奥罗吉就与他们有过接触。[②] 我们无法获得这封信的完整版本。以下内容选自马萨尼所著《达达拜·纳奥罗吉：伟大的印度长者》(*Dadabha Naoroji: The Grand Old Man of India*) 一书的第 468—469 页。]

德班

1894 年 7 月 5 日

纳塔尔成为"责任政府"后的第一届议会很大程度上已成为一个"印度人"议会。它的多数立法议题是关于印度人的，但绝不利于印度人。总督在立法院和立法会上公开坦言，他的部长们将会处理印度人在纳塔尔的公民权问题——虽然印度人在自己的国家里也从来没有

---

① 达达拜·纳奥罗吉（1825—1917），以"伟大的印度长者"闻名的先驱政治家；在 1886、1893 和 1906 年先后担任印度国大党的主席；他是第一位将司瓦拉吉（即"自治"）列为国大党目标的领袖；1893 年，纳奥罗吉当选为英国下议院议员。

② 甘地曾领导南非印度侨民反抗当地政府的一系列歧视政策，并向殖民南非的英国政府请愿。——译者注

获得这种权利。（部长们）之所以取缔印度人的公民权，是因为他们从来没有也不配享有这种权利。

印度人的请愿书为此问题揭开答案。他们摇身一变，换了一个说法坦言这一法案的真实目的，其说法非常简单："我们再也不需要印度人待在这儿。我们需要苦力，他们在这儿必须保持奴隶身份。一旦他们获得了自由，就应该回到印度去。"我非常诚恳地希望您集中关注这个事情，并且恳求您运用自己的影响力——正如一直以来的那样，不论任何情况，您都为印度人说话。印度人像儿子敬重父亲一样敬重您。这是这里的人们的普遍想法。

至于我和自己的工作，我必须得说，我还年轻，没有经验，很容易犯错误。我承担的责任远远超出了我的能力。或许我提到过，我做这一切是没有回报的。所以，您将会明白，我承担起这个超出我能力范围的事情，目的不是为求自利而不惜使印度侨民利益遭受危险。原因只是当下我是唯一能够处理这个事情的人。为此，如果您可以热心地指引我、教导我，并且提出一些诚如父亲对儿子般必要的建议，我将会不胜感激。

选自《甘地文集》第 1 卷，第 105—106 页

2. 致戈帕尔·克里希纳·戈克利^①

律师行 21—24 号

希克街和安德森街交汇处

约翰内斯堡

1910 年 8 月 15 日

致尊敬的戈克利教授，

浦那

亲爱的戈克利教授：

　　《印度舆论》(*Indian Opinion*) 这份报纸您是知道的。它一直以来都致力于一项在我看来非常值得您关注的事业。在这里，我想向您坦率直言，因为您对我非常了解，我可以直言无忌。当我看到马登吉特 (Madanjit) 先生因为缺乏资金而难以维系这份报纸时，并且当我获悉他这样做只是出于爱国热忱时，我便倾囊捐助他。还需要告诉您的是，3 个月前，我事实上成为了这份报纸的负责人和管理者。马登

---

① 戈帕尔·克里希纳·戈克利 (Gopal Krishna Gokhale，1866—1915)，政治家和教育家；自从很早就和印度国大党联系在一起；1905 年主持印度贝拿勒斯会议；在印度西部城市浦那创办了印度公仆社；1912 年在甘地的邀请下访问了南非。

吉特先生仍然是名义上的资产人和出版商，因为我认为他已经为我们印度社区做出了许多贡献。现在我的事务所纯粹只能为了《印度舆论》的经费而运作了，并且我个人必须负责多达 3500 英镑的经费。我向一些与我关系亲密的英国朋友，介绍了信里所谈的这个项目，[①]他们很开心地参与进来。目前报纸运作良好，尽管它没有展现出浦那的弗古森学院的创立者那般的自我奉献精神，但我仍冒昧地认为我们做得不差。最值得我欣慰的是，许多英国朋友自告奋勇地前来帮忙。他们没受到良好的教育，但他们纯正、正直而又独立。他们在自己的生意或工作上都有所成就，但是对每月只有 3 英镑、刚刚够补贴生活远谈不上任何盈利的这份劳工般的工作，没有一个人犹豫。

如果我的收入足以支撑，我想在南非当地开办一所独一无二的学校，它将首先为南非的印度儿童提供寄宿和学校教育，并且也对那些愿意来此学习并自愿住宿的人士开放。为此，我们还需要一些志愿者。寻求一两位英国人前来并在此终生服务并不困难，但是印度教师也绝对不可或缺。请问您可以帮忙介绍一些愿意献身教育事业、个性无可挑剔、愿意为了简单生活而工作的毕业生吗？那些愿意来的人必须是久经考验、最为出色的人才。我至少需要二至三人，如果有更多，也能安排。当学校运转起来后，我们计划增建一个可以进行露天治疗的疗养院。不过当下最迫切的需要还是与《印度舆论》有关，如果您认可前面我所提的各种想法，可以请您写几句表示鼓励和支持的话给我们的主编以便出版吗？或者如果您有时间，也可以为我们的报纸写篇小文章。我现在迫切需要一些能够用英语、古吉拉特语、北印度语或者泰米尔语为我们写每周通讯的记者，无偿或者付稿酬都可

---

① 指《印度舆论》。——译者注

以。如果稿酬要得高，我倾向于只接收英文稿件，然后我们再把它翻译成 3 种印度语。您能帮我推荐一些这方面的通讯记者吗？这些每周通讯必须能够反映贵方对当下印度问题的理解，摘抄来自其他报纸的要闻，以及讨论一些南非印度侨民可能感兴趣的议题。您可以根据解决这些问题的实际情况，自行决定部分或者全部公开这封信。祝您身体康健！

您至诚的

甘地

节选自《甘地选集》第 4 卷，第 332—333 页

3. 致戈帕尔·克里希纳·戈克利

开普敦
1914年2月17日

亲爱的戈克利先生：

目前我正在开普敦^①关注事态的发展。我不想令您费神于关于这次抗争的各种报道，在此我将简短告之。

安德鲁斯（Andrews）先生和皮尔森（Pearson）先生是真正的绅士，我们都很喜欢他们。本杰明（Benjamin）爵士却令人失望。他几乎没有做过什么好事，反而可能造成重大损失。他身体瘦弱，内心虚伪。即使到现在他也还没有意识到这些问题。他总是有意无意地在我们中间制造分歧，这一点毋庸置疑。安德鲁斯先生将告诉您关于他的所有事情。但我认为自己应该向您坦言对本杰明爵士的看法。

如果今年3月可以达成协议，4月时我就可以动身前往印度。会有大概20个大人和小孩与我随行，和我一起生活。这当中包括那些想一同前往的学生。我不知道您是否仍希望我住在浦那的印度公仆社

---

① CapeTown，亦作 Capetown，南非西南部港市。

（Servants of India）①，或者还是怎样？我打算在探望家人之后就立刻动身。很可能和我一同前往的人数会有所增加——因为我的部分家人或许会和我一起生活与工作。请不要只考虑把我放在公仆社里服务。我将自己的一切交给您了。我想跟着您学习，增加必要的社会经验。无论我是否待在您所安排的地方，在到达印度后的一年内，我将严守保持沉默的约定。按照我的理解，这个要求保持沉默的约定不包括南非问题，并且在推进一些您和我意见一致的事情上，在您的特许下，我可能会打破沉默。

您知道我现在的抱负——就是成为您的助理和随从，一直跟在您左右。我希望自己能够成为真正的信徒，严格遵循自己爱戴并敬重的人的指示。我自知在南非期间对您的协助并不合格。我希望在祖国大地上能够做得更好——如果您接受我的服务的话。

希望现在这片大陆②的变化和平静的局势能对您的康复有所帮助。

您大概在 3 月中旬会收到这封信。如果您对我的前行计划有所指示的话，您可以发电报给我。我猜在您回来之前，您不会让我去浦那的。但如果您要求我去，我也随时照办。

如果 4 月份我能够出发前往印度，我打算使用您提供的旅费——那将是我们的全部盘缠。我自己已经身无分文，凤凰村③也无法给我

---

① 印度公仆社为戈克利在 1905 年所创建，旨在于推动印度的教育、卫生、保护女性、根除贱民制度等社会事业的发展。

② 指非洲。——译者注

③ 凤凰村是甘地在南非时期为反对当地白人殖民政权对印度侨民的歧视而发动的非暴力运动的根据地，详情可见《我在南非二十年》的相关部分。——译者注

们提供经费。我们的经费已枯竭了。

我还是老样子

您的真诚的

甘地

《甘地选集》第 7 卷，第 360—361 页

4. 致列夫·托尔斯泰

威斯敏斯特皇宫酒店

维多利亚街 4 号

伦敦，S.W.

1909 年 10 月 1 日

伯爵先生：

我冒昧地请您关注南非德兰士瓦省（Transvaal）近 3 年来发生的事情。

在这个英国殖民地里，印度人口将近 13000 人，他们在各种法律歧视下工作了好多年。肤色歧视，甚至在某些领域里敌视亚洲人的情况，在这个殖民地表现突出。就亚洲人的问题上，这很大程度源于贸易竞争。3 年前，这种歧视达到顶峰，他们颁布了一部法律，将我和其他许多被迫适用于这部法律的人，贬低到了"非人"的境地，并加以侮辱。我认为对这种法律的屈从，本质上是违背宗教精神的。我和我的一些朋友仍将一如既往地坚信不向邪恶屈服的教义。

我有幸拜读过您的大作，它们给我留下了深刻的印象。我们向这个殖民地的印度人充分解释了情况，他们接受了我们的建议，坚决不服从这部法律，但是我们得承受监禁以及其他因为违反法律而遭受的处罚。结果是，那些无法忍受抗争的痛苦和牢狱之灾的近半数印度人只好离开了德兰士瓦，但他们没有屈服于这部侮辱性的法律。另外一些人，大约2500人，为了恪守自己的良知而情愿忍受监禁之苦，其中有些人被关押达5次之多。每个人被关押的时间从4天到6个月不等，多数情况下，他们被派以苦力劳动，许多人经济上也遭到破产。如今在德兰士瓦监狱里仍有100多名消极抵抗者。其中，有一些人已经非常贫穷，不得不计日谋求生计。结果他们的妻子、小孩不得不接受公众捐款的援助——捐款人也以消极抵抗者居多。虽然这给英国殖民下的印度人带来沉重压力，但是我认为他们已经在这场斗争中站起来了。这场斗争将会持续下去，但没人知道何时会结束。然而，至少我们中间的一些人已经清晰地认识到消极抵抗将会胜利，暴虐统治必将挫败。我们也注意到正是由于我们的懦弱，才导致斗争拖延日久。这反而让当局产生一种看法，即以为我们无法在连续的打击下坚持下去。

我和一位朋友一道前来帝国当局，向他们阐明了局势，希望寻求解决办法。消极抵抗者意识到他们不应再向政府请愿，但是代表团是社区中较为软弱的那部分人派遣而来的，自然代表那部分弱者，而不是社区中强大的那部分人。但据我在这里的观察，如果能开展一次关于消极抵抗的伦理观和有效性的征文邀请赛，这场运动将更广为人知，并促使人们思考。有朋友提出关于这次征文比赛的道德问题。他认为这种征文比赛与消极抵抗的精神实质不相吻合，换言之，它会变成一种观点兜售。我能请求您谈谈此事的道德合法性问题吗？如果您觉得这个邀请赛没有问题，我恳请您推荐几位我可以就此问题邀稿的作者。

另外，我还有一件事要交代一下，可能还要占用您的一些时间。有朋友送给我一份您就当前印度动荡时局而撰写的《致印度人的一封信》的复制件。从字面上看，它似乎代表了您的观点。我的朋友打算自费复制 20000 份这封信，向社会公开散发，并且还要将它翻译成其他语言。但是由于我们无法获得原件，就不能复制它——除非我们能确定这份复制件的真实性以及它确实是您亲自撰写的。在这里，我冒昧地附上我收到的那封信的复制件，请您务必让我知晓这是否真的是您的信件，复制件的内容是否准确，以及您是否同意我们按上面的方式印发，我们将不尽感激！如果您想在那信里加些什么内容，那也请您随意修改。当然如果您那样做的话，我也将冒昧地向您提一个建议。在总结的段落里，您似乎在劝告读者不要相信转世一说。我不知道您是否（如果我这样提并不鲁莽的话）专门研究过这一问题。对数百万印度人来说，转世或轮回是一种珍贵的信念，其实在中国也是如此。对于很多人来说，这是一种体验的问题，而不是一个学术认同的问题。它合理地解释了生活中很多谜题。对于那些经历过德兰士瓦监狱之苦的消极抵抗者而言，这种说法已成为他们的一种慰藉。我说这些的目的并不是想让您坚信"转世"这一信条，而是想恳请您，在劝告读者的那些段落中，删去关于不可信奉"转世"说法的建议。在这封信里您在表示质疑的地方，大量引用了《克里希纳》（Krishna）的内容，并给予了注释。我非常感谢您，因为您为我提供了您所做的这些引证的书目来源。

因为这封信，我已经让您很厌烦了。我明白，尊敬并追随您的人没有权利占用您的时间，恰恰相反，他们应该尽可能避免给您制造麻烦。然而，对您来说，我完全是一个陌生人。为了真理，为了依照您终生致力的方法就某些问题寻求您的建议，我冒昧地给您写了这封信。

谨启

您的忠诚的仆人

莫·卡·甘地

《托尔斯泰和甘地》，第 59—62 页

4A．托尔斯泰伯爵的来信

亚斯纳亚波利亚纳

1909 年 10 月 7 日

甘地：

　　刚刚收到你的来信，内容很有趣，这封信给我带来了极大的快乐。愿上帝帮助你在德兰士瓦所有亲爱的兄弟和伙伴们。这场在温顺与残忍、谦卑与自负、友爱与暴力之间的斗争，我们也在这里强烈地感受到了——特别是基于良知拒绝参军的问题上所表现出的宗教义务与国家法律之间的剧烈冲突。这种拒绝现在正频繁爆发出来。

　　我写过《致印度人的一封信》，也很高兴这封信被翻译成英文。关于克里希纳的那本书我将会从莫斯科发送给你。关于转世的内容，就我个人而言，我不会删除任何内容。因为在我看来，转世不能让人从内心深处树立灵魂不灭的概念，限制人类对神圣的真理与爱的坚定的信仰。如果你要求删除所提到的那几段，我乐意配合你进行修改。复制、传播我的文章，并且将其翻译成印度方言，那是我最开心不过的事情。

　　关于版权的费用，在信仰的议题上是不应该谈及这种问题的。

在此送上我兄弟般的问候，而且，我也很乐意开始与你进行私人交往。

列夫·托尔斯泰

《托尔斯泰和甘地》，第 63 页

5. 致列夫·托尔斯泰伯爵

威斯敏斯特皇宫酒店

维多利亚街 4 号

伦敦，W.C.

1909 年 11 月 10 日

亲爱的伯爵先生：

您写给我的关于《致印度人的一封信》的挂号信，以及我在上一封信中所提的相关问题的解决，请允许我向您表示感谢。

听说您身体状况欠佳，为了不给您添麻烦，我克制自己不给您写感谢信，因为我认识到书面表达我的感谢实属多余。但是，我刚刚遇到的艾尔默·莫德（Aylmer Maude）先生一再向我保证，您的身体实际上相当健康，而且您每天早晨都一如既往地坚持查阅信件。对于我来说，这真是个令人喜悦的消息。它鼓励着我给您写信，就那些在我看来最重要的事务向您做进一步咨询，请求教导。

请允许我在这里给您附上一本我的朋友的书——他是一位英国人，目前在南非，与我关系亲密。这本书与我现在正在进行的，自己将为之奉献终生的斗争息息相关。我非常希望获得您的高度关注与赞同，所以我想您不会觉得我主动向您寄书的做法不恰当。

在我看来，印度人在德兰士瓦的斗争是当代最伟大的壮举，这是就其理想化的目标和实现这种目标所采用的手段而言的。我从未设想过这样的斗争，其中的参与者从不指望任何私利，而且半数参与者只是为了原则而甘愿遭受磨难与考验。我个人的能力不足以使这场抗争广为人知，而您享有极广的号召力。如果您对多克（Doke）先生书中所陈述的事实感到满意，并且如果您觉得我所做的各种判断所言不虚的话，我可否恳求您利用自己广泛的影响力、以您认为合适的方式宣传这场斗争？如果这场斗争成功了，那它不仅是一场信仰、爱心和真理战胜无信仰、仇恨和谬误的胜利，它还完全可能成为用以教导数以千万计的印度人和世界上其他地方人们的一个典范。即便是在惨遭蹂躏的情况下，他们也能在不诉诸暴力的情况下摆脱暴力的统治——至少印度人能够做到这一点。如果我们能够对目标坚持不懈——我认为我们能做到，那我对最终的胜利毫不怀疑。而您对我们的鼓励，只会增强我们的决心。

实际上，正在进行的对此问题的谈判已经失败了。我和同事们于本周内一起回到南非，而且主动谋求入狱。还有，我的儿子很高兴地加入了我们的斗争，他正在遭受6个月强迫劳役的监禁。这是他在斗争过程中第四次招致监禁。

如果您能回复此信的话，请将信寄至：南非约翰内斯堡6522信箱。希望您身体康健。

您忠诚的仆人

莫·卡·甘地

《托尔斯泰和甘地》，第64—66页

6. 致列夫·托尔斯泰

约翰内斯堡

1910 年 4 月 4 日

亲爱的先生：

　　或许您还记得，我在伦敦短暂停留时曾给您写过信。作为您忠诚的追随者，我随信附上自己撰写的一本小册子，我已把它从我的母语古吉拉特语翻译了过来。值得一提的是，原版的小册子被印度政府没收了，因此我也只能匆忙地刊印这个译本。希望这没给您带来负担。如果您身体条件允许并有空翻阅这本书，毫无疑问，您提出的批评意见对我而言将弥足珍贵。在这里，我也给您寄几份经您允许印发的《致印度人的一封信》的样本。不久后，我们也会把这封信译为另一种印度方言。

甘地

敬上

《托尔斯泰和甘地》，第 66 页

6A. 列夫·托尔斯泰的来信

1910 年 5 月 8 日

亲爱的朋友：

我刚刚收到你的来信以及你的《印度自治》（*Indian Home Rule*）一书。

我认为你在书中阐述的解决问题之道，不仅对印度人，甚至对全人类而言都非常重要，所以我抱着浓厚的兴趣阅读了此书。

我找不到你的第一封来信，但是阅读多克所撰写的关于你的传记，我开始对你有所了解——这部传记深深地吸引了我，让我更好地认识并理解你。

我现在的身体状况不是很好。因此，我无法在回信中就你书中所提的所有问题和你为此所开展的各类活动进行答复，但是我非常重视这些问题及活动。一旦身体恢复，我会给你回信。

你的朋友和兄弟

列夫·托尔斯泰

《托尔斯泰和甘地》，第 67 页

7. 致列夫·托尔斯泰

律师行 21—24 号

约翰内斯堡

1910 年 8 月 15 日

致列夫·托尔斯泰伯爵

亲爱的先生：

　　我非常感谢您的鼓励以及您 5 月 8 日热情洋溢的回信。您对《印度自治》一书的认可，尤让我觉得意义重大。如果您时间允许，正如您在回信中所承诺的那样，我热切期待您对该书所做的详细点评。

　　卡伦巴赫（Kallenbach）先生已经就托尔斯泰农庄的事致信给您。我和他已经是多年好友。我要说的是，他也曾遭遇过您在《忏悔录》（*My Confession*）一书中所形象描述的那些经历。您的著作对卡伦巴赫先生的触动是无与伦比的。他深深地被您所描绘的理想世界感动并矢志不渝，身体力行。为此在询问过我的意见后，他冒昧地将自己的农庄以您的名字来命名。

　　他慷慨地把农庄交由消极抵抗者使用，我在这里给您寄送的多本《印度舆论》可以告诉您其中所有详情。

我本不应再麻烦您关注这些细节，但是考虑到您个人对德兰士瓦正在进行的消极抵抗斗争的兴趣，我冒昧附上这些材料。

您忠诚的仆人

莫·卡·甘地

《托尔斯泰和甘地》，第68页

7A. 列夫·托尔斯泰伯爵的来信 [①]

致甘地，

约翰内斯堡，

德兰士瓦，南非

科特切泰

（托尔斯泰大女儿的城堡）

1910 年 9 月 7 日

我已经收到了你寄来的《印度舆论》。我很高兴，这些文章都是关于不抵抗（non-resistance）[②]的。我希望能在此就我在阅读这些文章时所产生的一些想法与你进行交流。

随着年岁的增长，尤其是我现在已经垂垂老矣，我越发觉得有必要向别人表达那些深深触动自己并且自以为意义非凡的感受。人们所

---

① 原信用俄语书写，该信英文版在托尔斯泰的指导下写就。

② 托尔斯泰对非暴力不合作的称呼与甘地不同。从甘地的角度看，应为非暴力不合作、非暴力抵抗，而并非不抵抗。留意两个思想同异的读者，仍可从称呼中看出两人的细微差别。——译者注

谓的不抵抗，实际上并非它物，而是（没有被曲解的）爱的原则。爱会激发人自然产生与别的灵魂进行交流和团结的渴望，这种渴望是许多崇高行为的源泉。爱是人类生活最高的和独一无二的准则——每个人在内心深处都可以感知到这一点。我们发现，这在婴幼儿的心灵之中表现得最为明显。只要没有被这个世界的错误学说蒙蔽双眼，人们就能够感知到这一点。

爱的法则在所有的哲学中都有所体现，比如，在印度的、中国的、希伯来的、希腊的以及罗马的哲学中。我认为，耶稣已经对此做出了最清晰的表达。他指出，爱的法则包含在法律和《先知书》之中。但是他更进一步指出，这个法则将会被扭曲、变异，他直接道明，那些只关注世俗利益的人自然而然地会面临这种扭曲的危险。这种危险存在于允许人们通过暴力方式维护自己利益。也就是，按照他的话说，以牙还牙，通过暴力拿回自己被拿走的东西，如此等等。他也知道，正如所有理性的人必须知道的一样，使用暴力与爱——这个我们生活的根本准则——互不相容。他知道，一旦容许暴力——哪怕只是在单个的案例中——爱的法则就完全失效了。也就是说，爱的法则已经荡然无存。整个基督教文明，一个表面上如此灿烂的文明，却建立在于这种误解和这种公然的、奇怪的矛盾之上，这种误解和矛盾有时是有意识的，但大多数时候是无意识的。

实际上，一旦秉持爱的信念的人容许反抗，爱就不再存在，而且也不可能作为一种存在的法则而存在；如果爱的法则不存在，那么，也就没有别的法则可言。基督教社会恰恰是这样地延续了19个世纪。事实上，一直以来人们在这个社会组织中遵从的恰恰是暴力的原则。基督教徒的社会理想与其他民族的差别仅仅在于，基督教更加清晰、明确地表达了这种爱的法则，这在其他宗教教义中是从来没有的；基督教徒庄严地接受了这一套爱的法则，尽管同时它也允许使用暴力，并以之为基础构建整个社会生活。因此，基督教徒的生活一直处于一种绝对的矛盾之中：在他们公开宣称的信仰和生活的基础之间，在他们认可的生活法则的爱，与他们容许甚至盛赞的许多部门（包括政府、法院、军队等）中被认为是不可避免的暴力之间。这种矛盾随着基督教世界的内在发展而逐渐演化，在最近的时期里又集中地爆发出来。

现在这个问题以这样的方式清晰地展现出来：要么必须承认，我们不会认可任何纪律、宗教或者道德，而仅仅通过暴力的法则来引导我们组织生活；要么通过武力强征税收的做法，以及法院、警察组织还有军队，都必须予以废除。

今年春季，在莫斯科一所女子中学的宗教测试中，主教和负责教义问答的教授就摩西十诫特别是第六条"不可杀人"戒律，向女孩们提问。当考官得到满意的答复后，主教通常会提出另一个问题：神圣法则总是禁止杀戮吗，并且在所有情形中适用吗？面对老师这种强制要求回答的提问，这些可怜的女孩只能回答："不，并不总是适用；在战争期间、在执行死刑时，是可以杀戮的。"然而，一个不幸的女孩被问到同样的问题——我所描述的并非虚构的小说，而是在场人士转述给我的事实：杀戮总是有罪的吗？她很是激动，红着脸断然回道："是的，总是适用的。"面对主教早已熟稔的各种质疑，她都坚定地回答：《旧约》总是禁止杀戮，而且基督不仅禁止杀戮，而且反对所有针对邻人的邪恶行为。尽管主教才华雄辩、气势雄伟，最终仍不得不让步，这女孩获得了胜利。

是的，我们可以在各种报纸中讨论航空业以及其他的发现，比如，复杂的外交关系、各种俱乐部和联盟，以及所谓的艺术创作等等，但是都对女孩所坚持的信念保持沉默。不过，在这些情形中沉默是毫无意义的，因为每一个基督徒都或多或少地和那个女孩一样有着同样的感受。社会主义、共产主义、无政府主义、救世军，日益增长的犯罪率、失业率、富人荒谬、毫无节制的奢侈消费，穷人的悲惨境况和急剧增长的自杀率，这些都是那个必然存在却无法解决的内在冲突的体现而已——而毫无疑问，这些只能通过接受爱的法则，拒绝任何形式的暴力才能予以解决。因此，您在远离我们这个世界的中心区域之外的德兰士瓦的工作，无疑是最重要、最根本性的工作，它为我们提供了最强有力的实践证明，整个世界不仅仅基督教徒，其他的人民也应该参与进来。

我愿意在此向你介绍一件让人感到欣慰的事情，现在在俄国，一场以拒绝服兵役形式出现的运动也逐年在壮大。虽然参加你们的不抵抗运动和我们俄国的拒绝服兵役运动的只是非常少的一部分人，但是他们都坚定地相信"上帝与我们同在"，"上帝比人类更有力量"。

在基督教的忏悔——即便它在我们的基督教民众中以扭曲的形式出现——与同时承认军队存在的必要性和准备大规模杀戮的必要性的观点之间，存在着一种明显的，或迟或早、有可能非常快就会爆发的冲突。它最终会以赤裸裸的方式爆发出来：这导致我们要么被迫放弃基督教信仰以维持政府的权力，要么否定军队存在的必要性，以及否定政府为维持自己的权力而不得不采取的各种形式的暴力。这种冲突，实际上都被所有的政府（包括我们俄国政府和你们英国政府）意识到了，因此按照这些政府的保守主义的特性——就像我们在俄国和你们的报纸中所揭露的情况那样，他们对这些活动采取了比其他任何反政府行为都要严厉的迫害。政府看到了主要的危险来自哪个方面，并竭尽全力去捍卫自己——因为这场斗争不仅事关政府的切身利益，更可能危及其自身的生存。

致以最纯真的敬意

列夫·托尔斯泰

8. 致摩干拉尔·甘地 ①

（1915 年 3 月 14 日以后）

摩干拉尔：

你关于非暴力的看法是对的，它的精义包括同情（daya）②、制怒（akrodha）③、不虚荣（aman）④，等等。萨提亚格拉哈（satyagraha）⑤是建立在非暴力基础之上的。我们在加尔各答清楚地看到这一点，并且意识到我们应该把它列入学院的誓言之中。这一想法也进一步让我们得出结论，我们必须服从所有的戒律（yamas）⑥。如果我们通过发誓

---

① 摩干拉尔·甘地（Maganlal Gandhi）是圣雄甘地的堂弟。他协助甘地在南非工作了大约 10 年的时间。1914 年 8 月，摩干拉尔·甘地和大约 25 名师生一起离开凤凰村前往印度，然后在泰戈尔所住的和平乡（Santiniketan，即圣提尼克坦）待了一段时间。他是萨巴玛蒂学院（Sabarmati Ashram，即真理学院）的负责人，印度土布协会（All-India Khadi Board）的成员，这些是他对建设纲领（Construtive Programme）的贡献。1928 年他过早逝世，甘地感到如丧偶般的孤独。

② 意为同情心。

③ 意为免于怒气的自由（Freedom from anger）。

④ 意为免于获得尊敬的欲望（Freedom from the desire to be respected）。

⑤ 萨提亚格拉哈即非暴力。——译者注

⑥ 意为各种道德或宗教义务或者宗教戒律（Any great moral or religious duty or observance）。

这样做，我们就能觉察到非暴力的内在力量。在和众人的谈话中，我一直将几条戒律列为头等重要。

"如果婆罗多（Bharata）没有出世，如果他没有对罗摩（Rama）和悉多（Sita）那么浓烈的敬爱，谁能像神圣之光进入圣人的脑海那样，表现出那么完美的自制、服从、节欲和信守誓言？"[①]

这令我想起在加尔各答看到的这篇诗文，它引起了我的深思。在我的脑海里，我清楚地认识到，印度的独立和我们个人的自由只能通过遵行这些誓约来实现。

当我们在实践不贮藏（non-hoarding）的誓言时，我们首先要留意的是不贮藏那些我们不需要的东西。在农业上，如果需要的话，我们也许会养育牛只并配有与之相关的设备。只要在可能发生饥荒的地方，毫无疑问，我们都会贮藏粮食。但是我们总会追问自己，这些公牛和粮食是否真的需要。我们也得在思想上做到严格持戒，以使自己对戒律的信心日渐增长，并逐渐弃绝新鲜事物。弃绝（renunciation）是没有限度的。越多弃绝，越能让我们接近灵魂（atman）。如果我们的心灵逐步迈向弃绝贮藏的欲望，并且在实践上确实做到尽可能少地贮藏物质，那么我们就在践行不贮藏的誓言了。

这一点同样适用于不偷盗（non-stealing）。不贮藏指的是保存不必要的事物。不偷盗指的是不使用超出自身所需的这类东西。如果我仅仅需穿一件衬衣，但却穿了两件，那样我就犯了盗窃别人财物的罪了。因为我不应占有那些可能对别人有用的财物。如果吃5根香蕉对

---

① 原著为两句印地语诗句，原注提示：该诗句出自图尔西达斯（Tulsidas）所改编的《罗摩衍那》的第二卷《阿约提亚故事》（Ayodhya，即印度神话人物罗摩的出生地），英文版为希尔（Hill）的译本。（婆罗多为神话人物罗摩及其妻子悉多的随从，他是罗摩的弟弟和战友，一直忠诚地追随在罗摩左右。——译者注）

我而言刚刚好的话，那么吃第六根香蕉就是一种盗窃了。假如有 50
个柠檬，而且我们所有人都需要它。如果我只需两个，但因为以为反
正有那么多柠檬而拿了 3 个，那也是一种偷盗行为。

这些不必要的消费也违反了我们非暴力的誓约。如果我们以不偷
盗作为行为目标，我们将会减少自己的消费，并由此变得慷慨起来。
如果我们做到了这一点，那么在非暴力精神的激发下，我们将会变得
更加怜悯。这样任何我们所需要的动物或其他生物，将不会再对我们
心怀恐惧，我们也会对它们有怜悯之心（或者说有爱心）了。一个怀
有这种爱心的人，将会发现任何生物于己都毫无危害，哪怕只是一丝
敌意。这是从各种圣典（Shastras）和我个人经历得出的显著结论。[①]

所有这些誓言背后的原则是真理。人们经常自我欺骗，拒绝承认
这种偷盗或贮藏的行为。因此通过慎思，我们可以确保自己总是依据
真理行动。一旦我们对是否应该贮藏某物感到怀疑，最好的办法就是
不贮藏。弃绝是无违于真理的。当对说话的智慧感到怀疑时，我们对
着真理发过誓的人静默不语。

我希望你们能够根据自己的意愿，觉得确有必要时才发这些誓
言。我个人认为这些誓言是必要的。但是每个人都应该在自己认为必
要时才予以发誓，并且只对自己愿意的那部分誓言发誓。

罗摩神（Ramchandra）[②]也许勇冠寰宇，他创立了丰功伟绩，消灭了
亿万恶魔。但是如果没有自己虔诚的奉献者罗什曼那（Lakshmana）和
婆罗多的追随，现在人们也许已经将他遗忘了。问题的关键在于，如果
罗摩神没有超越于伟大战士以外的能力，他的伟大也将随着时间逐渐消

---

① Shastra 指的是印度教经典的各种律书，比如《摩奴法典》等。——译者注
② 罗摩神的全称是罗摩占陀罗，他是毗湿奴的第七个化身，是印度史诗《罗摩衍那》
的主角。——译者注

逝。历史上并不乏像他那样消灭恶魔的英勇战士，但是却没有一个能够像他那样事迹声名家喻户晓，广为传颂。罗摩神具有某种超凡的能力，能够深深吸引着罗什曼那和婆罗多这样的勇士，并引导其成为伟大的苦行者。在咏颂他们的伟大苦行时，图尔西达斯[①]问道："如果婆罗多从未降生于世，从未完成那些圣人也无法忍受的苦行考验，谁能够像他这样由愚昧无知的人转化为罗摩神的追随者？"这相当于在说，罗什曼那和婆罗多是罗摩神声名的——同时也是他的教义的——守护者。并且，苦行并不意味着一切。比如，罗什曼那也能像因陀罗耆特（Indrajit）[②]那样14年不吃不睡地苦修。但是后者并不像罗什曼那那样从罗摩神那里习得苦修的意义。恰恰相反，他的本性促使自己滥用从苦修中所获得的超凡能力，从而完全沦为一个恶魔，最终被能够自我控制、崇爱神、追求自我解脱的罗什曼那所击败。同样地，无论伟大的导师（Gurudev）[③]的理想有多么伟大，如果没有人去实现它，那么它也只能埋没在深远的黑暗年代中。相反，如果有人去践行它，那么这个理想就能传播开来，光耀百世。那些试图实现理想的行动就是苦修（tapas）。因此，人们应该看到，多么必要在孩童时代就教会人们苦修，也就是惩戒的意义。

祝福您

甘地

选自《甘地选集》第13卷，第37—39页

---

① 15世纪至高无上的圣人，诗人，哲学家，更是罗摩神坚定不移的信徒。——译者注
② 梅格纳德（Meghnad）是罗波那（Ravana）的儿子，因为他战胜了众神之王因陀罗（Indra），因此得名因陀罗耆特。
③ 指拉宾德拉纳特·泰戈尔（Rabindranath Tagore）。

9. 致摩干拉尔·甘地

纳瓦加姆

1918 年 7 月 25 日，星期四

摩干拉尔：

估计你被拉奥吉拜（Raojibhai）吓坏了，就像他被我吓坏了一样。他对我的作品有太多的曲解。

不，我的理想并没有变。尽管我在印度有过许多惨痛的经历，但我仍然一如既往地坚信，我们向西方可以学习的相当有限。在这里所见到的罪恶以及这场战争都无法动摇我的根本观念。我的那些老想法越发纯洁起来了。我并不认为我们必须要引入西方的文明。我也不认为，我们需要去喝酒、吃肉食。确定地说，我们必须谨慎地看到，斯瓦米纳拉亚纳学派（Swaminarayana）[1] 和瓦拉巴恰亚（Vallabhacharya）[2] 使我们丧失了一种刚毅精神，使我们无法自卫。毫无疑问，杜绝饮酒和吸烟等行为是好的；但是它们自身并非目的，而仅仅是手段而已。如果一个吸烟的人，刚好是个值得结交的朋友；而恰恰相反，一个从不吸

---

[1] 这是由斯瓦米·沙哈贾兰德（Swami Sahajanand，1781—1833）所创立的一支毗湿奴教派。

[2] 瓦拉巴恰亚（1473—1531），宗教领袖，古吉拉特奉献运动的主要发起人。

烟的人是通奸者，那么我们就无法接受他的服务了。斯瓦米纳拉亚纳和瓦拉巴恰亚所教给人们的，只不过是一种流于情感的爱而已，它无法教育人们获得真正的爱。斯瓦米纳拉亚纳和瓦拉巴恰亚没有对非暴力的本性有所思考。非暴力在于对心灵（Chitta）深处的所有冲动的觉察，它在我们处理与别人的关系时尤为重要。在他们的著作中，我们看不到关于这一点的丝毫论述。生存在我们这个日益沦落的年代里，他们也难免受其影响，从而给我们古吉拉特（Gujarat）人造成不良的影响。图卡拉姆（Tukaram）[①]和兰达斯（Ramdas）[②]则没受到这种影响。前者的阿帕格（Abhangas）[③]诗句和后者的斯洛卡斯（shlokas）[④]广泛地涉猎了人类的艰辛斗争。他们也都是毗湿奴教派的信徒。不要将毗湿奴派传统与斯瓦米纳拉亚纳、瓦拉巴恰亚的教义相混淆。毗湿奴派的教义是经久不衰的真理。我现在越发清楚地看到——在这之前，我并不那么清楚——那就是，在暴力中存在着非暴力。这给我带来巨大的改变。在这之前，我没有充分意识到，自己有责任阻止醉汉干坏事、杀死在痛苦中挣扎或感染了狂犬病的狗。在这些例子中，使用暴力就是一种非暴力。暴力只是身体的一种功能而已。婆罗摩恰立亚（brahmacharya）[⑤]在于节制性放纵，但并不是要让自己的孩子变得虚弱。他们之所以节欲，那是因为虽然阳刚气十足，但是他们可以节制自己的生理欲望。同样地，我们的后代必须是体格健壮的。如果他们确实无法完全放弃使用

---

① 图卡拉姆是 17 世纪印度著名诗人，他是马哈拉施特拉地区的奉献运动的重要人物。——译者注
② 兰达斯是 17 世纪印度著名诗人，他是马哈拉施特拉地区的奉献运动的另一位重要人物。——译者注
③ 一种马拉提语的奉献韵律诗。
④ 一种奉献韵律诗。
⑤ 节欲，其字面意义指的是通往神的解脱行为。

暴力的冲动，那么我们也许应该允许他们使用暴力，让他们发挥自己的体力去战斗，由此来让他们达到非暴力的境界。非暴力是必须由一个刹帝利①来教会另一个刹帝利的。

我刚才所说的这一点是东西方之间的一个并且是很大的一个差别。西方文明是建立在放任自流的基础之上，而我们（东方）的则是建立在自制的基础之上。如果我们使用暴力，那是因为它是最后的手段，并且是为了保护社会（lokasangraha）②才不得不使用的。西方沉湎于随意使用暴力，参加（和争取建立）议会及其他的活动，对我而言这些并非新鲜事物，它不过是老调重弹和为了确保能够约束这些机构。如果阅读我撰写的关于蒙太古（Montagu）计划③的文章，您将会了解到这一点。我对这个运动兴趣不大，但是为了传播自己的理想，我不得不参与进来。但当我意识到继续参与这个运动，我自己将不得不放弃理想时，我最终只能退出这个运动。

我以为，对于我所讲的内容，你自有答案。由于我在那里只待一天，不能解释太多，所以我将它写下来，这样如果有新的疑问，你就可以思考一下，然后再向我发问。

我会继续待在纳瓦加姆。我原本打算今天离开这里，但是可能无法脱身了。

甘地

选自《甘地选集》第 14 卷，第 504—505 页

---

① 印度教中的武士阶层或第二种姓。——译者注

② 为了保存社会的行为。

③ 时任英国印度事务大臣的埃德温·塞缪尔·蒙太古曾负责起草蒙太古-蔡姆斯福德报告，推动印度宪制改革，其目标在于帮助印度实现自治领的地位。——译者注

10. 致纳哈尔·沙姆布罗·巴维 [1]

艾哈迈达巴德

1916 年 6 月 7 日以后 [2]

你的儿子维诺巴（Vinoba）[3] 与我在一起。他这么年轻就达到了如此高尚的精神和禁欲主义的境界——我自己也要花费多年磨练才能达到这个境界。

莫·卡·甘地

选自《维诺巴的生活》，第 8 页;《甘地选集》第 13 卷，第 279 页

---

① 他是阿查里雅·维诺巴·巴维（Acharya Vinoba Bhave）的父亲，那个时候在巴罗达（Baroda，印度西部古吉拉特邦的一个城市，瓦多达拉市在 1976 年以前的旧称）。

② 维诺巴于 1916 年 6 月 7 日在科赤拉布静修院见到甘地。

③ 维诺巴·巴维（1895—1982），是一位以禁欲主义及深修而闻名的萨沃达亚运动领袖（萨沃达亚是甘地所主张建立的新社会之名）；他也是捐地运动［Bhoodan（Land-gift）Movement］的创始人。

11. 致总督[①]的私人秘书——马菲先生

凯尔区地方治安庭

莫提哈里[②]

1917 年 4 月 16 日

亲爱的马菲（Maffey）先生：

我来到这个区的目的是想查明那些佃农反对种植园主传言的真相。我先后拜访了种植园主协会秘书长、时任区专员，并寻求他们的合作。他们都委婉地拒绝了我的请求，并且劝阻我不要再过问此事。我不能接受这种建议，而只能继续我的调查工作了。这个区的治安官向我发出命令，要求我离开本区。这道命令的理由不能让我信服。因此我不得不被迫拒绝服从，并且告知治安官，自己愿意承受为此招致的惩罚。

我的动机是为国家服务——只要它不违背普遍的人道主义精神。根据我自己的理解，我在南非的工作也被视为是符合人道主义精神

---

① 指蔡姆斯福德（Chelmsford）勋爵。

② 莫提哈里（Motihari）是印度北部比哈尔邦的一个小镇。——译者注

的，因此我被授予"印度帝国奖章"①。但是一旦我的人道主义精神遭到质疑，我就丝毫配不上这个奖章了。因此我请求民众将这个奖章退还给您。但是有朝一日当我的动机不再遭到质疑，我将很荣幸地再次收回这个奖章。

就问题本身而言，以我当前所掌握的资料看，很明显地，种植园主们充分利用包括民事和刑事法庭，以及非法的手段来剥夺佃农，营求私利。佃农生活在恐怖统治中，他们的财产、人身和思想，都置于种植园主的蹂躏之下。一位佃农形象地说道："我们从属于种植园主，而不是政府。警察局形同虚设、销声匿迹，种植园主却无处不在。我们享有他们允许我们享有的东西，我们保存他们同意我们保存的东西。"我曾希望有一个更深入的调查能够改善自己已有的印象。如果我被允许自由行动，我或许已经完成调查并把结果提交给了有关部门处理。我衷心希望总督阁下能够严肃对待此事，并开展独立的调查。地方政府承认自己坐在危险的火山口上，由此不能容忍我的出现。但他们能够容忍负责解决问题的官员的缓慢调查。一切将取决于调查委员会的迅速行动和恰当决定。这样处理是对佃农权利最起码的保护。可否烦请您将此事向总督先生禀明，并对要他在日理万机中还要阅读这么长的信请求原谅。由于事态紧急，我不得不这样做了。

您真诚的

莫·卡·甘地

---

① 原文 Kaisar-i-Hind Gold Medal，是印地语和乌尔都语的"印度帝国奖章"。1900—1947 年间，印度殖民政府以此表彰对印度做出巨大贡献的人物。——译者注

12. 致海柯先生 [①]

贝提亚 [②]

1917 年 5 月 20 日

亲爱的海柯（Heycock）先生：

　　到目前为止，我一直约束着自己不将各种陈述递交给您。这些陈述蜂拥而至，以至于农民（raiyats）被阻止来与我会面，那些过来的人也遭受到商人们的雇员的百般刁难，有时那些经理们亲自上阵。我忽略了一些陈述，只是阅读其中一些。但如果我所听闻的关于发生在贝尔瓦村（Belwa）[③] 人和周克拉哈（Dhokraha）[④] 人身上的事情是真实的，那么我们在调查中一直持有的友善精神至少会被单方面破坏而无法继续下去。为了维持和增进这种善意，我变得非常担心。

---

① 1917 年期间，甘地在现在的比哈尔邦查姆帕兰区开展了一场非暴力运动，为当时被英国商人（同时也是多数的当地种植园主）强迫种植靛青的农户讨回公道。甘地的主要工作方式是组织工作组进行调查，听取农户的陈述，而后向政府部门请求协调，最终解决了问题。这是甘地在印度本土第一场获胜的非暴力运动。——译者注
② 贝提亚是印度比哈尔邦查姆帕兰区的行政中心。——译者注
③ 贝尔瓦村是印度比哈尔邦查姆帕兰区的一个村庄。——译者注
④ 周克拉哈也是比哈尔邦的一个地区。——译者注

我小心谨慎地使自己不要过度紧张，以使我们的工作能够并且只能在友善的氛围下继续，直至完成为止。我现在将贝尔瓦村人和周克拉哈人有关问题的陈述提交给您。即便那里面所述属实，它也仍不足以反映这些问题的全部实质。我同时也附上自己写给霍尔特姆（Holttum）先生的一封信——这封信是我在得知这场火灾之前撰写的，并在昨天晚上6点30分收到周克拉哈人的陈述之前送出的。

我理解，甚至欣赏那些能够细致筹划，善于利用农户以使自己获得持续的巨大收益的商人的感受。对那些不遗余力地通过合法手段捍卫自己正当利益的做法，我们是无可厚非的。但是，从已有报道看，我个人以为，在贝尔瓦村和周克拉哈发生的情况并不属于这种类型。

众所周知的是，种植园主们普遍的愿望是想迫使我和朋友们停止工作。我必须说，除非政府使用强力，又或者（种植园主）能确保那些已被承认或被证实的针对农户的错误不再发生，这样才能让我等离开。目前这个地区农户的境况令我坚信，如果我们在这个阶段退出，那么我们就会在神和人的面前受到谴责。最重要的是，我们无法原谅自己。

但是我们的工作是完全和平的。我并不能总是保证自己对种植园主全无恶意。我经常被提醒到，我本人没有问题，但是我的伙伴们则充满了仇视英国人的情绪，对他们而言，这也是个反英运动。我只能说，我没有遇到过比他们有更少这种情绪的群体了。但我自己并不为此沾沾自喜。我已经为某种程度的恶意（行为）的出现做好准备。我认为这是可以理解的——我也不知道在极度紧张的环境下自己能否总能避免这个错误。但是，一旦我发现自己的同伴是出于恶意而参加这个工作，我就会立即与他们划清界限，要求他们离开这个工作。与此同时，我们帮助农户们摆脱锁链的决心也毫不动摇。

难道政府就不能帮他们获得解脱吗？这是个很自然的呼吁。但是我认为在这个事件上，如果没有我们的协助，政府是无法做到这一点的。政府的机制运作缓慢。它总是，也必须是朝着阻力最小的方向行动。而像我这样手里除了改革以外别无他物的改革者（Reformers），常年从事改革事务，我们擅长并且能够创造一种让政府不能不妥协的力量。改革者可能会因为过度亢奋、轻率或者懒惰和无知而犯错，而政府则会因为对他们不耐烦或者过度自信地忽略改革者而犯下错误。我希望在这件事情上，这两种悲剧都不会发生。那些我已经提交并且被证明了的冤屈和不平，能够得到有效的矫正。这样，种植园主们就无需害怕或者为此阻碍我有幸负责的活动，他们将很乐意地接受我们的工作组的服务——他们将对村民们进行教育和卫生工作，并且担任种植园主与农民之间相互联结的纽带。

请求您务必原谅我这封冗长的来信以及其中雄辩的口吻。为了向您说明我的立场，我不得不这样做。为了澄清理解而提的两件事，我无意于寻求法律救济，但是我恳求您尽量运用您的行政影响去维持在商人和我及我的伙伴们之间一直存在的善意。

我并不想说那些遭到怀疑的商人应该为这场火灾负责，这是部分农民的怀疑。我已就这两场大火跟数百位农民交谈过。他们说农户与这两场大火无关，因为他们跟工作组没有关系。我准备接受这种说法，因为我们一直在告诉农民，这并非一场暴力或者报复的运动，那样只会延迟问题的解决。但是，如果商人们与这两场大火无关，那么他们也无须去和工作组建立联系了。之前也着过大火，不管工作人员在不在，它也许将会永远都不时发生。如果没有确凿的证据，双方都不应受到谴责。

另外一个说法是，认为种植园主的生命处于危险状态。当然，这并非非常严肃的说法。无论如何，工作组绝对不会不提供给他们充足的保护。工作组是根本反对那些活动的，它是要通过自己的努力，而不是对被怀疑的或事实上的错误使用暴力来解决问题。而这一点恰恰是我们不时对农民谆谆教诲的要点。

最后，我不得不指出，我们提交的陈述表明了其中存在大量的恐吓事件。这些恐吓只是种植园主们为了维持现有的制度而采取的措施，它只能带来更多的问题，而对问题的解决毫无帮助。

出于时局的需要，我不得不冒昧将事情向您呈报，希望获得您的帮助。

我也同时抄送给刘易斯（Lewis）先生一份。

您的朋友

莫·卡·甘地

选自《甘地选集》第13卷，第404—406页

13. 就"萨提亚格拉哈"思想致商卡拉尔①

1917 年 9 月 2 日

商卡拉尔先生：

你想了解我的萨提亚格拉哈（Satyagraha）思想，下面我简述其主要观点：

英语中的"消极抵抗"（passive resistance）并不能涵盖我所要讨论的这种力量，而萨提亚格拉哈才是正确的词汇。萨提亚格拉哈是一种心灵的力量，它与武装力量是相反的东西。因为它只是一种道义的力量，所以只有那些严格依照道德法则生活的人才能巧妙地使用它。波拉拉达（Prahlad）②、米拉拜（Mirabai）③和其他人是萨提亚格拉哈主义者。在摩洛哥战争中，阿拉伯人遭到了法国人枪弹的猛烈攻击。但阿拉伯人按照自己的信念，只为信仰而战。他们将生死置之度外，高

---

① 商卡拉尔·格拉海·班克（Shankarlal Ghelabhai Banker）是著名的建设纲领的工作者，是甘地思想的学派工会领袖，他与甘地共事多年。

② 圣童波拉拉达虔信毗湿奴，其父希兰亚卡西普是邪恶国王，尊自己为神，为此波拉拉达多次违背父亲，历经磨难，因获神的保护而安然无恙。——译者注

③ 米拉拜是 16 世纪印度神秘主义诗人，她出身王室，是克里希纳的虔诚信徒。——编者注

喊着"哦，安拉"①直奔枪口而去。在这种情况下，没有必要用杀戮来进行反击。法国的枪手们拒绝对阿拉伯人开枪，他们丢掉帽子，兴高采烈地跑过去拥抱这些勇敢的阿拉伯人。这就是一个萨提亚格拉哈的例子，以及它所能达致的成就。阿拉伯人并非有意识地要成为萨提亚格拉哈主义者。他们是在血脉偾张中视死如归的，虽然这样做也并非出于爱。一个萨提亚格拉哈主义者是不会有恶意的，他也绝不会出于愤怒而将自己的生命置之度外。但是他绝不会向自己的"敌人"或者压迫者屈服，因为他具有承受苦难的能力。因此，他必须具有英勇无畏、宽恕以及慈悲的情怀。伊玛目·哈桑（Imam Hassan）和侯赛因（Hussain）②只不过是两个孩子。他们觉得自己遭受不公。他们拒绝投降，虽然他们知道在当时这对自己意味着死亡。然而，如果他们屈服于这种不公，那么他们将有损自己的男子气概，使自己蒙羞，并背叛自己的信仰。在这样的处境下，他们宁愿去拥抱死亡。最终这两位优秀的男孩在战场上身首异处了。在我看来，伊斯兰之所以伟大，并非因为它的刀剑，而是因为它是苦行者的忘我奉献。将自己的脑袋伸向别人的刀剑，这像一种战士的作风，而不是那种对他人施加刀剑的做法。如果那些杀人者有朝一日发现自己是错的，因而犯下了谋杀的罪行，那么他会终生后悔的。然而，那些被杀害的人则除了胜利以外别无任何损失——即便他们在承受伤害时犯了错误。（因此）萨提亚格拉哈是一种实现非暴力的方式。因此，萨提亚格拉哈是正确的，事实上无论何时何地，它都是一个正义的事业。而武器的力量则是暴

---

① Ya Allah，同 Oh God，意为：上帝啊！
② 他们是阿里和先知的女儿法蒂玛（Fatima）所生的儿子。他们拒绝承认耶齐德（Yazid）一世（哈里发，680—683 年在位）的统治。侯赛因发动叛乱，于卡尔巴拉被击败并遭到杀害。

力的，因而是被各种宗教所谴责的。即便是那些鼓吹武力的人，也总是给暴力施加各种限制。萨提亚格拉哈则是毫无限制的，又或者说，除了萨提亚格拉哈主义者自身的苦修[1]和自愿承受能力以外，他们并没有任何限制。

很显然，提出萨提亚格拉哈的合法性问题是毫无意义的。萨提亚格拉哈主义者会自行裁决这个问题。外人只能从事件结果来判断。但是哪怕是整个世界的反对都不能让萨提亚格拉哈主义者有丝毫动摇。是否发动萨提亚格拉哈运动并非基于数学式的计算。如果一个号称奉行萨提亚格拉哈的人只是从成败的估量中发现自己胜券在握，而后才发动萨提亚格拉哈运动，那么他只不过是个精明的政客或者明智的人，但绝非萨提亚格拉哈主义者。萨提亚格拉哈主义者总是自发地采取行动。

有史以来，萨提亚格拉哈和武力一直都在，这在文献中都有迹可循。他们分别被描述为神一般的武器和魔鬼般的武器。我们相信，在以前的印度，神一般的武器是两者中更为强大的一种。即便是在今天，它仍是我们的梦想。而欧洲人则为我们提供了魔鬼般的武器的鲜明的例子。

这两种力量都比"软弱"，比我们知道由之产生的、更为直白的"懦弱"要来得更为可取。没有这两者中的任何一个，司瓦拉吉（Swaraj，即自治）和真正大众的觉醒是不可能的事。通过诉诸其中一个或者另一个所实现的自治并非真正的自治。那种自治是无法打动

---

① 塔帕斯卡亚（Tapascharya）强调苦修，强调精神的意义远远大于肉体，人不能只是为肉体而生，更应该为精神而生。宁可失去肉体，也要获得精神存在的价值。其典型表达方式就是："离开身体，但是不要离开你的内在的存在。""如果脑袋帮助自我，就不要带着它，因为你正在白白地失去一切！"——译者注

群众的。没有现实的力量，没有刚毅之气，是不可能真正让民众觉醒的。不管政客们怎么说，政府如何地打击我们，除非他们和我们一起去加强萨提亚格拉哈的力量，否则武力方式就像在大地上随处猛长的野草一样自然而然地就会获得支配地位。萨提亚格拉哈的"果实"，要求自愿地、以刚毅的甚至是带有冒险的精神来奉献自我。并且，就像如果不剔除野草，幼苗就会难以生长一样，如果我们不用苦修和慈悲之心来剔除现已存在的暴力的野草的话，那么暴力将会不断蔓延。通过萨提亚格拉哈，我们能够改变那些对政府的专制深深绝望乃至愤怒的青年，并且能运用勇气和奋斗精神、受苦能力来壮大萨提亚格拉哈的力量。如此这般，萨提亚格拉哈就能尽可能地快速壮大。这对统治者和被统治者都同样有利。萨提亚格拉哈主义者无意为难政府或任何人。他总是三思而行，从不骄横自满。因此，即便他远离了"抵制"，他也总是坚守"自治"，以之作为自己的行为准则。他只敬畏神，因此没有任何的力量可以让他退却。他绝不会因为畏惧惩罚放弃自己的任何责任。

　　毋庸置疑，现在我们有义务通过萨提亚格拉哈的方式来确保博学的安妮·贝桑特（Annie Besant）和她的同事们得到释放，至于我们是否认同她的所有行动则是另一个问题。我个人对她的许多做法并不赞同，但是，政府对她的囚禁确实是错误的，是不公正的。当然，我知道，政府并不认为自己犯了错误。也许我们不应该要求政府去释放她。政府只不过是依法办事而已。但我们希望人们怎样发泄自己的不满呢？当遭受的委屈可以承受时，人们运用请愿等方法就够了。当它无法承受的时候，那就只能采用萨提亚格拉哈了。只有当人们觉得忍无可忍，也只有那些这样想的人才会奉献自己的全部身心和财物去争取贝桑特女士的释放。这是公众情绪的集中表达。我个人一直深信，在这种伟大的自我牺牲力量面前，即便是帝王也会低头退让的。蒙太古先生的到访当然能让人们对自己的情绪有所约束，那样可以看作是对他的正义感的一种信任。但是，如果在蒙太古先生到访之前她仍未被释放，那么我们有义务发动萨提亚格拉哈运动。我们无意去挑衅政府或使之为难，恰恰相反，发动萨提亚格拉哈运动，我们是为了表达自己日益增加的不满，并以此为政府服务。

选自《甘地选集》第 13 卷，第 517—520 页

14．致维诺巴·巴维 ①

萨巴玛蒂

1918 年 2 月 10 日之后

　　我不知道用什么言语来赞扬你。你的友爱与个性，还有自我反省精神吸引着我。我无权评判你。我接受你对自己的看法，并愿意像父亲一样对待你。你的出现仿佛一下子满足了我长久以来的夙愿。依我看来，只有孩子在道德上超过父亲的时候，一个父亲才是称职的。同样地，一个真正的儿子，就必须能改善父亲的所作所为。也就是说，如果父亲是真诚的、意志坚定的和富有同情心的，他的儿子就应该在这些方面超过他。这就是你所达到的境界。我并不认为是因为我的任何帮助才让你达到这个境界。因此，我把你给我的角色当成爱的礼物接受下来。我必须努力地让自己称职，但是如果哪一天我变成了希兰亚卡希普（Hiranyakashipu），请你务必像波拉拉达那样挚爱着神，并反对我，舍弃我。

---

① 维诺巴·巴维在一封信中解释自己为什么整整一年还没有回到静修院，甘地对之回应道："门徒廓尔喀（Gorakha）胜过自己的师傅马赫辛德勒（Machchhindra），他才是一个真正的怖军（Bhima）"，然后口述了这封信。（怖军是史诗《摩诃婆罗多》中般度五子中最强大凶悍的一位，他在战场上指责并战胜师傅罗纳。——译者注）

如你所言，即便是在静修院之外，你也自觉地遵守这里定下的规矩。我从不怀疑你会回来。并且，我有你所写的信，我让玛摩（Mama）读出来。愿神赐你长命百岁，并使你的才华令印度受益。

　　我认为你不必改变自己现在的饮食。不要禁食牛奶，相反，如果有必要，可以增加牛奶的食用量。

　　关于铁路的问题，我们没有必要发动萨提亚格拉哈。真正需要的是，要有适当人选去组织宣传工作。至于凯达县的问题，也许有必要在那里开展萨提亚格拉哈运动。最近这段时间，我有点居无定所。最近一两天，我会去德里一趟。

　　期望与你面谈。大家都期待你的回来。[①]

来自甘地的祝福

选自《甘地选集》第 14 卷，第 188—189 页

[①] 当甘地口述完这封信之后，马哈德夫·德赛（Mahadev Desai）记录了甘地接下来的话："他是一个伟大的人物。我总是觉得，在马哈拉施特拉人和马德拉斯人相处上，我一直是非常幸运的。现在我与后者已经没有什么联系了。但是，马哈拉施特拉人从不让我失望，其中维诺巴·巴维更是令人赞美不尽。"

15.致查·弗·安德鲁斯

讷迪亚德[1]

1918年7月6日

亲爱的查理:

　　收到您的来信,我很珍视它们。这些信给了我少许的安慰。我所面临的困难比你所言的要大许多。你所谈及的各种问题,我都能处理。在这封信里,我不得不自制,尽量少写点。这些难题使我对其他事务兴趣全无,对于其他事务我只能机械性地予以应对。这种艰难的思想负担使我身体不堪重负。我不愿与人交谈,我甚至不愿写东西——哪怕是关于我自己的思想。我现在不得不反复思考,以免自己词不达意。目前的困难仍不是最严重的,当然我也没能很好地解决它们。解决这些难题仍不是当务之急。现在我不会说自己无法解决这些问题,如果我的生命能够得到延续,有朝一日我应该能够找到答案。

　　您说:"作为一个种族,印度人在过去的年代里全力地拒绝血腥,并有意地让自己站在人性的一边。"这在历史上确实如此吗?在《摩诃婆罗多》和《罗摩衍那》——即便在我所喜爱的图尔西达斯那个在

---

① 　讷迪亚德(Nadiad)是印度古吉拉特邦凯达县的一个城市。——译者注

精神境界上要高于蚁垤（Valmiki）[①]的版本中我也看不到这一点。我现在并非从这些著作所体现的精神意义来讨论它们。那些化身被描述成对自己的敌人是嗜杀、报复和无情的。为了战胜敌人，他们被允许可以采用诡计。战争的狂热程度一点都不亚于当下，那些战士装备的武器的杀伤力也极尽人类想象力的极限。图尔西达斯赞美罗摩神的各种最伟大诗句，首先强调的是他击倒对手的神奇力量。再说说穆斯林统治时期，印度教徒诉诸武力的欲望丝毫不亚于穆斯林，他们只不过组织不善、身体软弱，并且被内部各种争斗所困扰而已。《摩奴法典》里也找不到您所谓的整个民族对武器的弃绝。至于佛教，这个普世包容的宗教，最终失败了，并且如果传说属实，那么商羯罗（Shankaracharya）确实曾经毫不犹豫地采用各种令人耻于描述的残忍手段将佛教赶出印度。最终他胜利了！在接下来的英国人统治时期，武器被禁止使用，但杀人的欲望并未被禁止。即便是在耆那教内部，其教义也是失败的。他们对点滴的鲜血都惊恐莫名，但是对结束敌人的性命，如欧洲人的，他们却会毫不动摇。我想说的是，当摧毁了敌人后，他们的兴奋劲儿一点也不比这地球上的任何群体来得弱。因此，我们可以说的就只是，比起其他地方，印度这里许许多多的个体在传播这个教义（指弃绝武力）方面，要更为努力、更为成功。但是要说这个教义在这里已经深入民心，这显然是毫无根据的。

您接着说："我的观点是，这已经变为一种无意识的本能，它能像您所表现出来的那样随时被唤醒。"我倒希望事实确实如此。但是我看不出自己能够达到那种境界。当朋友们告诉我，"消极抵抗"只不过是弱者所采用的武器，我嘲笑这种说法，即便当时我也在使用这

---

① 梵语版《罗摩衍那》的作者。

个词。但是他们是对的，而我是错的。这个运动只是部分地源于我还有几位同事的努力，从而被称为"萨提亚格拉哈"，但是对多数人而言，它只不过是在采取一种纯粹而简单的"消极抵抗"，因为他们太软弱了乃至于无法诉诸暴力。在盖拉（Kaira）[1]我不得不多次被迫去面对这个事实。这里的民众相对比较自由，他们对我无所不谈。他们坦率地告诉我，他们之所以接受我的方法，只不过是因为自己不够强大，不足以采取在他们看来更有男子气概的其他方法。我担心的是，无论是在查姆帕兰（ChamParan）还是在凯达县，人们都无法做到直面枪炮，在枪林弹雨中毫不退缩，并且声称，无论在任何情况下，"我们都绝不会向你们报复"，以及"我们绝不为你们工作"。他们心里从来不是这么想的。我敢说除非他们已经被训练好如何自我防卫，否则他们不会重获这种无畏精神。阿希姆萨（Ahimsa）[2]只是对那些充满生命活力、能够直面自己敌人的人有指导意义。对我而言，身体力量的完美发展是吸收和接纳阿希姆萨的必要条件。

我无法赞同您的观点——即印度仅靠自己的道德力量就能抵御来自东南西北各方武力的联合入侵。问题的症结在于，她如何去获取这种道德力量？在懂得这个道德力量的第一原则之前，她是否先让自己的身体强健起来？这就像每天早晨在太阳升起之前，民众总会咒骂造物主一样。

"我是永恒不变的梵天（Brahma）[3]，而非（土及其他总共）5个元素的混合。我是梵天，每天早上我将自己唤醒，就像唤醒内心深处

---

① 是凯达县的旧称。

② Ahimsa 意指不伤生、不伤害、非暴力，在甘地的话语里还有仁爱的意思。——译者注

③ 宇宙的灵魂，所有造物的存在方式。

洁净的灵魂一样。我是梵天，由于我的恩典，思想得以言说；我是梵天，在吠陀（Vedas）中，我被称为'不可道，不可道'①"。

我要说，我们在朗诵上述经文时亵渎了造物主。因为我们只是鹦鹉学舌地朗诵，而没有真正理解它的伟大意义。一个真正懂得这些诗歌意义的印度人就足以击退那些接近印度之滨的最强大的军队。但是，今天我们都没有真正懂得这些诗歌，除非这片土地上存在着一种自由而无畏的氛围。怎样去塑造这种氛围呢？如果这里大多数的居民无法真正地感到自己的自卫足以免遭他人或野兽的攻击，这将毫无可能。我现在可以陈述自己所面临的难题。很显然，我必须得让一个孩子成长为真正的男子汉才能教给他解脱（自由）的含义。我必须让他知道人在某种程度上依赖于肉体，只有等他了解自己的身体以及周围世界后，我才能轻松地向他说明肉体和外在世界转瞬即逝的道理，使他明白肉体并非为了让人沉湎自我，而是为了获得解脱。即便这样，我仍需等待他已经完全成长、身强体健，才能逐步教导他阿希姆萨（也就是完美的爱）的教义。我现今所遭遇的难题是应如何去实践这个设想。什么才是"身强体健"呢？要在多大程度上将印度训练成一个拥有武器的民族呢？必须让所有人都接受这种训练，还是即便并不拥有武器等装备，只要成功塑造了一种自由的氛围，人们就能够从周遭获得足够的勇气实现自卫？我个人相信后者是正确的。因此，当我呼吁所有印度人去参军时，我的所作所为并无任何差错——我总是叮嘱他们，参军并非是要追求杀戮，而是为了懂得如何临死不畏。请看亨利·文恩（HenryVane）爵士②的一段文字。这是我从莫利

---

① "Neti, neti"，同 "Notthis, notthis"。

② 亨利·文恩（1613—1662）是英国内战时期著名政治领袖，以支持宗教宽容著称，曾反对绞杀英王，后被复辟的查理二世绞杀，有大量的著述流传至今。——译者注

（Morley）的《回忆录》（第二卷）中抄录过来的：

"对死亡的选择在世界上许多伟大族群中的意义重大。对于那些英勇而慷慨的人而言，他们总在生活面前有所执着，甚至为了这些无畏生死……生活的真正智慧是懂得并去实现'死得其所'，因为如果这样，那么人们不会临死之际浪费生命，使自己在疾病缠身中苟延残喘。这是生命中首屈一指的大事，也是生活的意义所在。关于死亡的知识就是关于自由的知识，关于真正解放的状态，如何实现无所畏惧，如何过上幸福、知足和平静的生活……当活着已经是一种负担而非恩赐时，当生命中的恶多于善时，那接纳死亡的好时机就到来了。"

"当亨利·文恩的最终考验来临时，他在塔山（Tower Hill）的就义完全无愧于其著述中所表现出的高贵与坚决"，莫利对其如此评价。在我的多次演讲中，我从不吝于高度强调这是作为战士的伟大义务之一。我在自己的演讲中从来不会说，"杀掉德国人吧！"我一直重复的是，"让我们为印度和帝国牺牲吧！"我觉得，假如我的号召强大有力，我们全部都前往法国，从而使德国在规模上相形见绌，那时印度的声音将会举足轻重，她也许能主持大局，长时期地维持和平。再进一步，假设我真的招募到一支不畏生死的队伍，他们愿意以肉身填埋战壕，充满爱心地放下武器，并且直面德国人（将他们视为同伴）发射而来的枪弹，那么我想德国人的心也会被融化的。我反对将这种情景设想为极度残忍的做法。因此，当特殊的情形确实出现时，人们将不能不像肉体去接纳必要的恶那样，去诉诸战争手段。如果目的是正确的，如果这样做有利于整个人类，一个非暴力主义者不应该采取中立、袖手旁观的态度，他必须做出判断，要么积极合作，要么积极抵抗。

至于您对我会陷入政治斗争和尔虞我诈的担忧，则是多余的。至少目前，我对这些毫无兴趣，在南非时期更是如此。我之所以参加政治生活，是为了让自己获得解脱。蒙太古曾经说过："我很惊讶，您竟然介入了这个国家的政治生活。"对此我毫不犹豫地回答道："我参与进来，是因为不这样做，我无法继续自己的宗教和社会生活。"我个人觉得，这个答复在我的一生中都是永远不变的。

请不要抱怨我之前给您写的一封零零碎碎的信。现在我强加给您的，更像是一篇论文，而不仅仅是一封信。但是您有必要知道我目前的所思所想。您大可发表自己的意见，并且如果发现我的言论存在谬误，请您不吝指明斧正。

衷心希望您的身体能够好起来。如果您能前来一趟，不用说，我们将极度欢迎。

您挚爱的

莫罕

选自《甘地文集》第 14 卷，第 474—478 页

16. 致查·弗·安德鲁斯

讷迪亚德

1918 年 7 月 29 日

亲爱的查理：

容我再次恣纵己意。我已经察觉到了日本人不愿意聆听一个来自战败国家的圣人的良言劝告背后的深层含义了。[1] 战争与人类如影相随般难以分离。人类的本性似乎永远都没有改变的可能。只有个人才可能获得解脱与非暴力（即阿希姆萨）。完全践行非暴力与持有财富、土地和养儿育女是相违背的。为了保护自己的妻儿乃至于冒险将施害者打倒，这是一种真正的非暴力。但是如果能够不用将他击倒，而只是承受来自他的打击，那将会是完美的非暴力。但是在普拉西（Plassey）的战场[2] 上，印度这两点都没有做到。我们曾经懦弱地彼此仇杀，却被公司[3] 的银元任意收买，不惜为了一口米粥而出卖自

---

[1]　这里指泰戈尔在东京的演讲中因反对日本模仿西方的做法而遭到嘲讽一事。

[2]　普拉西战役，指 1757 年英国人与印度孟加拉王公的战斗。英国人通过分化、离间、收买等方式，以少胜多战胜孟加拉王公，从而在孟加拉立足并逐渐建立对印度的统治。——译者注

[3]　指东印度公司。

己的灵魂。这种情况一直延续到现在，甚至有过之而无不及。虽然当时也有一些英勇的个人事例，以前的一些夸张的说法也得到了矫正，但是他们可怜的行动中却没有任何非暴力的成分。是的，日本人的拒绝是正确的。我对我们过去的圣人们的所作所为知之不多。但我期望他们之所以受苦不是出于软弱，而是出于他们的力量。古代的苦行者总设想自己的宗教修行是受到刹帝利的保护的。罗摩保护着众友仙人（Vishwamitra）①，使其冥思免于罗刹（Rakshasas）②的干扰。他后来被免去了这个保护义务。我发现自己在招募士兵时举步维艰，但你知道吗，没有人是因为不愿杀生而拒绝入伍。他们不愿入伍，是因为贪生怕死。这种对死亡异乎寻常的恐惧，正在毁灭着这个国家。当然我这样讲时，我仅指的是印度教徒。至于穆罕默德们，他们是完全无惧生死的。

今天的书信前言不搭后语，但我想要让您知道的是我内心的挣扎。

您知道吗，索罗布吉（Sorabji）去世了。③他是在约翰内斯堡过世的。一位前途无量的同志，其命运却戛然而止。这真是神意莫测啊！

深深地爱你

莫罕

选自《甘地选集》，第 14 卷，第 509—510 页

---

① 众友仙人是罗摩的师傅，传说传授给后者许多法书，增强其能力。——译者注
② 一种恶魔。
③ 索罗布吉是甘地在南非反抗当地白人殖民政府歧视印度人的非暴力运动中的重要
　　战友和运动领袖。——译者注

17. 致查·弗·安德鲁斯

亲爱的查理：

您已经或多或少准时给我写了好几封信。但是由于您没有一个固定的住址，我不知道将信寄到哪里。您的上一封信告诉了我一个详细地址，因此，不管您在哪里，我希望这封信能够顺利地送达给你。

我拜读了您在《新共和国》（*New Republic*）发表的文章。我没有将其收录在《青年印度》（*Young India*）之中，因此，就按照您的意思我把它寄给了步列维（Brelvi）[①]。

事态发展非常迅速。我比以往任何时候都清晰地看到，如果切实要挽救局面的话，那么就必须通过非暴力的方法来消除目前已有的暴力观念。种种迹象表明，政府正在加大采用暴力的力度，比如说暗地里使用暴力并对由之产生的后果进行监控等等。您会发现我扩大了对暴力的定义。诸如贪婪、偷窃、撒谎、不诚实的交际，所有这些，都是暴力思想和行为的发展阶段，都是它们的表现或结果。那些受过良好教育的人对这些暴力的反应更为显著而且不断增强。因此我不得不应付这两个方面的暴力。在这个紧急关头，坐视不理如果说不是懦弱

---

① 甘地的同事，曾是《孟买纪事报》的负责人，详细事迹可见《自传》第三十四章。——译者注

的话，那也是愚蠢的。我已经决定再度冒最大的风险了。这是我经过深思熟虑、虔诚祈祷后所做的决定。在拉合尔（Lahore）我明白了这一切。对于这个行动的本性，我仍没有完全清楚。它必须是一种文明不服从。至于要怎样去采取行动，以及由谁来与我一起战斗，我仍不太明了。但是（我相信），覆盖在真理外围的光芒四射的表层必将逐渐薄弱并完全消失。

当我开始写这封信时，并没有想写这点。但是既然是在和您交谈，我就随兴所至，言无不尽。

我和伟大的导师一起度过了愉快的两个小时。他明显苍老了许多。这一次交谈让我们彼此间的距离拉得更近了，对此我甚为感激。我们原本打算再次见面，但是波曼吉（Bomanji）突然要带他去巴洛达（Baroda）。

曼尼拉尔（Manilal）和他的妻子、孩子都在这儿。兰达斯（Ramdas）已经离开了。他去巴多利（Bardoli）协助瓦拉拜（Vallabhbhai）[1]的工作。马哈德夫刚刚到这儿。

我们没有从出版商那里拿到你的第一卷书，所以我让《青年印度》杂志社的人去买了一本。现在它就摆在我的桌上。我已经读完了第一章，它很好地体现了我的宗教思想。

您的甘地

来自一份复制件：S.N.16424

---

[1] 指甘地的重要伙伴，印度建国后的第一任副总理、内政部长帕特尔。——译者注

18. 致嘉斯杜白·甘地

讷迪亚德

1918 年 7 月 29 日

亲爱的嘉斯杜白（Kasturba）:

我知道你盼望着和我在一起。然而，我觉得我们必须继续工作。你现在所处的地方恰恰是适合你的。如果你将那儿的孩子视为己出，那么很快你就不会为自己孩子的离开而感到孤独。当一个人年岁渐高时，她就能觉察到这一点。一旦你爱着别人，并且愿意为他们服务，那么你将会获得一种来自内心的快乐。你应该一大早就到那些可能生病的人那里，照料他们。对于那些需要特殊食物的人，你应该为他们准备这些食物，并分开储藏。① 你应该去拜访马哈拉施特拉（Maharashtrian）的妇女们，逗她们的小孩开心，或者带她们一道散步。你应该让她们感到不陌生，并且改善她们的健康状况。

你应该和尼尔马拉（Nirmala）谈一些有意义的话题，比如宗教问题或其他类似的问题。你可以叫她给你念《薄伽梵歌》（*Bhaga-*

---

① 印度人因宗教信仰不同而在饮食上出现不同的禁忌。甘地的众多追随者中大多为素食者，但也有许多人吃肉或有其他饮食习惯，所以有此说法。——译者注

vat)^①。她甚至会觉得这很有趣。如果你一直让自己处于忙于照顾别人的状态，相信我，你的精神世界将满是愉悦。还有，切不可疏忽旁遮普人（Punjabhai）的饮食和其他的需求。

莫罕达斯·甘地

《甘地选集》第14卷，第514页

---

① 18种往世书之一。（此往世书讲的是毗湿奴神10次降世拯救世界的故事。——译者注）

19. 致基索雷拉·马苏鲁瓦拉 [①]

讷迪亚德

1918 年 7 月 29 日

亲爱的基索雷拉：

这封信是写给你和纳罗哈立（Narahari）先生的。按照纳拉亚纳拉奥（Narayanarao）先生的反映，马哈拉施特拉人和古吉拉特人之间存在某种程度的相互隔离的倾向，我们有义务努力改变这种状况。这是一个可以实践非暴力的领域。首先，对你们而言的第一步是大家聚在一起，并且查实这个反映多大程度上属实。古吉拉特的女士们必须做到能随和地和马哈拉施特拉的女士们相处。最重要的是，不要让孩子们产生这种隔阂。你们也没必要夸大我对这个问题的看法，请您思考一下这个问题，并且尽可能地采取必要的措施。

至于祈祷的问题，我把这个问题提出来让你考虑。我们不应该去满足那些自己最终无法完成的、超乎自己能力之外的要求。但我们应

---

① 基索雷拉·马苏鲁瓦拉（Kishorelal Mashruwala，1890—1952）是甘地思想最为权威的阐释者，他是甘地一生的战斗伙伴，《哈里真》期刊的主编（1948—1952），著有《甘地与马克思》（*Gandhi and Marx*）、《实践的非暴力》（*Practical Non-violence*）等著作。

该尽可能地做好教课工作，并且逐渐地完善自己的不足。如果我被要求教授梵文，你会觉得我在满足一个超乎自己能力之外的要求吗？我知道，自己的梵语并没有什么"梵语"的样子。但是如果真的没有其他人可以教授梵文，那么我就会坦然地接受这个任务，并且逐步地改善自己的工作。正是通过这种方法，帕内尔（Parnell）使自己逐渐成为下院（House of Commons）里商业规则知识最为丰富的议员了。你总担心着自己的各种缺点，从而畏首畏尾。但是如果能竭尽全力去完成被派遣的各种使命，难道你不会觉得更欣慰吗？我们应该以什么方式去教育孩子们使用他们的力量呢？要教育他们懂得自卫，与此同时又不过度激烈，这显然非常困难。直到目前为止，我们还一直教育他们即便遭到袭击，也不要还手。但是现在我们还可以这样教吗？这样教育孩子会有什么后果呢？这会让他年纪轻轻的时候就懂得宽恕，还是会让他变得懦弱呢？对这些问题，我的思绪混乱，你们自己探讨吧。这个出现在我面前的对非暴力的新思考令我陷入无限的困惑中。至今为止，我还没找到一个可以打开所有谜团的钥匙——虽然我必须这样做。我们应该教育孩子们对于攻击还以颜色还是包容比自己弱的人，而只是对那些比自己更强壮的人才还手，哪怕遭到后者更加猛烈的攻击？如果是政府官员的袭击，他们又该怎么做呢？这时男孩应该在攻击面前屈服，而后再跑来向我们征求建议吗？还是他应该当机立断，做自己认为正确的事情，并承担相应的后果？这些是我们必须去面对的问题，假如我们要放弃那个体面的"转过脸颊来"的道路的话。① 我们应该因为第一个选项比较容易执行才采用它吗？或者我们应该尽力避开最为危险的选项，而采取更为恰当的那个？通往喜马拉

---

① 此处应指的是《圣经》所言的人打你左脸，换过右脸来接受之的非暴力含义。——译者注

雅山的道路有多条，有时即便暂时远离目的地，但是在有经验的向导的带领下我们仍然能够到达顶峰。人们是不可能走直线直通喜马拉雅山顶的。或许非暴力之路也是这样困难吧？愿神保佑我们，愿他真的保佑我们。

祖国母亲万岁！[①]

莫罕达斯

选自《甘地选集》第 14 卷，第 515—516 页

[①] 原文为 *Vandematram*，*Vandematram* 是班钦·钱德拉·查特杰（Bankim Chandra Chatterjee）所著的一首诗，其意为"祖国母亲万岁"，在印度独立运动期间一度被作为国歌咏颂。——译者注

20. 致沙罗珍妮·奈杜

1918 年 11 月 18 日

亲爱的沙罗珍妮（Sarojini）：

我很感激收到您的来信。我看到您的手术成功了。我衷心地希望这是一次完全成功的手术，这样印度人民就可以有更长的时间聆听您的歌声了。至于我自己，我也不知道何时能够离开病床。不管怎样我不可能让自己身上挂几块肉，由此来增加体力。我的病情不容乐观。很自然地，医生们对我施加给自己的各种约束感到不满。[①] 我向您保证，他们在我这个拖延日久的疾病中已经给我以莫大的安慰。我无意为了生存而打破这些纪律性的和充满意义的约束。对我而言，虽然这些约束限制了我的肉体，但是解放了我的灵魂，并且给予我除此以外不能获得的这种解脱的感觉。"人不能同时为神和钱财服务"，这句话对我去践行这些誓言有着更加清晰而深刻的意义。我不是说这一点对所有人都非此不可，但是于我却必须如此。如果我违背了这些誓言，我会觉得自己的生命毫无价值。

---

① 作为一个虔诚的宗教信仰者，甘地对于日常生活，包括饮食起居有着许多的约束，比如严格的素食主义等，这些约束有时是用发誓的方式开始的。这些约束与现代医生的建议经常有所违背，所以甘地特别谈及此事。——译者注

希望能不时收到您的来信。

莫·卡·甘地

选自《甘地选集》第 15 卷，第 64—65 页

21．致斯里尼瓦沙・萨斯特里

孟买

1920 年 3 月 18 日

亲爱的萨斯特里（Sastri）先生：

我去年在积极参加国大党的活动时，有个组织询问我是否有足够的兴趣加入他们。虽然我与这个组织没有任何联系，但是那些要求我加入他们的人却都跟我共事过。他们请我加入全印度自治联盟（All-India Home Rule League）（该组织由贝桑特夫人创建）。我告诉他们，自己在人生的经历中已经形成对一些问题的坚定的看法。如果我加入一个组织，那么自己不会只是服从它已有的政策，而是会去对它施加影响。于我而言，这并不意味着我就无法改变或者无法让自己接受新的观点。我只不过是想强调，只有那些可以震撼我的心灵的新思想才能让我改变。在这里，我愿意告诉朋友们自己已有的一些坚实的想法：

第一，如果我们想让自己的国家享誉世界的话，我们国家的政治生活必须是高度真诚的。当下这意味着，必须有着非常坚定、不可动摇的、不惜一切代价坚持接受真理的教义。

第二，司瓦德西（Swadeshi）①必须成为我们近期的目标。往后那些有志于从政的人在成为这个组织的成员之前，必须要求他们宣誓彻彻底底地提倡国货，特别是布料纺织业。

第三，尽快地在一定范围内推行印度斯坦语——这种印地语与乌尔都语的混合体——作为在不远的将来可以交流的国语。那些即将加入议事会的成员必须宣誓在帝国议事会上引入印度斯坦语的议题，并且在地方议事会上要求将本地的语言作为一个可以选择的沟通媒介，直至我们可以不再依赖英语作为国内事务沟通的工具为止。他们还需宣誓必须把印度斯坦语作为学校里的第二种必修语种，而选择天城文或乌尔都文作为书写文字。英语则被视为是英帝国内部交流、外交和国际商贸的语言。

第四，必须同意争取尽可能早地根据语言分布情况重新划分各省级行政单元。

第五，把印度教徒与穆斯林的团结作为根本精神，并且把这一点作为一种不可动摇的政治或宗教立场。这要从建立双方的互助、包容和对彼此荣辱与共的高度认知入手。为此，我们应要求从这个联盟的正式宣传中排除关于双方共餐、通婚的部分，但是增加在哈里发（Khilafat）问题上的协力合作。我在和朋友们的讨论中多次向他们强调，自己从不要求官方承认自己对文明不服从的信仰，自己也不从属于任何政党。对于这个联盟，我希望它可以成为一个非政党的组织，它对所有真诚的人开放——无论任何党派的人，只要他们认为这样能够服务社会，都可以参加进来。在我看来，这个联盟不会变成一个反对国大党的组织，恰恰相反，它必须继续像现在这样，能够对国大党

---

① 司瓦德西，指自给自足，使用本地、本国的产品，抵制外国产品，当时尤指英货。——译者注

有所助益。

　　知道了我在这些问题上的衡量后，您还会继续建议我加入这个联盟吗？

您真诚的

莫·卡·甘地

选自《斯里尼瓦沙·萨斯特里书信集》，第 69—71 页

22. 致斯里尼瓦沙·萨斯特里

1920 年 3 月 20 日

亲爱的朋友：

希望您已经阅读到我关于开展可能被称作"萨提亚格拉哈周"（4 月 6 日—4 月 13 日）的建议。我希望在这一周里，我们能轻松地筹集到 100 万卢比。如果我们党有足够多的享有美誉、诚信可靠的志愿者，我们就无需给予票据，直接地从各式各样的人们那里征募善款。这些有钱的男男女女可以走出去，从他们熟悉的人们那里募得捐款。但是这种方式并非我一直强调希望采取的方式。我希望人们在我建议的开展"萨提亚格拉哈周"和这个月 13 日纪念大屠杀①的活动之间不存在争议。在那个事件上，我建议我们要做的是纪念逝者，而不是把纪念曾经遭遇的暴行当作活动目的。

我相信那些不支持萨提亚格拉哈方法的人们不会因此而拒绝参加募集活动。这应该成为一个真正的全国性的纪念活动。

但是，我个人也会更加强调绝食和祷告，而不是纪念活动；因为只要存在一个广泛的绝食和祷告，我知道，不需进一步多努力，不

---

① 这里指的是嘉里安瓦拉花园惨案（Jalianwala Bagh Massacre）。

管是金钱还是我们想要的什么东西，全都会像大雨一样从天而降。作为这个方面卓越的专家，我愿意与您分享自己的经验。我不知道与我同时期还有谁像我一样将绝食和祷告发展成一门精确的科学，也不知道还有谁像我一样收获如此颇丰。我希望能将自己的绝食体验在全国得到广泛的传播，并且让他们能够充满智慧、诚实、集中精力地开展绝食和祷告。我们可以由此——虽然这看起来似乎不可思议——在没有精心组织、反复检查的前提下，将关于国家的万千事务运作得井井有条。绝食和祷告就像我从经验中所体会到的那样有效，并且全无机械，而是绝对的精神行动。在这种行动中，绝食是出于心灵的自由而对肉体施加禁欲的一种行为，而祷告则是一种确切的追求灵魂绝对纯洁的意识——通过这种方式，人们净化了自我，并且致力于实现一种纯洁的事业。因此，如果你也相信绝食和祷告这一古老的习俗，我希望你也愿意为此投身于这个月 6 日和 13 日的活动，并且劝说您的邻居也参与进来。

接下来还有 3 场会议，毋庸置疑，我相信您能够组织好这些会议并取得圆满成功。

您真诚的

莫·卡·甘地

选自《斯里尼瓦沙·萨斯特里书信集》，第 74—75 页

23. 致拉宾德拉纳特·泰戈尔 [①]

孟买

1919 年 4 月 5 日

亲爱的古鲁德夫 [②]:

我要向您抱怨一下我们共同的朋友，查理·安德鲁斯。我一直恳求他从您那里得到一篇通讯稿，在这次全国斗争中发表出来，尽管这次斗争在形式上只是针对一项法令，但实际上它却是一个有自尊的民族为应有的自由而展开的一次斗争。我已经耐心地等待了很久。查理对您病情的描述，使我不愿给您写信。您的健康是国家的财富，并且查理对您也是异常关爱。这是令人崇敬的行为。并且我也明白，如果可以的话，他绝不会允许任何一个人，无论是通过写信还是拜访，打扰您的清静，影响您的休息。我非常尊敬他这种保护您远离任何伤害的高尚动机。但是，我发现您正要去贝拿勒斯（Benaras）演讲。因

---

① 拉宾德拉纳特·泰戈尔（Rabindranath Tagore，1861—1941），印度著名诗人，文学家，1913 年被授予诺贝尔文学奖；后来建立了圣提尼克坦书院，即后来著名的印度国际大学。

② 古鲁德夫（Gurudev）是对泰戈尔的尊称。Gurudev 意思是神圣的老师或伟大的导师。——译者注

此，我纠正了查理对您的健康状况的描述，因为他的描述使我多少感到不安。并且，我斗胆请您为我们撰写一篇文章，一篇给予那些不得不赴汤蹈火的人们希望与鼓舞的文章。我这么做是因为以前我进行斗争的时候，您曾善意地给我送来了您的祝福。如您所知，我的对手无比庞大。我并不害怕它们，因为我拥有一个坚定不移的信念，即它们并不站在真理这边，只要我们对真理有着充分的信念，它就会帮助我们战胜对手。但是，所有的力量都要通过人的行动产生作用。因此，我热切希望把那些赞同这次斗争的人们的无私援助聚集起来。如果我还没有得到您对于这次净化国家政治生活的斗争的明智看法，我将会感到很难过。如果您已经看到某些问题以至于改变了您对它的最初看法，我希望您毫不犹豫地告诉我。我很看重来自朋友的反对意见，因为即使它们不能改变我的行动初衷，它们也会像许许多多的灯塔那样为这条充满暴风雨的生命道路上存在的危险发出警告，从而为我的目标提供帮助。正因如此，查理的友谊对我来说弥足珍贵，因为即便未经深思熟虑，他总是毫不犹豫地跟我分享他的不同意见。我把这当作莫大的特殊待遇。在这个关键的时刻，我可以恳求您像查理那样给予我同样的特殊待遇吗？我希望您保重身体，并且在劳累的马德拉斯邦之行结束后能够恢复健康。

您真诚的

莫·卡·甘地

选自《甘地选集》第 15 卷，第 179—180 页

23A. 拉宾德拉纳特·泰戈尔的来信

圣提尼克坦

1919 年 4 月 12 日

亲爱的圣雄：

任何形式的权力都是非理性的，它就像蒙眼拉车的马匹。只有驾驭马的人心里才存在着道德的因素。消极抵抗作为一种强力，本身并不必须是合乎道德的，因为它可以用于反对真理也可以用于支持真理。所有强力的内在危险性在于，当有希望获得成功的时候它会变得更加强大，因为到那个时候它就会转化成为诱惑。

我知道您的教义是通过求助于善而与邪恶斗争。但是这样一种斗争，是为英雄人物所准备的，而不是那些此刻被冲动所支配的人们能胜任的。一方的罪恶会引发另一方的罪恶，不正义带来暴力反抗，羞辱导致复仇。不幸的是，这样一种强力已经被激发出来了。我们的政府当局或是因为恐慌或是因为愤怒，已经向我们展示它们的爪牙，其结果肯定是迫使我们当中的某些人走上愤恨的道路，而其他人则堕入彻底的道德败坏之中。在这样的危机之中，您作为一个伟大领导者，仍然在我们当中坚持宣称您对印度信念的坚持，即同时反对复仇心理中的懦弱以及惊恐之下的畏缩。您曾经说过，正如佛陀在他那个时代所做的那样，永远都要"以不怒的力量战胜愤怒，以善德的力量战胜邪恶"。

这种善德的力量，必须通过它的无所畏惧来证明其真理与力量，它要拒绝接受任何为了成功而依靠其力量产生恐惧的强制压迫，以及毫不羞耻地使用其毁灭性机器来恐吓那些手无寸铁的民众的做法。我们必须认识到，道德征服不在于获得胜利，它不会因失败失去高尚与价值。那些信仰精神生活的人们知道，起来反抗那些拥有势不可挡的物质力量支持的罪恶，这本身就是胜利。它是一种敢于面对战败的、对理想真正信仰的胜利。

我总是觉得，并且也总是这样说，一个民族永远不可能通过恩赐而获得自由这份伟大的礼物。在我们能够拥有它之前，我们必须先赢得它。只有当印度能够证明她的道德比那些通过征服来统治她的人们更高尚的时候，印度赢得自由的机会才会到来。她必须乐于接受苦难的忏悔，这种苦难被视作是伟大者的王冠。拥有对善的终极信仰，她必须无畏地面对嘲笑这种精神力量的傲慢专横者。

当您的祖国处于需要被唤醒自己的使命时，您出现在她的面前，带领她走上真正的征服之路，把虚弱病从她当前的政治生活中清除出去。这种虚弱病以"借来的羽毛"（borrowed feathers）的外交自欺为荣耀，想象它已经实现了自己的目标。

这就是为何我热切地祈祷，不要让任何能够削弱我们精神自由的东西侵入您的"行军战线"之中，为真理而受难牺牲永远不要退化成为仅仅口头形式上的狂热，堕落进隐藏在圣名之后的自欺之中。在以上这些文字的一番引论之后，请允许我献上以下两篇短文，以作为一位诗人为您的高贵事业奉献一点力量：

（一）

您就是我们的避难所，愿我在这样的信念中昂首挺胸，所有的恐惧都意味着对此的怀疑。

害怕人？但在这个世界上有什么样的人，什么样的国王，万王之王，能与您相比呢，谁能够无时无刻不守护我在所有的真理之中？

在这个世界上有什么力量能够剥夺我的自由呢？因为，您的臂膀不是能够穿透地牢墙壁，除去囚徒的脚镣，释放他们的灵魂吗？

难道我要依恋这个肉身而害怕死亡吗，就像一个守财奴贪恋毫无生机的财宝一样？我的这个灵魂难道不就是您不朽生命之盛筵的永恒召唤吗？

愿我明白，所有的痛苦与死亡只是片刻的阴影。黑暗力量在我与您的真理之间掠过，它只是日出前的薄雾。唯有您才是永远属于我的，比所有傲慢的力量还要伟大，它只能以其威胁来嘲笑我。

（二）

给我至高无上的爱之勇气，这就是我的祈祷——勇敢去说，去做，勇敢去奉您的旨意而承受苦难，勇敢去舍弃万物，或者被世人所孤立。

给我至高无上的爱之信仰，这就是我的祈祷——信仰死亡中的生命，失败中的胜利，信仰美好中脆弱的力量，信仰接受伤害而痛苦却不愿报复的高尚品格。

您真诚的

拉宾德拉纳特·泰戈尔

选自《甘地选集》第 15 卷，第 495—496 页

24. 致拉宾德拉纳特·泰戈尔

耶罗伐达中央监狱

亲爱的古鲁德夫：

现在是星期二凌晨3点钟。中午我就要进入"烈火"之门[①]。如果可以的话，我想要您为我的努力祝福。您一直都是我的真正的朋友，因为您常常坦率地说出您的想法。我曾经总是以这样那样的方式期望从您那里得到您坚定的意见，但是您拒绝了提出批评意见。如果您内心谴责我的行为的话，我还是会珍视您的批评，尽管现在我身陷囹圄，正在采取绝食。如果我发现自己犯了错，我绝不会过于傲慢而不公开承认我的错误，无论这种承认的代价是什么。如果您内心赞同我的行动，我希望得到您的祝福。它会支撑着我。我希望您能明白我的心意。

爱你的

莫·卡·甘地

---

① 1932年9月20日，甘地为反对英国试图给予哈里真（贱民）独立选区地位而采取绝食。——译者注

耶拉夫达中央监狱

1932 年 9 月 20 日早上 10:30

正当我把这封信交给狱警的时候，我收到了您充满友爱以及辞藻优美的电报。它将会在我即将进入的狂风骤雨中支撑着我。我将给您发一封电报。

谢谢您。

莫·卡·甘地

来自一份复制件：S.N.26400

25.拉宾德拉纳特·泰戈尔的来信

加尔各答

1932 年 9 月 30 日

圣雄先生：

我们的民众都惊讶不已，在这些日子里不可能之事变为可能，并且所有人都因您的获救而替我们感到无比欣慰。现在是一个恰当的时机，您的一个明确命令将会激发印度教徒竭尽全力把穆斯林争取到我们共同的事业当中来。与您过去跟不可接触制度的斗争相比，这是一个困难得多的成就，因为我们的大多数民众对穆斯林存在着一种根深蒂固的憎恶，他们[1]对我们自己也同样没有那么友爱。但是您知道如何感动那些冷酷无情的心灵。并且只有您，我确信，拥有坚定的能够征服世代积累的仇恨的爱心。我不懂得如何去谋划政治共识，但是我相信我们要不惜一切代价赢得他们的信任，并且让他们相信我们能够从他们的立场上理解他们的困难。然而，对于应当采取的行动措施，不应该由我来向您提供建议，反而我应该完全依赖您自己的判断。我必须斗胆向您提出一个建议，您务必要求印度教联盟（Hindu Maha

---

① 指穆斯林。——译者注

Sabha）对其他党派采取一个抚慰的姿态。

我毫不怀疑您每时每刻都在获取力量，并且鼓舞着您身边的力量与希望。

致以虔诚的敬爱

一直都在您身边的

拉宾德拉纳特·泰戈尔

来自一份复制件：S.N.18565

25A. 致拉宾德拉纳特·泰戈尔

耶罗伐达中央监狱

1932 年 10 月 9 日

亲爱的古鲁德夫：

我已经收到您优美的来信。我每天都在寻求指引。印度教徒与穆斯林之间的团结同样也是我一生的使命。各种障碍也都限制着我。但我知道，当我有了指引，它就能够突破这些障碍。同时我也祈祷，尽管我还没有开始绝食。

我希望您的身体不会因在浦那的忙碌工作以及同样劳累的长途跋涉而变得更糟。

马哈德夫为我们翻译了您在上个月 20 日对村民的精彩布道。

爱您的

莫·卡·甘地

来自一份复制件：S.N.23905

26．拉宾德拉纳特·泰戈尔的来信

印度国际大学，

圣提尼克坦

孟加拉

1932 年 11 月 15 日

亲爱的圣雄：

我能够体会到您给予克拉潘（Kelappan）的承诺的神圣性。毫无疑问，任何外人都不能批评您根据真理的直接指引而决定采取的行动。我担心的是，在上次绝食对我们良知产生巨大冲击之后，对它[①]再次运用可能会使我们很难在心理上给予恰当评价，并把它有效地用于人性的提升。您的绝食所激发的强大解放力量仍然在起作用，并且从一个村子扩散到另一个村子，消除了历史久远的不公正，把冷酷而严苛的迷信思想转变成为一种新的对不幸者的同情感受。如果我确信这场运动已经在衰退，或在某种程度上显示出存在缺陷的迹象，我将会欢迎目前人类所能做到的最高的牺牲，也就是牺牲您的生命来救赎我们的罪孽。但是我所有的经历体验，无论是在我们周围的村子

---

① 指绝食。——译者注

还是其他地区的活动，都使我确信您的绝食所产生的运动力量在持续增强，并且战胜了各种巨大的障碍。我在印度各地的朋友可以证明这是真的。也许会存在着反面因素，但在我看来，我们应该给他们时间——日益增长的公众舆论一定会把他们争取过来。甚至对于古鲁瓦约尔神庙（Guruvayyur temple），如果我得到的信息是正确的，除了少数被误导的个人之外，大多数人都压倒性地站在改革的一边。我祈祷并希望前者会遵从理智，并从宪法上革除那些阻挡改革之路的法律障碍。我们是否太过重视那少数群体中的零星个人的行动，而使我们无数的村民承受极端形式的苦难，即使他们自己毫无疑问是站在真理的一边？如果在您身上发生了什么事情，这些正在起作用的影响力将会受到一次考验。我们是否应该把现在已经赢得的东西拿来冒险呢？这些都是我头脑中自然产生的想法，我正想跟马哈德夫讨论它们的时候就收到了您的信。我会继续依据我的想法和祈祷观察事件发展，并热切地希望那些正在拦阻真理道路的人们会转变并皈依它。

您真诚的

拉宾德拉纳特·泰戈尔

来自一份复制件：S.N.18622

26A．致拉宾德拉纳特·泰戈尔

1932 年 11 月 24 日

亲爱的古鲁德夫：

　　您的上一封来信让我倍感慰藉。对我来说，您正在观察并且在祈祷，这就足够了。

深深敬爱您的

莫·卡·甘地

来自一份复制件：S.N.18622

27. 致拉宾德拉纳特·泰戈尔

艾哈迈达巴德

1933 年 7 月 27 日

亲爱的古鲁德夫：

我已经读了您关于《耶罗伐达协议》(Yeravda Pact) 这个将应用于孟加拉的协议的报纸文章。如果是出于对我的深厚感情和对我判断的不自信而误导您去同意这个可能给孟加拉带来巨大不公的协议的话，那样我会非常地悲伤。现在我建议您千万不要让您对我的深厚情谊来影响您的判断，不要让您对我的信心来影响您对这个协议本来就有的独立判断。根据我的了解，您的本性宽宏，您一旦行动，就不愿改变主意，在同样的情况下，即使您发现自己已经犯了错误，您也会做出同样的决定。

然而，我完全确信这份协议中不存在什么错误。修改协议的呼声刚出现，我就关注了它，跟那些应该了解该协议的朋友进行讨论，我感到满意的是它并没有对孟加拉施加什么不公平。我跟那些抱怨不公平的人交流此事。但是他们，包括拉曼南德（Ramanand）先生，同样无法使我相信协议中存在着任何的不公平。当然，我们的观点是不同的。在我看来，他们解决这个问题的方式也是错误的。

通过互相协商达成的一份协议是不能被英国政府单方变更的，除非得到协议双方的同意。然而，似乎没有人尝试认真地去达成这样的同意。因此，您跟抱怨的人出现在同一个论坛上，我是很欢迎的，理由之一是希望这样会带来双方的互相讨论，而不是徒劳诉诸英国政府干预。所以，如果您这一方已经对这个问题进行了研究，并且达成了您当前已经发表的观点，我希望您可以召集一次各方代表的会议，并且使他们相信此协议已经对孟加拉造成一次严重不公。如果这个观点被证明是对的，我就不再质疑，这份协议将会得到重新审议和修改，来纠正据说对孟加拉所造成的严重不公平。如果我确信这个针对孟加拉的判断确实存在着错误，我将会绷紧每一根神经确保这个错误得到纠正。您或许也知道，直到现在，即使舆论认为协议被证明是不公正的，应该被纠正，我还是刻意避免在公开场合说任何话，或通过不断重申我的观点来捍卫这个协议。因此，我完全乐意为您效劳。

目前，我正在忙着解散静修院，并且想办法尽可能地节省公共开支。因此，在这个月末，当我从忙碌中脱身之后才能够帮助您。我希望您身体健康。

您真诚的

莫·卡·甘地

来自一份复制件：S.N.19127

28．致拉宾德拉纳特·泰戈尔

瓦尔达

1934 年 11 月 15 日

亲爱的古鲁德夫：

在印度国大党支持下即将成立的全印度乡村产业协会（The All-India Village Industries Associations），它急需专家顾问帮助解决各种问题。这并不是要麻烦他们或是协会成员聚在一起开会，而只是给协会提供一些专业性的知识和建议，例如，化学分析、食物评估、卫生设施、村庄工厂的分布、乡村产业发展的改进方法、合作组织、村庄废物如粪肥的处理、村庄交通的措施、教育（成人以及其他教育）、婴儿护理，还有其他太多而难以在此罗列的事务。请问您能否允许您的名字出现在全印度乡村产业协会的顾问名单中？当然，我写信给您，是因为我相信您会赞同协会的目标，以及它实现目标的方式。

您真诚的

莫·卡·甘地

来自一份复制件：S.N.26409

29．致拉宾德拉纳特·泰戈尔

西格昂，

瓦尔达

1937 年 2 月 19 日

亲爱的古鲁德夫：

5 天前，我收到了您本月 10 日的来信。您对我的信任以及对我的友爱，字里行间随处可见，但是我那些令人惊讶的缺点呢？我的肩膀太瘦弱以至于难以承担起您希望加给我的重任。我对您的尊敬推着我往一个方向走，而我的理性把我拉到相反的方向。在我看来，当一个人像我这样面对这个问题的时候，让理性向情感屈服是很愚蠢的。我知道，如果我接管这个信托机构，我并不需要考虑管理上的细节。但是它确实意味着要有给组织筹集资金的能力。并且，我两天前听到的消息加深了我这种不情愿，因为我听说您不顾在德里对我的承诺，执意因为别人的恳求前往艾哈迈达巴德。我感到很伤心，我恭敬地恳求您放弃这次行程，如果它已经决定了的话。并且无论如何，我请求您收回将我任命为托管人的决定。

爱您并且尊敬您的

莫·卡·甘地

30.致拉宾德拉纳特·泰戈尔

西格昂，瓦尔达
1937 年 4 月 9 日

亲爱的古鲁德夫：

　　我刚刚收到您本月 5 日的来信。如果我不是恰好在您即将举行的开学典礼那天要去贝尔高姆（Belgaum）的话，我一定会前往。不仅是为了庆典，也是为了去看望您，以及多年没去过的圣提尼克坦。事实上，贾瓦哈拉尔（Jawarlal）将会出席典礼，我在精神上与您同在。祝愿中国学院成为中国与印度之间紧密联系的象征。

　　您就那次小误解写给我的信一直被我当成宝物一样珍藏在自己的衣服口袋内，它使我眼中充满喜悦的泪水。

您真诚的
莫·卡·甘地

来自一份复制件：S.N.26413

31. 致拉宾德拉纳特·泰戈尔

西格昂，瓦尔达

1937 年 9 月 23 日

亲爱的古鲁德夫：

您的宝贵来信正摆在眼前。您已经抢在我的前面了。我本想在尼尔拉坦（Nilratan）先生给我发来的最后一封确认电报之后给您写信的。但是我手写累了，需要放松。我不想口述而让人记录，我的左手写得很慢。说这些只是想告诉您，我们当中的一些人是如何爱您。我真的相信，您的崇拜者发自内心的默默祈祷已经蒙神的垂听，并且您仍然与我们在一起。您不仅是整个世界的歌唱者。您充满生命的话语，是对千万民众的一种引导与鼓舞。祝愿您永远健康长寿。

致以深切敬爱之意

您真诚的

莫·卡·甘地

来自一份复制件：S.N.26415

32. 拉宾德拉纳特·泰戈尔的来信

乌塔拉扬院

圣提尼克坦，孟加拉

1940 年 2 月 19 日

亲爱的圣雄：

今天早上，您已经基本了解了我们印度国际大学[①]的活动。我不知道您会怎样评价它。但您知道，这所大学从形式上看是全国性的，但是精神上是国际性的，竭尽所能地把印度文化的热情传递给世界其他地方。

您在关键时刻挽救了它，使它避免了全盘崩溃，并且帮助它运转起来。我们永远感谢您的友善相助。

现在，在您将要离开圣提尼克坦之际，我诚恳地向您请求。如果您把它视为这个国家的财富，请接受这所大学处于您的保护之下，确保它永久长存。印度国际大学就像一艘船，承载着我一生最宝贵的货物，并且我希望它能够得到我的同胞们特殊的保护而生存下去。

---

① 1921 年泰戈尔在印度孟加拉邦的圣提尼克坦建立了印度国际大学，该大学一直存续至今。——译者注

我希望我们能够以一种默默的爱与尊敬欢迎您进入我们的静修院，永远不让它过分放纵成为阿谀奉承之辞的展示。对伟大人物的敬意，自然要以简洁的语言来表达。我们跟您说这些话，是要让您知道我们把您当作我们自己的一部分，就像一个人属于全人类一样。

当前，还有各种难题使我们的命运蒙上阴影。我们知道，这些难题正在拦阻您的道路，并且我们没有一个人能免于它们的攻击。让我们暂时忘掉这种混乱的束缚吧，把我们的相聚变成一个简单的心灵聚会，记忆将会保留在心里。当所有令我们烦恼的政治生活中的道德混乱减少，我们所有努力的永恒价值将会展现出来。

爱您的

拉宾德拉纳特·泰戈尔

来自一份复制件：S.N.1536—1537

32A . 致拉宾德拉纳特·泰戈尔

在去往加尔各答的路上

1940 年 2 月 19 日

亲爱的古鲁德夫：

我们分别的时候，您放在我手中的短笺如此感人，直接触动了我的心。印度国际大学当然是一所全国性大学，但它无疑也是国际性的大学。您可以放心，我会竭尽所能在大家共同努力之下确保它永久长存。

我希望您恪守您的承诺，白天要安心休息一个多小时。

尽管我早已把圣提尼克坦当作第二个家，但这次拜访让我与它更加亲近了。

您真诚的

莫·卡·甘地

《真理以不同的方式召唤他们》，第 139 页

33.G.S. 阿伦戴尔的来信 [①]

第 2 海滨大道

马德拉斯

1919 年 7 月 26 日

亲爱的甘地先生：

　　既然您已经暂停文明不服从运动，我不揣冒昧地诚挚地向您恳求，您应该多一点关注并给予多一点力量来增强我们那些在伦敦的杰出领袖正在做的努力，以确保印度能够采取政治自由的实质性措施。

　　我非常清楚这样一个事实，即把《罗拉特法》(Rowlatt Act)从政府法令中废除是您的首要任务。我完全赞同继续发动民众是非常重要的。我还想加一点，鼓舞民众反对《新闻自由法》(Press Act)也同样重要。但是，现在您已经暂时放弃以文明不服从的方式来进行的宪法抗争，您是否认为我们应该全部加入一个伟大的共同社会运动呢，它具有以下目标：

　　1. 推动《印度改革法案》(Indian Reform Bill)；

---

① 阿伦戴尔（G.S.Arundale），通神论者，《新印度》杂志的编辑，积极参与安妮·贝桑特的印度自治联盟。

2. 废除《罗拉特法》和《新闻自由法》；

3. 坚决捍卫印度公民的权利，这些权利最初在马德拉斯省大会提出的《权利宣言》（Declaration of Rights）中宣布，并且在 1918 年 8、9 月间的印度国大党和全印穆斯林联盟的孟买特别会议上被采纳。

我并不是要求以上所列的这些目标存在着这样的先后顺序。但是我极力主张，印度的统一是重中之重，因此我们所有人一定要竭尽所能建立并维护她的统一。

目前，我们有两条路来服务于这个目标——非暴力不合作的道路，以及专注于推动《印度改革法案》的道路。难道我们不可以暂时联合在一起，或至少致力于共同的工作吗？

我非常清楚，您的一些追随者并不相信《印度改革法案》会带来任何好的结果。但这难道不是一次机会吗？它或许可以成为一块有用的基石。并且，难道我们不应该支持那些在伦敦代表印度全国大会及各种运动的领袖吗？他们正竭力推动这个服务于这片土地的法案能够配得上它。

我是如此热衷于为印度工作，并且是如此热切与焦急，以至于即使是最小的一个机会也不愿错过。因此，我毫不犹豫地把这些想法向您陈述。如果我们能够在这个关键时刻，建立一个统一的印度来为一个共同目标而努力，这是对印度之伟大的多么荣耀的证明啊！我知道，有了您的帮助、引导以及鼓舞，这是可以做到的。前几天在与桑卡兰·纳伊尔（Sankaran Nair）爵士的一次交谈中，他给我提出一些必要的改进，使得《印度改革法案》真正值得争取，并且他认为这些是能够争取得到的。贝桑特夫人在与蒙太古先生一次长谈之后，写信给我说这一蓝图还是很有希望的。难道我们不应该在印度国内也往这个方向付出我们的努力吗？难道我们不能够携起手来共同工作吗？难道不能有这么一个伟大的运动，至少在几个月内，您自己就担任其中一个主要的领袖吗？

作为一个普通成员，请原谅我这样说，我们对于我们的领袖毫不团结这个事实感到非常难过。我们渴望全心全意地联合行动。为了印度的缘故，难道这不是我们应该做的吗？为了废除那两个可憎的法案而举行的联合抗争，在《印度改革法案》以及《权利宣言》的各自修订基础之上，难道不是可以实现的吗？这是一个高贵而鼓舞人心的计划。我相信，没有一个热爱印度的人会不支持它。您的文明不服从运动暂时停止，这使得我们所有人毫无保留地一起工作有了可能性。我恳求您考虑我们是否可以，至少在目前，一起前进。

致敬

您真诚的崇拜者

乔治·阿伦戴尔

选自《青年印度》，1919 年 8 月 6 日

33A. 致 G.S. 阿伦戴尔

金链花路

孟买

1919 年 8 月 4 日

亲爱的阿伦戴尔先生：

我已经反复阅读了您充满友善的来信，为此我要感谢您。我打算把我们的这次通信发表在《青年印度》上。

尽管我乐意遵从您的建议，但对您在信中向我提出的重任我感到难以胜任。我非常了解自己的不足。我的爱好不是政治而是宗教，我参与政治是因为我觉得生活的任何部分都无法与宗教相分离，而政治恰好在所有方面都涉及印度的生死存亡。因此，绝对有必要把英国人与我们之间的政治关系建立在一个合理的基础之上。在这一过程中，我正在尽我最大的能力来推动它。对于改革，我没有太大的兴趣，因为它们掌握在不可靠的人手里，同时也因为在我看来各种改革，连同《罗拉特法》的出台在内，都是一个僵局。该法案的出台隐含着一种可憎的精神。毕竟，英国人能够在事实上将改革弱化成为一个无法律效力的行为，除非印度人民的舆论对他们产生健康的影响。他们不相信我们，我们也不信任他们。彼此把对方视为天敌。因此，才会有《罗

097

拉特法》。行政部门设置该法案是为了压制我们。在我看来，这个立法就像蛇一样缠绕在印度躯体上。政府不顾公众舆论最明确的反对，仍顽固坚持可憎的立法，使我产生了最坏的怀疑。基于上述观点，您将不会再困惑为何我对改革丝毫不感兴趣。《罗拉特法》的出台堵死了这条路，而我要奉献包括我的生命在内的所有东西来排除这个障碍。

希望您不要误会。文明抵抗已经中止。它是生活的永恒信条，我们在生活的各个方面都有意无意地在遵循它。对它进行新的或扩展性的运用，导致人们的担忧与骚动。中止它是为了揭示它的真实面目，并且把废除《罗拉特法》的责任扔给政府以及那些建议我中止这个法案的领导人（您也是他们中的一员）。但是，如果在合理的期限内，这一法案没有被废除，文明抵抗活动也将一定会接踵而来。政府手中没有武器可以战胜或摧毁这个永恒的抵抗力量。这一天必然会到来，文明抵抗将被认为是最有效的，同时也是最无害的纠正不公的措施。

您提出了统一的愿望。我认为我们有着目标的统一。但我们总是存在着各党派，并且我们也许找不到一个共同的标准来促进统一。因为有些人会比其他人想走得更远。我认为一个健康的多样性并不是坏事。我想要做的是，让我们自己摆脱彼此的不信任和蓄意的相互非难。困扰我们的罪恶不是我们的差异性，而是我们的渺小。我们为言辞而争吵，我们总是为事物的影子打斗却遗忘了它的本质。正如戈克利先生过去常说的那样，当我们不把政治当作一块生活提升的垫脚石的时候，政治就会变成我们闲暇时光的一种消遣活动而已。

我想请您以及每一位编辑，坚持传递我们政治生活中的慈善、认真和无私。这样，我们之间的分裂就不会像今天这样尖锐了。真正要紧的不是我们之间的差异，而是其背后的卑鄙——这毫无疑问是令人厌恶的。

旁遮普省的各种判决不可避免地与《罗拉特法》引发的骚乱牵涉

在一起。因此，非常有必要对它们进行修正，就像该法案有必要被废除一样。我同意您的看法，《新闻自由法》需要大幅度修改。政府的高压行政行为，实际上正在催生煽动性的言论。我很遗憾地了解到，有报道说惠灵顿勋爵 ① 独自负责针对《印度人报》(*The Hindu*) 和《自治之友》(*Swadesha Mitran*) 的行动——在我看来是无理的行动。② 但是它们不仅没有因此而失去权威和知名度，反而获得了这两者。无疑，在这片土地上有足够多的法官，他们能够证明新闻记者是否已经逾越了正当批评的底线和煽动性言论的限制。我并不热衷于《权利宣言》事宜。一旦我们改变了英国人的精神，我们就会在《权利宣言》上取得长足的进步。我们必须成为他们有尊严的朋友，或者成为同样有尊严的敌人。我们或许两者都做不到，除非我们具有男子汉的气概，无畏而独立。我想要大家认真对待惠灵顿勋爵的建议，并且当我们想要说"不"的时候就说"不"，不要害怕结果。这是一种纯粹的文明抵抗，是培养友情建立友谊的方式。另一种方式就是，以经年累月的公开暴力来捍卫尊严底线，只要暴力被认为是有尊严的话。在我看来，暴力的根源在于屈辱。因此，我冒昧向印度人民提出第一种方式，它的完整形式被称之为萨提亚格拉哈（非暴力），它总是以荣誉作为根基。

您真诚的

莫·卡·甘地

选自《青年印度》，1919 年 8 月 6 日

---

① 惠灵顿勋爵（Willingdon，1866—1941），孟买市长，1931—1936 年担任印度总督。

② 政府要求马德拉斯各家日报支付 2000 卢比的保证金，同时禁止《印度人报》在旁遮普和缅甸发行。

34. 写给印度国内所有英国人的信

亲爱的朋友：

我希望每个英国人都会看到这个呼吁，并且给予深入的关注。

请允许我向你们介绍自己。依鄙人之见，没有哪个印度人与英国政府合作的时间能够超过我持续不断的 29 年公共生活之久，而且在我身处的环境下，任何人都有可能变成反叛者。如果我告诉你们，我对英国政府的合作不是建立在对你们的法律惩罚的恐惧，或者其他自私动机的基础之上，我请求你们相信。这是自由和自愿的合作，它是建立在对英国政府的总体活动是有利于印度这一信任的基础上。我曾 4 次为了帝国的缘故不惜以身涉险：在布尔战争（Boer War）时期，我的工作是在布勒（Buller）将军的分派下主管救护队；在纳塔尔的祖鲁叛乱时期，我也同样主管一支医疗队；在上次世界大战开始时，我提出了组建一支救护队，由于紧张的培训，我染上了严重的胸膜炎；最后一次，在德里的战争会议上，为了履行我对蔡姆斯福德勋爵的承诺，我积极投身到凯拉地区的招募士兵活动中，这一活动需要长时间的痛苦行军，结果我遭遇了几乎致命的痢疾感染。我做的所有这一切，都是满怀着这样一个信念：我这些行为必定会为我的国家在帝国中赢得一个平等的地位。所以直到去年 12 月份，我仍努力为一个深信不疑的合作任务而辩护。我完全相信劳埃德·乔治（Lloyd

George）先生将会履行他对伊斯兰教徒的承诺，并且公开官方在旁遮普省的暴行，保证旁遮普省人获得充分的补偿。但是，劳埃德·乔治先生的背信弃义以及你们对他的赞赏，还有对旁遮普暴行的纵容，完全粉碎了我对政府以及支持该政府的民族 [①] 良善意图的信任。

但是，尽管我对你们所谓良善意图的信任早已不在，我还是承认你们的勇敢。而且我知道，你们即使不会屈服于正义和理性，你们还是会乐意向勇敢让步。

看看这个帝国对于印度来说意味着什么：

为了大英帝国的利益而剥夺印度的资源；

持续增长的军费开支，世界上最昂贵的行政事务；

完全不顾印度的贫穷，每一个部门都浪费严重；

解除我们的武装，并因此导致整个民族的软弱，以此避免一个拥有武器的民族可能会危及你们这些少数人的生命；

为了维持一个不稳定的行政管理，从事使人沉湎的洋酒和毒品买卖；

不断增加压制性立法，来压制不断增长的表达一个民族痛苦的骚乱；

不断降低居住在你们统治领域内印度人的待遇，并且你们通过美化旁遮普省的行政管理，侮辱伊斯兰教徒的感情，这早已表明你们完全不顾我们的感受。

我知道你们不会在意我们能否进行战斗，从你们手中夺取王权。你们知道我们没有力量那样做，因为你们已经确信我们不能以公开的和值得尊敬的方式进行战斗。所以，在战场上体现英勇无畏对于我们

---

① 指英国人。——译者注

101

来说是不可能了，但是灵魂的勇敢仍然向我们敞开。我知道你们也会对此有所回应。我正致力于唤起这份勇敢。不合作除了意味着关于自我牺牲的训练之外，没有其他含义。一旦我们明白，在你们对这个伟大国家的行政管理之下，我们每天都被迫处于日益加深的奴役状态，我们为什么要跟你们合作呢？人们响应我的呼吁，不是因为我的个人品质。我希望你们不要关注我，就此而言，你们同样也不要关注阿里（Ali）兄弟。我的个人品质不能唤起任何人响应我反对穆斯林的呼吁，如果我那么愚蠢地提出这一呼吁的话。阿里兄弟也一样，如果他们疯狂地提出一个反对印度教徒的口号，他们的神奇名字也不能激起伊斯兰教徒的热情。成千上万的人们聚集在一起聆听我们，因为我们今天代表着在你们铁蹄蹂躏之下的民族呼声。阿里兄弟过去是你们的朋友，我也一样，并且现在我仍然是你们的朋友。我的宗教信仰禁止我对你们抱有任何的恶念。我绝不会振臂高呼反抗你们，即使我有这个权利。我只是希望通过我的受苦来征服你们。为了保护他们的宗教和他们的国家，阿里兄弟一定会剑拔弩张，如果可能的话。但是，他们已经和我一起致力于印度人民的共同事业：努力表达民众的呼声并且为他们的不幸寻求救助。

你们正在寻找办法来压制这种日益沸腾的民族情感。我斗胆建议你们，抑制这种情感的唯一方法就是消除它的起因。你们拥有这样的能力。你们可以为给印度人造成的错误忏悔。你们可以迫使劳埃德·乔治先生兑现他的诺言。我向你们保证，他已经给自己留下了许多后路。你们可以迫使总督退休，更换一名更好的总督。你们可以修正你们关于迈克尔·奥德怀尔（Michael O'Dwyer）勋爵和戴尔（Dyer）将军的看法。你们可以强迫政府召集一个由公认的民众领袖参加的会议。由他们充分选举并且代表各方不同意见，以便根据印度民众意愿来修正授予自治的方案。

然而，除非你们把每一个印度人都当作实际上是与你们平等的兄弟，否则你们不可能做到这一点。我并不请求恩赐，我只是作为一个朋友来向你们指出解决一个重大问题的恰当方式。你们也可以采取另一个办法，也就是镇压。我预言这一办法将会失败，因为镇压已经开始了。政府已经把两个勇敢的帕尼帕特（Panipat）人关到监狱里去了，因为他们坚持并自由地表达他们的观点。有一个人也因为表达了类似观点，正在拉合尔接受审判。还有一个来自奥德（Oudh）地区的人也已经被收监。另外一个人则在等待判决。你们应该知道在你们当中将要发生什么事情。即使知道要被镇压，我们的宣传活动也要进行下去。我恭敬地邀请你们选择更好的那个方式，和印度人民联合起来，你们正在他们的国家里客居。如果你们试图挫败他们的期盼，那将是对这个国家的背信弃义。

您的忠实的朋友

莫·卡·甘地

选自《青年印度》，1920 年 10 月 27 日

103

35．致总督 [①]

巴多利

1922 年 2 月 1 日

总督先生：

巴多利是孟买省苏拉特地区下辖的一个小区，总共大约有87000 人。

上个月 29 日，在最高领导人维塔尔哈伊·帕特尔（Vithalbhai Patel）的带领之下，巴多利决定开展大规模的文明不服从运动。这一行动已经被证明是符合全印国大党委员会的解决办法的，该委员会于去年 11 月份的第一周在德里召开了会议。但是，由于我可能要对巴多利的决策负主要责任，因此我有义务向阁下您以及公众解释这一决定是在何种情形之下做出的。

这次运动是在前述全印国大党委员会决议的规划之下，使巴多利成为群众性文明不服从运动的第一个地区，以此标志着对印度政府的全国性反抗，因为它一直恶劣地拒绝印度人民关于哈里发运动、旁遮普以及司瓦拉吉的公正决定。

---

① 雷丁勋爵（Lord Reading，1860—1935），1921—1926 年出任印度总督一职。

去年 11 月 17 日孟买发生了不幸的和令人遗憾的骚乱之后，巴多利的行动计划被迫延期。

与此同时，在孟加拉、阿萨姆邦（Assam）、联合省（United Provinces）、旁遮普、德里，一定程度上还包括比哈尔邦（Bihar）、奥里萨邦（Orissa），以及其他地方都出现了经印度政府同意的恶意镇压事件。我知道你反对使用"镇压"一词来描述当局在这些省份的行动。在我看来，当采取的行动超过了形势需要的时候，毫无疑问，那就是镇压。掠夺财产，袭击无辜群众，包括鞭打在内的粗暴对待监狱里的犯人，在任何意义上这些都不可能被描述为是一种合法的、文明的，或者在任何方面是必需的行为。除了"无法无天的镇压"之外，这种官方的非法行为没办法用任何别的词语来描述。在一定程度上，不合作主义者或他们的支持者在联合罢工以及执行纠察的过程中，或许确实存在着恫吓胁迫。但是，这绝不能用来证明对和平的自愿行动或对公共聚会的大规模镇压的合法性。这是对非常规法律的一种歪曲使用，这一法律的目的是对付在动机和行为上具有明显暴力倾向的活动。同样，它也绝不能够借此采取行动反对无辜人群，尽管不是镇压。对于我们中的许多人而言，这是一种对普通法律的非法运用。还有，根据一部应该被撤销的法律通过行政手段干预新闻自由，只能被视为镇压而不是其他。

因此，摆在这个国家面前的直接任务，就是在言论自由、集会自由和新闻自由即将灭绝之前拯救它们。为了全面控制暴力，在当前印度民众对政府的情绪状态下，以及在当前本国处于尚未准备好的状态之下，不合作主义者们不愿意与马拉维亚会议（Malaviya Conference）有任何瓜葛，他们的目的是劝导阁下您召开圆桌会议。但是，由于我渴望避免所有可以避免的苦难，我毫不犹豫地建议国大党工作委员会接受那次会议的建议。尽管我认为这些会议条款非常吻合您自己的要求，因为我是通过您在加尔各答和其他地方的演讲来理解这些要求的，但是您却草率地拒绝了这个提议。

在这种情况下，除了采取某种非暴力的方法之外，在这个国家面前没有其他办法来满足它的要求，包括言论自由、集会自由、新闻自由的基本权利。依敝人之见，最近的事件明显背离了阁下您在阿里兄弟大方、勇敢而无条件道歉的时候所制定的文明政策，即印度政府不应该干预不合作活动，只要他们在话语上和行动上真正保持非暴力。如果政府政策能够保持中立，允许公共舆论发展成熟，并且让它充分发挥影响的话，那么推迟采取侵略性的文明不服从行动，直到国大党更充分地控制国内暴力并且对成百上千的信徒实行更严格的纪律，本来是可能做得到的。但是这种无法无天的镇压（在某种程度上，这是这个不幸的国家史无前例的事件），已经使得直接采取大规模文明不服从行动成为一项必要的责任。国大党工作委员会已经把它限制在特定的地区，这些地区是我偶尔选择出来的，目前仅限于巴多利。如果马德拉斯省的甘特市（Guntur）的数百个村庄能够严格遵照非暴力的条件，不同阶级联合起来，接受和生产手纺织土布，并且废除不可接触制度，那么我就会运用所谓的权威立刻给予同意。

然而在巴多利民众真正开始大规模的文明不服从行动之前，我恭敬地恳劝您，作为印度政府的领导者，修改你们的政策并且释放所有的非暴力不合作的囚犯，他们因为非暴力活动或者已经被判刑，或者正在接受审判。同时，要以明确的话语宣布一项针对本国所有非暴力行动的绝对不干预政策，不管被认为是针对哈里发运动，或者是旁遮普的不公正，或者是印度自治，或者是出于任何别的目的而采取的救济行动。并且，尽管这些行动被归入《刑法典》《刑事程序法》或者其他强制性法律的压制范围，它们总是要接受非暴力条件的限制。我愿进一步恳劝您，让新闻自由从所有的行政控制中解放出来，并且归还最近征收的所有罚款和罚没物品。在这样的劝诫中，我是在请求阁下您去做今天每一个由文明政府管辖下的国家正在做的事情。如果您能够在这份声明发表后 7 天之内发表一份必要的声明，被囚禁的同事得到释放，且他们在审查了整个形势及重新审视了他们的地位后，我将准备建议推迟具有一定侵略性的文明不服从行动。如果政府作出了我们要求的声明，我将把它视为政府愿意使公共舆论发挥作用的真实愿望。我也会毫不犹豫地建议国家进一步致力于公共舆论的建构，不受任何一方的暴力限制，并且信任它的运作能够确保其职能的实现。在这种情况下，只有当政府背离它的严格中立政策，或者拒绝顺从印度大多数人的明确意见的时候，带有侵略性的文明不服从行动才会被采用。

阁下的忠实的仆人和朋友

莫·卡·甘地

选自《印度青年》，1922 年 2 月 9 日

36. 致贾瓦哈拉尔·尼赫鲁 ^①

巴多利

1922 年 2 月 19 日

亲爱的贾瓦哈拉尔:

我看到你们所有人因工作委员会的决议而受到抨击。我支持你们，并且我心里也牵挂着你的父亲。我能够想象他已经承受过的痛苦挣扎。然而，我同样觉得没有必要写这样一封信，因为我知道在最初的震惊之后，你们一定能够对当前形势产生一种真正理解。我们不应该被德维达斯（Devidas）的年少无知的行为所迷惑。那个贫穷的男孩很可能是过于激动而不由自主，失去了理智。但是不可否认的事实

---

① 1921 年 12 月，印度不合作运动的第一个监禁高峰开始，10000 多人因为违反法律被关进监狱。当得知甘地突然命令不合作运动中止时，我们大部分人，包括我和我父亲都还被关在监狱。他给出的理由是联合省戈勒克布尔（Gorakbpur）区乔里乔拉村（Chauri Chaura）的农民群情激奋袭击了警察哨所，放火烧死了几名在场的警察。我们在监狱中为这次运动因部分村民的错误行为而突然中止感到很悲痛。甘地当时已经被释放了。我们想尽办法想向他表达我们对他采取这一措施深感遗憾。这封信就是甘地在这种情况下写的。它被送到我姐姐（维贾雅·拉克希米·潘迪特）那里，在与我们狱中会面时，姐姐读给我们听。（原文没有标明出处，应该是引用尼赫鲁的话。——译者注）

是，一群愤怒的不合作运动支持者残忍地杀害了多名警察。也不可否认的是，这是一群有政治思想倾向的人群。如果我们不注意到如此明显的预兆，那将是罪恶的。

我必须告诉你，这是一次致命的打击。我写给总督的信是在深思熟虑之后才发出的，因为我必须让每个人都清楚明白我要表达的意思。我正被马德拉斯事件所缠扰，但是我被警告的声音所淹没。我既收到了印度教徒也收到伊斯兰教徒的来信，来自加尔各答、阿拉哈巴德（Allahabad）以及旁遮普省的。所有这些信都是在戈勒克布尔事件发生之前，他们告诉我并不都是政府的错，我们的民众正变得具有攻击性、威胁性和肆无忌惮；他们正失去控制，并且在行为上没有做到非暴力。虽然费罗泽普尔吉尔卡（Ferozepur Jirka）事件 ① 使政府声名狼藉，我们也不是完全没有过失。哈钦吉（Hakimji）指责巴雷利（Bareilly），我带着怨恨谴责扎扎尔（Jajjar）。在沙哈兰埔（Saharanpur），也出现了试图强行占领市政厅的行动。卡努（Kanouj）也是一样，这位国大党秘书亲自发来电报谈到，担任志愿者的男孩子们开始变得失去控制，他们用尖桩围住高中，阻止 16 岁以下的少年上学。在戈勒克布尔有 36000 名志愿者应召参与运动，但愿意遵守国大党行动誓言的人不超过 100 个。在加尔各答，贾姆纳拉吉（Jamnalaji）告诉我志愿者们彻底没有了组织，他们穿着外国衣服，肯定不会遵守非暴力这一原则。我所掌握的这些消息，更多地来自南部地区，乔里乔拉的消息像高能的火柴点燃了火药一样，一场爆炸就随之出现了。我敢向你保证，如果事情没有被及时中止，我们领导的将不再是一场非暴力斗争，而本质上是一场暴力斗争。毫无疑

---

① 1921 年 12 月 23 日的开枪射杀事件。

问，非暴力真的就像玫瑰油的香味一样在这片土地上全面扩散开来，但暴力所散发出来的恶臭气味仍然是强有力的。忽略或者低估它都是不明智的。通过这次中止运动，我们的事业将会走向成功。这场运动已经不知不觉地偏离了正确的道路。如果我们现在返回到我们抛锚的地方，我们可以再次勇往直前。就评判事件这一方面而言，你处于一个不利的位置，而我却处于有利的位置。

我可以跟你讲讲我自己在南非的经历吗？在南非，各种各样的消息会传到关押我们的监狱里。在第一次入狱的前两三天，我很高兴收到许多小道消息。但是我很快就认识到，沉浸在这种非法的满足中是完全没有意义的。我什么也做不了，也不能传递出任何有益的信息，我只是徒劳地心神不宁。我觉得，在监狱里指导这场运动对我来说是不可能的。因此，我只是等待，直到我能遇到监狱外面的那些人，并且能与他们自由交流。同样，我希望你相信我，当我告诉你这些，我只是出于理论上的兴趣，因为我的目的不是评判任何事务，然后看到我自己是多么的正确。我清楚地记得，直到我从监狱里被释放出来，思想也得到释放，以及我获得第一手信息后我的想法就立即改变了。监狱里的氛围总是以某种方式，让你无法在心里全盘考虑问题。因此，我希望你不要考虑外部世界，并且忽略它的存在。我知道这是一项最艰难的工作，但是，如果你开始认真学习某些东西，并且能够认真地从事手工劳动，那么你是能够做到的。最重要的，不管你做什么，你都不要讨厌手纺车。你和我可能有理由厌恶我们自己，因为我们做了许多事，而且相信许多事。但是我们绝不该有任何理由为我们信仰手纺车而后悔，或者为我们每天以祖国的名义纺出这么好的纱线而后悔。你带着《天歌》（*Song Celestial*）[①] 在身边。我没办法把埃德温·阿诺德（Edwin Arnold）无可比拟的译本送给你，但以下这句是从梵文翻译过来的："不浪费精力，就不会有败坏。即使是一点点这样的达摩法则，也能救人于万劫之中。""这样的达摩法则"最初是指"业瑜伽"（KarmaYoga），而我们这个时代的"业瑜伽"就是手纺车。在你通过皮阿雷拉尔（Pyarelal）寄给我一封使人心寒的信之后，我希望收到你令人振奋的信。

你真诚的

莫·卡·甘地

选自《一沓旧信》，第 22—25 页

---

① 《天歌》是埃德温·阿诺德对《薄伽梵歌》的英译本。——编者注

37. 致贾瓦哈拉尔·尼赫鲁

萨巴玛蒂静修院
1928年1月17日

亲爱的贾瓦哈拉尔：

我必须口述，让他人代笔书信，这是为了节约时间，也让我酸痛的肩膀得到休息。我在星期天就芬纳·布洛克威（Fenner Brockway）的事给你写了封信。我希望你能准时收到那封信。

你知道吗？正是因为你在之前提到的事务中担任主要合伙人——当然除了所谓的"全印展览"外，我才写了那篇你已经批评过的文章。考虑到你和我之间的关系，我有一种感觉，自己的作品将会在精神上被你所接受。然而，我知道它们总体上并没有起作用。我并不介意这一点。因为，很明显的是，这些文章本身能够使你从自我抑制中释放出来，而你已经在这种自我抑制之下辛苦劳作了很多年。尽管我那时开始察觉你和我之间在观点上存在差异，但我并不知道这些差异的程度有多大。尽管你为了国家而英雄般地压抑你自己，并且你坚信通过与我一起共事，不顾自身利益服从于我，这将使你能为国家服务，无虑、无求般。然而这种不自然的自我抑制仍然会困扰着你。而且，当你处在这种状态时，你忽视了当前在你看来不重要，而在我看

112

来则是严重的缺点的事情。我可以向你展示我在《青年印度》上写过的同样措辞强烈的文章，它们是我在积极领导国大党的时候，就全印国大党委员会的行为而写的。我在全印国大党委员会会议上都已说过类似的话，只要国大党出现一些不负责任的和草率的言论或行动。但是当你处于麻木无知的时候，这些事情就不会像现在这样刺激你。因此在我看来，向你表明你来信中的矛盾分歧是没有用的。我现在关注的是未来的行动。

如果你要求从我这儿得到任何自由，我会给予你需要的所有自由，这些年来你已经给予了我谦卑而不容置疑的忠诚，而且我知道你现在处于这样的状态，这种忠诚对我来说就更宝贵了。我很明白，你一定公开反对我以及我的观点。因为，如果我错了，我无疑会对国家造成不可挽回的伤害。在认识到这一点后，站起来反对我是你的职责所在。或者，如果你对于你的结论之正确性有任何疑问，我会非常高兴地当面跟你讨论这些问题。在我看来，你和我之间的分歧是如此之巨大与激烈，以至于我们之间看起来没有会面的基础。我无法向你隐藏我的悲痛，我将要失去一位像你这样总是表现得如此英勇而忠诚，如此能干而诚实的同志。但是，在为事业服务的过程中，同志关系是必须要被牺牲的。我们的事业必须优先于所有这些顾虑。然而这种同志关系的解除——如果必须解除的话——绝不会影响我们的私人友谊。我们成为一家人已经很久了，尽管有重大的政治分歧，我们现在仍然维持这种友谊。我很幸运地和一些人维持着这种关系。例如萨斯特里（Sastri），我和他在政治观点上正好截然相反，但是我和他之间的关系在我们认识到政治分歧之前已经形成了，而且这一关系一直持续着，并且在它不得不经历的残酷考验中保存了下来。

我建议以一种有尊严的方式公开你的立场。给我写信来表明你的不同观点。我将在《青年印度》上发表这封信，并且会写一个简短的回复。你的第一封信，我读完和回复之后就毁掉了。第二封信我还保留着，如果你嫌麻烦不愿再写一封信，我准备发表我手头的这封。我觉得这封信里没有任何冒犯的段落。但是如果我发现任何这样的段落，你可以放心我会删除它们。我认为这封信是一份直率的、诚实的文献。

爱你的

巴布[①]

选自《一沓旧信》，第 58—60 页

---

① 巴布（Bapu），父亲，表明甘地待尼赫鲁如同父亲对孩子一样。——译者注

38. 致贾瓦哈拉尔·尼赫鲁

西格昂，

瓦尔达

1939 年 7 月 29 日

亲爱的贾瓦哈拉尔：

我没有去指导德哈密（Dhami）的民众，我已经把他们转交给你了。我觉得，你应该在不受我任何干预的情况下承担起这项任务。在各邦民众的观念里，他们似乎是孤立的，他们无视国大党的存在，也因此忽视了各邦的集会。我已经在《哈里真》（*Harijan*）[1]中提出，任何邦的协会在没有得到你的委员会指示之前，不能够擅自采取行动。如果我完全需要经过你同意而行动的话，例如当你指示我的时候，我应该提出我的观点，以表示对工作委员会的尊重。我昨天也是这样告诉瓜廖尔（Gwalior）民众的。你将不得不重新组织你的委员会，如果它要真正发挥作用的话。

毕竟，我无法前往克什米尔（Kashmir）。谢赫·阿卜杜拉（Sheikh

---

① 《哈里真》为甘地创办的期刊，"哈里真" 意为神的子民，甘地用之称呼贱民。——译
者注

Abdulla）和他的朋友们不会容忍我想成为王公客人的想法。根据以往的经历，曾有一次我已经接受了王公的提议，我期待谢赫·阿卜杜拉会赞同。但是，我发现我错了。因此，我取消了接受王公的友好款待，而接受了谢赫·阿卜杜拉的接待。这使王公很尴尬，所以我取消了所有的访问。我对于我的双重愚钝而感到愧疚——没有你的陪伴而前往那里以及在没有得到谢赫·阿卜杜拉的允许前接受王公的邀请。我本以为可以通过接受王公的邀请来服务民众。我必须承认，我对于我与谢赫·阿卜杜拉及其朋友之间的沟通感到不愉快。对于我们所有人来说，他们似乎是最不可理喻的。可汗·萨希卜（Khan Saheb）与他们说理，但是这是没有目的的理论。

你对锡兰（Ceylon）的访问是荣耀之旅。我不在乎它会产生什么样的直接结果。萨利赫·提阿布其（Saleh Tyabji）请求我派遣你前往缅甸，安德鲁斯希望你能和南非建立联系。就锡兰来说，我很自然地产生了要建立一个国大党代表团的想法，而不是遵从前面两个提议。然而，当我们再次会面时，我希望你仍然充满活力，也希望克里希纳过得开心。

爱你的

巴布

选自《一沓旧信》，第 387—388 页

39. 致贾瓦哈拉尔·尼赫鲁 [①]

1945 年 10 月 5 日

亲爱的贾瓦哈拉尔：

许多天来，我一直想写信给你，但是此前我一直无法动笔，直至今日。在我心里还有一个问题，这就是到底是用英语还是印度斯坦语来给你写信。我最后还是偏向于使用印度斯坦语来写这封信。

我想写的第一件事就是我们之间观点的分歧。如果这个分歧是根本性的，我觉得应该让公众也知道这一点。对于我们争取印度自治的工作而言，如果让他们对此毫无知悉的话，那将是有害的。我已经说过，我仍然坚持《印度自治》一书中设想的政府制度。这些都不只是说说而已。当我开始写这本小册子的时候，我 1908 年以来获得的所有经验已经证明了我信仰的真理性。因此，即使只有我一个人信仰它，我也不会介意，因为我只能够去坚持我看到的真理。当我写这封信的时候，我手头没有《印度自治》这样一本书照着写。对于我来说更好的做法是，用我自己的想法重新描绘一幅画。这幅图画是否和我在《印度自治》中描述的一样，对于你和我来说并不重要。没有必

---

① 原信用印度斯坦语书写。

117

要去证明我当时说过的话是否正确。唯一重要的是要明白我今天的想法。我确信，如果印度要获得真正的自由，而且通过印度，世界也将获得真正的自由，那么，或迟或早，一个必然被认识到的事实就是，人们将不得不生活在乡村而不是在城镇，生活在棚屋里而不是住在宫殿中。亿万的平民百姓绝不可能与他人在城市或者皇宫里和平地生活在一起。届时，他们将没有任何依靠，只能求助于暴力和谎言。我认为对于人类来说，没有了真理和非暴力，就只能是破坏。我们只能在朴素的乡村生活中才能够认识到真理和非暴力，而发现这种朴素生活最好的方式就是手纺车及其产品。如果今天这个世界走上错误道路，我无须对此感到恐惧。这可能是印度将来也要走的那条路，就像谚语所言：飞蛾围着火焰跳得越来越猛烈，但最终会燃烧自己。但是，直到最后一口气我都要保护印度，以及通过印度让整个世界避免这样一种厄运，这是我必须承担的义务。我所阐述的核心在于，人类应该满足于他所真正需要的东西，并且做到自给自足。如果他不能掌控这一点，他就不能拯救他自己。毕竟，这个世界是由个体构成，正如大海由水滴汇聚而成一样。我所说的这个观点并不新鲜，这只是一个众所周知的真理。

但是我认为我还没有在《印度自治》中陈述这一点。尽管我钦佩现代科学，我发现现代科学——应该被重新包装、重新设计——的真正的光亮，在古代就有人看到了。你切不可认为我正在构想的乡村生活，就是我们今天乡村的一样。我梦想的乡村仍然停留于我的脑海中。毕竟，每个人都生活在他梦想的世界里。我设想的理想乡村将包括智识人群，人们将不会像动物一样生活在污垢和黑暗之中。他们将是自由的，也能够与世界上的其他人平等相待。既没有瘟疫，也没有霍乱或天花；没有懒惰之人，没有沉迷于享受之人。每个人都必将贡献他的劳动份额。我不想再做详细的描绘。它可能会设想有铁路、邮局、电报局，等等。对我来说，重要的是去获取真实的东西，然后剩余的部分将会逐渐嵌入这幅图画之中。如果我不去抓住真实的东西，所有其他的东西也会失去。

工作委员会在最后一天做出决定，这件事必须经过充分讨论，经过一场两三天的会议澄清其立场。我喜欢这个决定。但无论工作委员会是否召开会议，基于如下两个原因，我希望我们能够彼此面对面清楚地理解双方的立场。第一，把我们连接起来的纽带不只是政治工作。这个纽带是深不可测的，也是坚不可摧的。因此，即便在政治领域中我们无疑也应该互相理解，这正是我热切渴望的。第二，我们中没有人认为他自己是无用的。我们都是为了印度的自由事业而活，我们都乐于为它而死。我们并不需要世界的称赞。对于我们来说，得到称赞还是谴责并不重要。不要为了赞扬而去服务。我想活到 125 岁来为印度服务，但是我必须承认，我现在老了。相比较而言，你要年轻得多，因此，我提名你作为我的继任人。然而，我必须理解我的继任人，我的继任人也必须理解我。只有这样我才会感到满意。

还有一件事。我曾询问你关于加入嘉斯杜白信托机构（Kasturba Trust）和印度斯坦语大会（Hindustani Prachar Sabha）的事。你说，你将仔细考虑这件事，并且告诉我结果。我发现你的名字已经出现在印度斯坦语大会上。关于这件事，娜娜瓦蒂（Nanavati）提醒我，他曾经在这个会议上遇见你和大毛拉① 阁下（Maulana Sahib），并亲见你 1942 年在会上的签字。然而，那是陈年往事了。你知道现在印度斯坦语的地位。如果你仍然觉得你当时签字决定是真心的，我希望你

———————————————

① 毛拉，印度和巴基斯坦等国对伊斯兰学者的称号。——译者注

参与这个大会的工作。这个工作并不繁重，你不必为之来回奔波。嘉斯杜白基金会是我要说的另外一件事。如果我前述的内容无论现在抑或将来都无法获得您的认可的话，那么恐怕你对这个信托机构就毫无兴趣了，那样我会理解你的决定。

我想跟你说的最后一件事就是，关于你和萨拉特（Sarat）先生之间所发生的争议。这件事使我大为烦恼。我还没有真正弄清楚这件事。在你所说的情况背后还有其他的问题吗？如果有，你必须告诉我。

如果你觉得需要跟我见面讨论这些事，我们必须安排一次会面。

你工作非常努力。我希望你保重身体，我相信印度也是很健康的。

祝福你的

巴布

选自《一沓旧信》，第 505—507 页

40. 自贾瓦哈拉尔·尼赫鲁的来信

阿南德庄园

阿拉哈巴德

1945 年 10 月 9 日

亲爱的巴布:

今天从勒克瑙（Lucknow）返回的途中，我收到了您 10 月 5 日的来信。很高兴您完整地写完这封信给我，我会尽力详尽地回复您，如果我有所耽搁，希望您能原谅，因为我现在的行程安排得很紧，忙得脱不开身。我在这儿仅待一天半。实际上，进行非正式交流会更好，但是，目前来看我不知道什么时候适合进行非正式交流。我将会试一试。

简而言之，我的观点是，摆在我们面前的问题不是一个真理与非真理，或者非暴力与暴力相对抗的问题。作为一个必须的假定就是，我们的目的在于一定要建立真正的合作，同时采取和平的方法；我们的目标是一定要建立一个包括上述目标的社会。整个问题是，如何建成这一社会，应该包括哪些内容。我不能理解的是，为何村庄必然会体现真理和非暴力。正常来说，村庄在知识上和文化上是落后的，而从落后的环境中是不可能取得任何进步的。思想狭隘的人们可能更倾

121

向于非真理和暴力。

然后，我们又必须提出以下特定目标，诸如充足的食物、衣服、住房、教育、卫生设施，等等，这些都应该是国家和个人最低的要求。我们必须找到，特别是如何迅速地获得这些考虑中的目标物。对我来说，似乎不可避免的是，和许多别的现代发达国家一样，现代交通工具必须继续向前发展。除非拥有它们，否则没有别的方式发展。如果重工业的存在是如此的不可避免，一个纯粹的乡村社会在多大程度上能够适应它呢？就个人而言，我希望重工业和轻工业都应该尽可能分散化，因为随着电力的发展，现在这是切实可行的事。如果国家存在着这两种类型的经济，要么这两种类型的经济之间出现冲突，要么一种经济将压制另一种经济。

在这种背景下，独立和保护不受外国侵略的问题——包括政治上的和经济上的侵略，也必须被考虑在内。我认为，对于印度来说，实现真正独立是不可能的，除非她是一个技术上先进的国家。我并不是指军事上的先进，而是指科学发展方面的进步。在当前世界背景下，如果每个领域都没有一个强大的科研背景，我们甚至不能发展文化。在个人、组织和国家层面，今天的世界有一种巨大的贪得无厌的趋势，正是这种趋势导致了冲突和战争。我们整个社会就是或多或少建立在这些冲突和战争的基础之上，这一基础必须被转变成一个世界合作的基础，而不是被不可能的孤立隔绝的基础，如果承认这一点，也就能发现这一点，那么我们就应该努力实现它，不是采取与世界其他地方断绝来往的经济手段，而是合作。从经济或者政治的观点看，一个孤立的印度很可能会成为空白地带，这加剧了其他国家民众贪得无厌的趋势，因而也制造了冲突。

对于成千上万的平民而言，不存在宫殿的问题。但是似乎没有理由认为，为什么成千上万的人不应该拥有舒适的家园——在那里他们能够过着一种有教养的生活。目前，许多过度发展的城市已经产生了可悲的罪恶。或许我们不得不阻止这种过度增长，并同时鼓励乡村发展出更接近于城镇的文化。

许多年前我读过《印度自治》这本书，现在我仅有一些模糊的印象。但是，甚至当我20年前或者更早之前读这本书的时候，对我来说，它似乎完全不切实际。从您后来的文章和发言中，我似乎发现了您在原有立场上的进步和对现代发展趋势的欣赏。因此，当您告诉我们古老的构想图画在你大脑中保存得完整无缺的时候，我感到惊讶。你知道，国大党绝不可能考虑那个构想，也极小可能会采纳它。您自己也绝不可能要求国大党采纳它，除非是某些相对小的方面。对于国大党来说，在多大程度上需要考虑这些根本的问题，这涉及生活哲学的改变，这将由你来判断。我能够设想，像国大党这样的机构在争论这些问题的时候不应该失去自我。不过，这些问题可能会在人们中产生巨大的困惑，导致他们无法行动。这还可能导致国大党和别的组织之间产生隔阂。当然，最终这一问题和其他问题将不得不由自由印度的选举代表们来决定。我有一种感觉，就是这些问题绝大多数是按照很久以前的方式来考虑和讨论的，从而忽视了在过去一个时代或者更长的时间里，全世界已经发生的巨大变化。自从《印度自治》面世已有38年了。世界已经彻底变化了，也许是按照一个错误的方向在变化。在任何情况下，对这些问题的任何思考，必须考虑到当前的事实，以及我们今天拥有的力量和人类的物质，否则就会背离现实。您说这个世界或它的大部分地区，看起来就像致力于自杀一样，您是正确的。这可能是逐渐发展的文明中，罪恶种子不可避免发展的结果。我认为是这样的。怎样除掉这种罪恶，怎样在当前将人的良善维持得像过去一样，这是我们的问题。显然，现在还是存在着良善的一面的。

这是一些随意的、匆忙写下来的想法，我担心它们对所提出来的这些问题的重要含义造成不公正的影响。因为这个乱七八糟的描述，我希望你能谅解我。以后，我将尽力将这一主题写得更清晰一些。

关于印度斯坦语大会和嘉斯杜白基金会，显然我是热爱这两个组织的，而且我认为它们表现得很好。但是我不能肯定的是它们的工作态度。我有一种感觉，它们并不总是能令我满意。我确实不是很了解它们。但是目前我对日益增加的责任负担感到厌恶，尤其是当我感到由于缺少时间而不可能承担这些责任的时候。对于我和其他人来说，接下来的几个月甚至更长的时间，很可能是忙个不停。因此对我来说没有任何兴趣，仅仅是为了形式上的目的而加入一些要负责任的委员会。

关于萨拉特·博斯（Sarat Bose），我完全不知发生何事。至于为什么他渐渐变得对我如此生气，也许是因为过去他对我在外交关系问题上的总体态度有些不满。无论我是对还是错，在我看来萨拉特总是表现得像一个孩子不负责任。您也许会想起苏巴斯（Subhas）不赞同从前国大党对待西班牙、捷克斯洛伐克、慕尼黑和中国的态度。或许这是过去观点分歧的反映。至于是否还发生了其他事情，我就不清楚了。

我知道您11月初将要去孟加拉。也许我正好在那个时候要访问加尔各答三到四天。如果是这样的话，我希望能够和您会面。

您或许已经在报纸上看到，最近成立的印度尼西亚共和国的总统邀请我和其他的一些人去访问爪哇。鉴于爪哇的特殊环境，我决定立即接受这份邀请，当然我必须先准备去那儿的交通工具。我不敢确信能找到交通工具，因此，我可能去不了。从印度坐飞机去爪哇只需要两天的时间，如果从加尔各答坐飞机去，只需要一天的时间。印度尼西亚共和国的副总统穆罕默德·哈达（Mohammad Hatta）正好是我的一个老朋友。我想您应该知道，爪哇的民众几乎全是穆斯林。

我希望您身体健康，并且已从流行性感冒中完全恢复了过来。

挚爱您的

贾瓦哈拉尔

圣雄甘地

自然治疗诊所

托迪瓦拉（Todiwala）路 6 号

浦那

选自《一沓旧信》，第 507—511 页

41. 致贾瓦哈拉尔·尼赫鲁 ①

浦那

1945 年 11 月 13 日

亲爱的贾瓦哈拉尔：

我们昨天的交谈使我很高兴，可惜时间不够长。我感觉仅仅一次会见是不够的，我们之间必须频繁会面。我在想，只要我身体条件允许到处跑，不管你在哪里，我都会去找你，我们推心置腹交流几天后，我再回去。我之前就是这样做的。有一点是必须的，这就是我们彼此很好地理解对方，别人也清楚地理解我们的立场。如果最后我们不得不认为我们之间存在意见分歧，只要我们心里保持统一，就像今天这样，那也没有关系。从我总结我们昨天的谈话所得到的印象来看，我们之间没有太多的分歧。为了证明这一点，我把我所理解的谈话要点记录如下。如果有任何出入的话，请你纠正我。

1. 如你所言，真正的问题是如何带来人类智力、经济、政治和道德的最高发展。这一点我完全同意。

2. 就此而言，所有人都应当享有一个平等的权利和机会。

---

① 此处原文为印地语。

126

3.换言之，在食物、饮水、衣着和别的生活条件的标准上，城里人和农村人应该是平等的。今天，为了实现这一平等，人们应该能够为他们自己生产必要的生活用品，比如衣服、食品、住所、照明和水。

4.人不是天生就生活于孤立隔绝之中，而是在本质上既独立又相互依赖的社会动物。没有人可以或应该骑在别人背上。如果要找出人类生活的必备条件，我们就只能被迫得出这样一个结论：社会的组成单元应该是村庄或者是由人们组成的便于管理的小团体，在这样的社会单元中能够自给自足（就他们的最基本需求而言），互相合作，互相依存。

如果到目前为止我已经正确地理解了你的观点，那么我将会考虑在下一封信中探讨问题的第二部分内容。

我已经让拉吉库玛瑞（Rajkumari）把我要给你的第一封信翻译成英文。信现在还在我这里，我会把翻译好的英文信件寄给您。我把它翻译成英文主要有两个目的，一是英文翻译可以使我能够更全面、更清晰地向你表达我的想法。另外，它也可以使我明白是否已经全面而准确地理解你的想法。

祝福你的

巴布

选自《一沓旧信》，第511—512页

42．致康达・文卡达帕亚 [1]

萨巴玛蒂真理学院

1922 年 3 月 4 日

我亲爱的朋友：

您 2 月 19 日的来信我一直留存着，以便能详细地给您回信。

您提出的第一个问题是，我们要求的非暴力氛围能否最终实现，如果能，又会是何时。自"不合作"出现以来就一直有这一疑问。令我感到奇怪的是，我们一些最亲密、最受人尊敬的合作伙伴竟然也会提出这个问题，好像这种要求是新事物一样。我毫不怀疑，如果能让工人们对非暴力和他们自身都有长久的信念，我们就一定能够实现文明不服从（civil disobedience）所需要的非暴力氛围。最近几日我发现，很少有人懂得非暴力的本质。"不服从"（disobedience）前面的修饰词"文明"（civil）自然意味着"非暴力"（non-violent）。我们为什么不培养民众，让他们不去参加那些可能会打破他们平静生活的活动呢？我同意，要让 3 亿人都成为非暴力者确实有些困难，但如果工人们理解力强又诚实守信，那我想，要让这些本就不热衷参加运动

---

① 时任安德拉省国民大会主席。

128

的人待在家里也不至于有多难。其实，乔里乔拉村①的游行队伍是志愿者别有用心组织起来的，被带往警察局的方向也是居心叵测的。我认为，这支队伍的组成是可以轻易避免的，即便已经形成，要避免从警察局路过也极为容易。报道里说，队伍中有两三百名志愿者，我认为这样一大批志愿者本可轻松有效地阻止针对警察的那骇人听闻的谋杀，或者至少也应该问心无愧地葬身于这场由自己率领的暴徒所纵的大火之中。我不得不告诉你，这帮人其实不仅知道问题越来越严重，知道副警长先生就在警局里，而且还知道他曾和公众发生过两次冲突。乔里乔拉惨案难道不是本可完全避免的吗？我承认，没人策划这场杀戮，但志愿者们本就应该预见他们的行为可能产生的后果。我自己就是孟买惨案的见证者。工人们让民众做好抵制的准备，但却忽略了要告知民众继续忍耐，也没有往人群大量聚集的地区派遣志愿者。我自己也忽略了把傲慢地放在别人头巾和帽子上的手拿下来的责任。最后我们再说马德拉斯地区。马德拉斯地区发生的事件中没有一起是不可避免的。我认为国大党委员会应该为马德拉斯发生的一切负责。孟买的教训还历历在目，纵然没有十足的信心，他们也本可避免发生罢工。事实上，在每个案例中，所有的工人都不明白非暴力活动的完整目的，也不明确它的真正含义。他们喜欢并且热衷于兴奋的情绪，而在这一次次大型示威游行之下，下意识间潜藏在人们心中的是充满暴力的游行，而这正是非暴力的对立面。要将非暴力作为一项政策来贯彻，需要的自然不是圣人，而是诚实守信、懂得自己职责的志愿者。

你说人们的运动要以一年为期，这样说确实没多大问题，但另

---

① 北方邦戈勒克布尔地区的一个村庄。1922年2月5日，一群暴徒放火烧了警察局，22名警察被活活烧死。甘地受到了极大的震惊，于2月12日进行了一场持续5日的绝食。

一方面，如果人们在一年中进展缓慢，他们自然也不是在为自治而奋斗。我能理解一些暂时的激动情绪，但它并不应该是运动的全部，也不应该是一场伟大的全国性运动的主要部分。自治终究不能像变魔术那样轻易变出来；它要求我们稳扎稳打，步步为营；我们的力量会稳步增长，当它强大到能影响当权者时，这一刻便终将来临，而我们行动的每一刻，都是在不断争取独立自主权。

当然，喜马拉雅山脚下平静的特斯尔（Tehsil）地区也受到科摩罗角附近暴力村落的影响，只要两地之间存有重要联系——这种联系也是必然的，因为它们都是印度不可分割的一部分——它们都将插上你们独立自治的旗帜。同时，对于在巴多利发生的大规模文明不服从运动，我从来不会想到会在特斯尔地区发生，因为它并不在国大党的影响之下，也未发生任何同国大党活动相关的暴力。你绝对想象不到戈勒克布尔、孟买或马德拉斯之间的联系如此密切。暴力事件伴随着全国性运动而爆发，马拉巴尔（Malabar）就是一个强有力的证明。该地的暴力活动由莫普拉人（Moplahs）组织和支持，但我不允许马拉巴尔对我们的计划产生一丝影响，这几个月来我的这些想法一直未改变。我仍然清楚马拉巴尔和戈勒克布尔之间的区别。莫普拉人自身并未受到不合作精神的感化。他们既不像其他印度人，也不像其他穆斯林。我必须承认，这场运动对他们有着间接影响。莫普拉叛乱非常与众不同，它并未影响到印度其他地区，而戈勒克布尔则又有其自身特点，以至于如果我们不采取有力措施，它的影响可能会轻易地传播到印度其他地区。

你说，如果个体的文明不服从有所退缩，那就没有机会再来考验民众的忍耐性。我们并不想考验民众的忍耐性，相反，我们想让民众投入到各工业和建设性的活动中来，这样他们就不容易被轻易激怒。

如果一个人想获得自制力，他就会避免接触那些诱惑的事物，而同时，如果他尽量去避免，但刺激他的事仍然发生，他对此也有心理准备。

我们当然没有中止不合作运动。你可以在《青年印度》中很清楚地看到这一点。我们的成功依靠于自己不断培养自制力，并遵从有关集会禁令的非书面规定，这令我很满意。我们必须学会在存在禁令，而没有文明不服从的情况下开展运动。如果人们想采取过激的方式，我们必须拒绝他们，哪怕这样可能会让我们失去一些人心，最终成为无助的少数派。只要坚定地按照计划行事，哪怕是散居在全国各地的几百个经过挑选的工人，所带来的影响也远远比由一群良莠不齐、只会对群众唯命是从的乌合之众所倡导的运动更持久。所以，我希望你能反省一下，自己找到答案。如果你仍认为我的想法有漏洞，我希望你能站在我的角度来想想问题。我希望我们都能从根本上来思考问题，最终得出各自的结论。一场严格的自我审视是绝对必要的，无论是对我们自己，还是对我们的运动。即便最终发现非暴力只是个不切实际的梦想，我也并不介意。如果这就是我们的信念，那么，它至少是诚实的信念。现在对我来说只有一个问题。我宁愿沉浸在非暴力的理想世界中，也不愿意去想象暴力的现实世界。我已毫无退路，但这同我的合作者们并没有一丝一毫的关系。他们中大多数人只是把这场运动当作纯粹的政治运动。他们并不具备我的宗教信仰，我也不打算将这些思想强加给他们。

你一定要尽快好起来，如果有必要的话，请来我这儿同我深入探讨这些问题。

你真诚的朋友

选自照片复制件：S.N.7977

43. 致普拉卡萨姆 [①]

萨巴玛蒂真理学院

1922 年 3 月 7 日

我亲爱的普拉卡萨姆：

你问我接下来的行程，我刚发了一封电报给你，内容如下：

"艾哈迈达巴德待到周六、周日周一苏拉特、周二巴多利"。

但这是政府有意为之的，因为我不断承受着各种谣言的烦扰，说我的离开并不仅是因为任期到了。另外，有人告诉我，7 天之内我就会被解除这些烦扰了。所以，受制于这个令人快乐的意外的影响，你就看到了刚才的那个行程。如果我被捕，我希望你，还有外面所有人都能维持绝对的和平。这将是这个国家给予我的最大荣耀。不管我被关入何种监狱，倘若狱警告诉我有人被不合作者杀害，或因不合作者而死，或是有人受到了侮辱，房屋遭到了破坏，那都将是我最痛苦的时刻。如果民众和工人最终能够明白我的话，他们就一定会维持可贵的和平。如果我被捕的第二天晚上，印度全国上下燃起星星之火，所

---

① 普拉卡萨姆（Prakasam，1876—1955），《独立报》编辑，人称"安德拉雄狮"（Andhar Kesari），先后担任马德拉斯和安德拉邦首席部长。

有外国制布厂都在没有受到强迫的前提下向民众自动投降，人们充满坚定的决心，只使用印度自己的手织棉布，彼时天气晴好，考虑到穆斯林宗教义务的最低约束，人们只身裹缠腰布，那我将会欣喜不已。我也希望有人告诉我，人们对纺车有巨大的需求，所有之前不了解手工纺织的民众都开始积极从事手工纺织。当我对我们未来的规划想得越多，当我听到越来越多的暴力悄然侵入我们队伍的消息，我就越确信，即便只是采取个体的文明不服从也是错误的。宁做正确的事，哪怕是被众人遗忘，也勿为了受人追捧而去做错误的事。无论人数多寡，只要我们坚持非暴力活动，更广阔范围内的建设性活动就不会被禁止。如果今天就得以顺利开展，那么明天全国都将为大规模文明不服从做好准备。如果不做出努力，那甚至连个体的文明不服从都无法应对。这件事并不困难。如果全印国大党委员会和地方国大党委员会的全体成员都相信我制定这一策略的正确性，那我们就能做到这些。遗憾的是，他们还不十分相信。政策只是一个临时的容易被改变的信条，但在它仍然有效的时候，它已经被人们怀着信徒一样的狂热去朝拜了。

你真诚的朋友

选自打印版公文照片复制件：S.N.7973

44．致哈钦·阿兹玛尔汉 [①]

萨巴玛蒂监狱

1922 年 3 月 12 日

亲爱的哈钦：

这是被捕后我所写的第一封信。我已得知，根据监狱规定，作为一名拘留候审的犯人，我有权想写多少信就写多少信。当然，你知道商克拉尔·班克（Shankerlal Banker）先生和我在一起，我为此很高兴。每个人都知道他和我的关系有多么紧密——所以，我俩自然也很乐意一同被捕。

我之所以写这封信给您，是因为您是工作委员会的主席，也是因为您是印度教徒和穆斯林的领袖，或者更确切地说，是全印度人民的领袖。

我之所以写这封信给您，是因为您是穆斯林最重要的领袖之一，但更重要的是，因为您是我尊敬的朋友。在 1915 年的时候，我就有幸认识了您，我们的联系日益紧密。对于我来说，我们之间的友谊是

---

① 哈钦·阿兹玛尔汉·萨希布（Hakim Ajmal Khan，1865—1927），物理学家、政治家，在哈里发运动中扮演领导者角色；1921 年任印度国大党主席。

一份宝贵的财富。作为一名坚定的穆斯林，您在自己的生活中为我们展示了印度教徒–穆斯林联盟的真正含义。

我们之前从未意识到，直到现在才发觉，如果没有印度教徒–穆斯林联盟，我们的自由将无法实现。我冒昧地说一句，如果没有印度教徒–穆斯林联盟，印度的穆斯林也无法向哈里发运动提供他们希望提供的援助。一旦分裂，我们必将仍是奴隶。所以这个联盟，并不能仅仅作为一项政策，在它不适合我们时便舍弃。我们永远不能舍弃它，除非我们已经不准备再实现独立自治。印度教徒–穆斯林联盟将是我们永久的信条，在任何时候、任何情况下都绝不更改。这个联盟也不应成为对少数民族，如帕西人、基督徒、犹太人或者强大的锡克人的威胁。如果我们现在攻击他们其中的任何一个，我们终将有一天会互相争斗。

我之所以同您走得如此之近，主要原因是我知道您充分相信印度教徒–穆斯林联盟。

在我看来，倘若我们不把非暴力作为一项坚定政策，这个联盟就将无法实现。我之所以称之为政策，是因为它受限于该联盟的维持。由此可以推断，3亿印度教徒和穆斯林联合起来，不是暂时而是永久的联合，将能战胜世界上所有力量；人们也将认识到同英国当权者进行暴力对抗是一种懦夫行径。到目前为止，我们害怕他们，对他们的枪支感到恐惧。一旦我们真正联合起来的时候，我们将会发现害怕他们，甚至想要打击他们的想法是多么怯懦。所以，我迫不及待地想要劝说我的人民，使他们认识到，采用非暴力并非因为我们懦弱，而是因为我们强大。但您和我都知道，我们还未达到强者的非暴力状态，因为到目前为止，印度教徒–穆斯林联盟主要还停留在政策阶段。我们彼此间仍有许多不信任与随之产生的恐惧。但我并不感到失望。我们在这方面取得的成就是非凡的，因为在 18 个月的时间内所完成的工作，本来是需要整整一代人才能完成的。但是，仍然有许多工作需要我们去做。无论是各个阶级，还是全体人民，目前都没有本能地认识到我们的联盟的重要性。这种重要性就如同呼吸之于我们的生命一样。

在我看来，为了实现这一目标，我们必须更多依赖于质量而非数量。只要有足够数量的印度教徒和穆斯林坚信他们彼此间的友谊能够长存，那这个联盟影响至广大民众的那一天就指日可待。我们中的一些人必将首先认识到，如果不在思想、言辞和行动上接受非暴力主义，那我们的工作将毫无进展，我们的政治理想也将无法实现。所以，我恳求你，还有工作委员会和全印国大党委员会的委员们，确保我们阵营中的全体工人都完全明白我之前尽力陈述给您的本质事实。坚实的信念无法被少数服从多数的规则所改变。

因此，对我来说，整个印度的团结和接受非暴力——作为实现我们政治抱负的必要手段——的显著标志无疑在于手纺车，比如手织棉布。只有那些相信非暴力精神，对印度教徒与穆斯林之间的永恒友谊怀有信仰的人才会每日虔诚地纺纱。普遍的手工纺纱，以及对手纺纱和手织棉布的普遍生产和使用，将成为真正的联盟和非暴力最好的证明，也将成为我们与沉默大众的紧密关系的确认。全印度都应将手纺车视作日常圣礼，将穿着手纺棉衣物视作一种荣幸和责任，除此以外，没有任何事物能够如此团结和振兴印度。

与此同时，我迫不及待地希望更多人能够放弃其头衔。法庭上的律师，公办学校或者学院里的学者，议会里的议员，士兵和民众能够放弃其职位。我将敦促整个民族限制这方面的活动，以巩固已经实现的成果，并使整个民族相信自己有能力进一步拒绝与我们正在尽力改善或者终结的体制的联系。

　　此外，工作人员的数量仍然太少。现在我不愿意浪费任何一名工作人员去从事破坏性的工作，因为还有庞大的建设性工作有待我们去完成。但是反对进一步致力于破坏性宣传的最重要原因在于，作为一种暴力形式的不宽容精神，从来没有像现在这样甚嚣尘上。政府的合作者同我们疏远起来，他们害怕我们。他们说我们正建立的政权比目前这个还要糟糕。我们必须逐一消除产生这种焦虑的原因。我们必须奋力争取他们。同时，我们必须确保英国人的安全，避免任何来自我方的伤害。如果每个人都很清楚，我本不该过多地解释这一点，就像对你我来说，我们的非暴力誓言意味着完全的谦逊和彻底的善意，哪怕是对我们最恶毒的敌人也是如此。只要印度将其全部的注意力都放在我提出的建设性工作上，这种必要的精神也就自然会实现。

　　我很自信的是，接下来很长一段时间我都不会有牢狱之灾了，这对我而言已足够了。我极尽谦卑地相信，我从没有对任何人心怀恶意。我的一些朋友并没有和我一样成为非暴力主义人士，但我们也为最无辜人士的被捕绞尽脑汁。如果我蒙许作出声明，很明显继我之后根本不应该再有人入狱。我们确实想让作为一整个系统的政府瘫痪——但不是通过胁迫，而是通过我们无辜的受难所产生的不可抵制的压力。对我而言，无论如何，实现这些目标本身就是一种胁迫。既然最无辜的人入狱了也未能解决问题，那为何还要让更多无辜的人入狱呢？

　　我反对进一步谋求入狱的做法，并不意味着我们就要逃避被捕。如果政府要抓走每位非暴力不合作者，我也完全欢迎。只是有一点，这并非我们的文明不服从导致的，无论是防卫性的，还是攻击性的。我也希望全国人民不要为入狱者担忧。在狱中服满整个刑期，对他们

137

和国家都有助益。只有当独立之后的政府通过立法，他们的刑期才能被适当减免。我坚信，普遍使用手织纱布就是独立自治的表现。

我一直没有提及贱民制。我相信每一位善良的印度教徒都认为这种制度应该废除。废除这一制度，就像实现印度教徒-穆斯林团结一样必要。

我已经向您袒露我的计划。在我看来，这是最快的，也是最佳的计划。没有哪个焦躁的哈里发主义者能够设计出一个更好的计划来。希望上帝赐予您健康和智慧，进而引导国家实现既定的目标。

你真诚的朋友

甘地

选自《圣雄甘地选集》，第 23 卷，第 88—91 页

45. 致贾姆纳拉·巴贾杰 [①]

萨巴玛蒂中央监狱

周四晚

1922 年 3 月 16 日

贾姆纳拉先生：

我一直追寻真理，也渐渐懂得真理能够包容一切。并非是真理存在于非暴力之中，而是非暴力存在于真理之中。纯净的心灵和智慧所能理解的，即是那一刻的真理。坚持这一点，就能够实现纯粹的真理。我们在职责的划分上没有任何疑问，但很多时候却很难判断什么是非暴力。例如，使用消毒剂是一种暴力，但我们却不能不使用它。我们不得不在暴力的世界中过非暴力的生活，而只有我们坚持真理时，这一点才能够实现。这就是我从真理中演绎出非暴力的过程。真理散发出爱、温柔和谦逊。真理的崇拜者必定同尘埃一样谦卑。他的谦卑程度同他对真理的坚守成正比。我在自己生命的每一刻都目睹此景。我对真理和对自己渺小的认识较之一年前又深入了许多。伟大

---

① 贾姆纳拉·巴贾杰（Jamnalal Bajaj, 1889—1942），杰出的商人和实业家；甘地的密友；领导过许多活动；社会工作者、慈善家；印度国大党多年来的杰出人才。尽管拥有庞大的财富，他却选择质朴的生活；甘地称他为自己的"第五个儿子"。

真理的精彩诠释"梵是真实的，其他一切都非真实"（Brahma Satyam Jaganmithya）也日复一日在我心里成长。它教给我们耐心，这将清除我们的暴戾，让我们的耐心加倍。它将促使我们把自身错误的鼹鼠丘放大为高山，而将他人错误的高山缩小为鼹鼠丘。肉体因自我主义而存留。自我主义之肉体的绝对灭亡就是解脱（moksha）。实现这一点的人就是真理的影像，也可以叫它"梵"。所以，上帝有一个慈爱的名字，叫"仆人之仆人"（Dasanudasa）。

妻子、孩子、朋友、财产——所有的一切都应让位于真理。在追寻真理的过程中，所有的一切都是可以牺牲的。只有做到这点，一个人才能成为萨提亚格拉哈主义者。我已投身于这项运动，目的在于让这项原则更容易彰显，也正基于相同的原因，我毫不犹豫地将像你这样的人也拉入这项运动之中。它的外在形式就是印度自治。这种自治在被推迟，因为那种类型的萨提亚格拉哈主义者还有待发现。然而，我们不应为此感到沮丧。它应促使我们付出更多的努力。你愿意做我的第五个儿子，我却在努力争取配得上父亲的身份。这对于一位接受者来说，确实不是一项平凡的职责。希望神帮助我，也希望我在有生之年能做到名副其实。

巴布祝福你

选自《致一位甘地主义资本家》，第49—50页

46．致穆罕默德·阿里

沙逊医院

浦那

1924 年 2 月 7 日

我亲爱的朋友和兄弟：

我要向身为国大党主席的你报道一些情况，因为在我突然获释之际，民众十分希望能听到我的音讯。很抱歉，政府因为我的疾病而将我提前释放，然而这并未令我感到愉快，因为我认为犯人生病并不能成为他被释放的理由。

监狱和医院的各种人员在我生病期间对我都十分关照，这一点我必须告诉你，并且通过你告知公众，否则我一定会因自己的忘恩负义而感到愧疚万分。耶罗伐达监狱的狱长默里（Murray）上校在刚怀疑我的疾病恶化之时，就请了马多克（Maddock）上校来帮忙。我相信他一定采取了最及时的措施，让我得到了尽可能最佳的治疗。我在最短时间内被转移到了大卫医院和沙逊医院。马多克上校及其部下对我关怀备至，和蔼可亲。还有身边的护士们，也给予了我无微不至的照顾。虽然现在我已可以出院，但我明白自己在别的任何地方都无法得到如此妥善的治疗，也因为马多克上校善意的许可，我决定仍然接受他的照顾，直到完全康复不再需要治疗为止。

外界应该知道，我将有一段时间不再适合从事活跃又需要体力的工作，而那些期望我能迅速回归这种活跃生活的人们也会催促我，但也只得推迟他们想要见到我的愿望。目前以及接下来的几个星期，我可能都不宜会客。如果我的朋友们能将更多的时间和精力投入到他们手头的全国性工作上，尤其是放在手工纺织活动方面，那我将更加赞赏他们的热情。

虽然出狱了，但我并未感到轻松。在出狱前，我只需遵守监狱的规定，努力让自己有资格做更多的有效的服务，除此之外没有什么责任，而现在，我感到一种难以释放的沉重责任感。我不断地收到祝贺的电报，而这些电报更让我明白我们的民众对我的热情。对于我来说，这当然是令人愉快而又舒心的事。但也有很多电报，辜负了我的服务所带来的希望，让我产生了动摇之意。一想到我对自己眼前的工作无能为力，我就感到十分受挫。

虽然我对国家目前的形势并不十分了解，但我所知道的已经足够让我明白，国家面临的问题在巴多利决议时期已然十分复杂，现在则更加复杂。有一点很明确，那就是如果没有印度教徒、穆斯林、锡克人、帕西人、基督教徒和其他印度人的联合，自治一定只是空谈。1922年，我曾相信这个团结已经基本上形成了，但是现在发现，就印度教徒和穆斯林而言，这个团结面临着严峻的考验。人们不再相互信任，彼此间充斥着不信任。如果我们想赢得自由，那一定要在各种团体间建立起牢不可破的联系。我出狱后的全国性的庆祝活动能转变为各团体间的稳固团结吗？如果能的话，我的病情一定能迅速康复，那疗效远远胜过任何药物治疗或者静养。当我在狱中听闻某些地区印度教徒和穆斯林之间的紧张局势，我的心情就沉重不已。他们告诫我要注意休息，但我仍为国家的分裂所忧心，根本无法休息。我恳请所有珍视我、爱我的人们，用这份爱来促进我们都渴望实现的那个团结。我知道要做到这一点很困难，但只要我们心怀对神执着的信仰，那什么也无法难倒我们。我们要认识到自身的弱点，向神靠拢，神便一定会施以援手。弱点产生恐惧，恐惧产生怀疑。我们双方都要克服恐惧，但我也知道，我们中只要有一方不再恐惧，争吵便会停止。不，我认为，对你任职好坏的评价只会以你在这个团体中的实际作为来裁定。我知道我们如同亲兄弟般深爱着对方。所以，我请求你分担我的忧虑，帮助我放松心情，聊以度过这段痛苦的岁月。

如果我们在脑中能想象到国家不断蔓延的贫困，并意识到手纺车就是"治病"的唯一良药，我们就会抓紧时间，为它而战。在过去的两年中，我有足够的时间和独处的机会来进行深入的思考。这使我对巴多利计划的效果愈发坚信，对种族间的联合、手纺车、废除贱民制度也更有信念，也更加坚定地要将思想上、言辞上和行动上的非暴力运用到实际中来，这是获得自治的不可或缺之举。如果忠实地完全执行计划，我们便永远不需发动文明不服从运动，我也希望这是完全不必要之事。但我必须声明的是，在我独居时，内心虔诚的思想并未削弱我对文明不服从活动效果及其正义性的肯定。我从未像现在这样坚定地认为，当一个人或一个国家处于生死存亡之际，不服从就是他们的权利和职责。我相信不服从带来的危险不及战争，而且一旦成功，即便是抵抗者或是作恶者也将从中受益，而战争带来的灾难，不仅祸及失败者，而且殃及胜利者。

关于众议院议员们回归英国上议院和下议院这种饱受争论的问题，你不要希望我会表达任何观点。虽然我完全没有改变自己关于抵制议会、法院和公立学校的观点，但目前对德里所经受的改变，我仍没有足够的依据来下结论，我也暂时不打算发表对这一问题的看法，直到我有机会和明智的民众谈一谈这个问题。他们感受到了召唤，建议为了国家的利益取消对立法院的抵制。

最后，我希望能通过你对大众发给我如此多祝贺信息表示感谢。我不可能亲自阅读每条信息，但看到这些信息中有很多来自中立派的朋友，我感到十分高兴。我，以及非合作主义者们，同他们之间没有任何争端。他们也对国家怀有美好的期望，尽力为国家服务。如果我们认为他们有错，我们也只能寄希望于通过友好和耐心的劝说来争取他们，绝不能通过辱骂。事实上，我们也想将英国人当作我们的朋友，不能视其为我们的敌人而误会他们。如果我们今天卷入与英国政府对抗的战争，那我们反对的也是英国政府代表的系统，而非执行该系统的英国人。我知道我们中很多人还没能理解或者把这种区别放在心上，如果这种情况坚持下去，就会对我们的事业造成伤害。

您真诚的朋友和兄弟

莫·卡·甘地

选自《青年印度》1924 年 2 月 14 日

47. 致莫提拉尔·尼赫鲁 [①]

孟买

1924 年 9 月 2 日

亲爱的莫提拉尔：

又是一个祈祷后的清晨。希望你已经收到了我的长信，我正期待着你的电报。给你的信我无法修改，现在也想不起其中有关个人部分的一些准确表述了。毕竟，奈杜（Naidu）夫人还没来得及阅读，信就被寄走了。但我有其中关于公众事务部分的复制件，这部分她还有其他很多人都读过了。

我写此信给你，目的和前一封信一样，是想为贾瓦哈拉尔 [②] 说情。他是我在印度认识的年轻人中最孤独的一个。你在精神上对他的疏远让我感到难受，当然我不认为你们会断绝父子关系。不用多说，曼扎尔·阿里（Manzar Ali）和我在耶罗伐达的时候经常谈论起尼赫鲁家族。他曾经说，有一件事是你努力奋斗的最大原因，那就是贾瓦哈拉

---

① 博学者莫提拉尔·尼赫鲁（Pandit Motilal Nehru，1863—1931），律师，独立运动领导者，两次任印度国大党主席。

② 指尼赫鲁，即印度的第一任总理，也是甘地在独立运动中的重要伙伴，他是莫提拉尔的儿子。——译者注

尔。他这番话听起来是真的，我并不希望成为你们美好感情间出现裂痕的直接或间接原因。

你真诚的

莫·卡·甘地

选自《圣雄甘地选集》第 25 卷，第 65 页

48. 致莫提拉尔·尼赫鲁

萨巴玛蒂真理学院

1928 年 4 月 20 日

亲爱的莫提拉尔：

来信已收悉。我每日加以思索，越来越发现，现阶段我们也许不应对工厂老板有什么期许。他们只有在遭受压力时才会反抗，而政府的压力总比国大党的压力大。但是我们也应该保持耐心，不需要像抵制外国布匹一样抵制印度本国工厂生产的布匹。这种对本国工厂生产的布匹的不看好态度本身已经足以令工厂方面经受严格的卫生检查。积极的抵制只会激起仇恨，并无助于我们进一步抵制外国产的布匹。除非天赐神力，否则我们不可能成功地发动数以百万计的民众。尽管我们做了许多工作，但目前他们还是会购买印度工厂生产的布匹，接下来，兰开夏郡工厂和日本工厂以及印度工厂之间将进行激烈的竞争。所以，我们必须集中精力，以求改变城镇居民和少数农村居民的想法。我们一直在努力地劝说他们采用印度土布。如果我们开始着手此事，印度土布的含义将会在民众间迅速传开，国内和国外的工厂都将受到巨大的冲击，而到那时，国内工厂将最终和我们站在同一战线。一旦如此，我们就可以在 6 个月内完成对外国布匹的抵制。计划如下：

我们不要理会纺纱工厂，而是通过宣传印度土布，迅速发起一项针对外国布匹的雷霆般的抵制运动，号召人们在不需要做出太大牺牲的情况下使用印度土布。我们必须对我们自己和人民充满信心，相信他们能做出在我看来小小的牺牲。但是我也承认，目前我还未发现一个能主持此次抵制运动的组织。站在前台的政治家们并不打算认真地从事这项事业，也不会致力于任何建设性的工作。贾瓦哈拉尔在一封信中真实地描述了这种氛围，他说："连空气中都有暴力的气息。"关于发生在孟加拉的针对英国布匹的抵制运动，我们已经读过太多，听过太多，但从我每周所收到的不少信件可以看出，那里并不存在真正的抵制运动，因为其后并不存在一个领导组织，也缺乏意志与决心。考虑到所有的这一切，你会向我提出怎样的建议呢？

罗曼·罗兰（Romain Rolland）的信应该最迟下周二就能收到，之后我就必须尽快做出决定。假设罗曼·罗兰倾向于让我前往欧洲，考虑到关于抵制运动的谈话，你又希望我怎么说呢？你会希望我为了抵制运动而不去欧洲吗？无论你的决定是什么，我都会遵从。我本人对去欧洲这件事并无太大兴趣，但如果印度国内一切顺利，罗曼·罗兰又希望我去，那我还是有责任接受欧洲人的邀请。能否请您将您的决定发电报告知我？贾瓦哈拉尔会到您那里去，您也能了解安沙立（Ansari）医生的想法。

你真诚的

莫·卡·甘地

选自照片复制件：S.N.13197

49．致拉贾戈帕拉查里 [①]

萨巴玛蒂

1924 年 8 月 24 日

亲爱的拉贾戈帕拉查里：

马哈德夫给我看了你写给他的信。你千万不要沮丧。在奈杜夫人看来，我感到很沮丧简直对她是一种侮辱。我确实仍在黑暗中摸索。仍有许多事情，我尚无法做出清晰的决定。但那只不过是承认我们正航行在一片未知的水域罢了。

我们是萨提亚格拉哈主义者，请牢记这一点。我现在借用家庭的法则就目前的情况打一个比方。假设两兄弟为遗产而发生争执，双方都想争得遗产为家族服务，而其中一人至少内心知晓就算没有这笔遗产，他也可实现这一目标。大多数族人可能都会让这个人来继承这笔遗产。放弃这笔遗产，避免争端及其所带来的时间与精力的浪费，这不正是这位萨提亚格拉哈主义的兄弟应做的吗？这个案例和目前的现实有何分别？但是，我正小心行事。我尽力要做的就是要避免一场不

---

① 查克拉瓦尔蒂·拉贾戈帕拉查里（C.Rajagopalachari, 1878—1972），律师、记者、作家和政治家；1948—1950 年任印度总督。

合时宜的争端。如果我发现这样做有利于这个国家，我会就任主席职位①。仍有许多时间来让我做出决定。纺织技术的收益已经证明它的重要指导意义。如果这种收益依然如此匮乏，那我当这个主席还有何意义？到那时，从国大党退出，制订出严格的计划，做一个真诚而自愿的会员难道不是更好吗？有必要为促使那些热衷于外国货物的人们改变而进行表决吗？想想为了控制国大党而不得不去反复操纵一群人的做法吧！那些所谓的不改变者（No-changers）能做到完全诚实吗？想想看所有的这些情况。如果要维持国大党并不必然要求我们卷入这种拖延日久的争斗中，那么，我们就必须自觉自愿地放弃这些。我反复斟酌过你的来信，并且确信自己必须从任何这类争夺中退出。但现在我还在观察，还在等待莫提拉尔的答复。

再说马拉巴尔。②我收到了来自很多渠道的申请。你希望我怎么做？我本来考虑派人同你合作，做一个特别报告，但既然现在尚未做什么，我就希望能听听你的建议。现在也已经收集了足够多的土布了，请指导我，教教我应该如何处理它们。

我并未能在德里取得太大进展。现在仍有解决问题的希望，但事情已变得非常微妙。

是的，你的猜测是正确的。那位朋友便是瑟尔拉德维（Sarladevi）③。她想用各种美食来填塞我的肚皮，可惜我已经拒绝享用更多了。另有，还有一些婆罗门（Brahmins）④写得非常漂亮的关于"弃

---

① 指贝尔高姆会议。

② 位于现在喀拉拉邦的东部地区，当时曾发生水灾。

③ 拉宾德拉纳特·泰戈尔的侄女，嫁给了兰巴兹·杜德·乔达理（Rambhuj Dutt Chowdhari）。

④ 婆罗门，印度种姓制度中的最高等级或僧侣阶级。

绝"（repudiation）的信件。我已经公开了其中的一封。

你的

莫·卡·甘地

选自《圣雄甘地选集》，第 25 卷，第 36—37 页

50. 致拉贾戈帕拉查里

1925 年 7 月 16 日

亲爱的拉贾戈帕拉查里:

不知怎的,我总期盼你的来信,以便确定你一切安好。我依然是老样子。我的身心虽然超脱于这个世界之外,却又不得不受其审判。我的灵魂活在一个和我的躯体遥遥相隔,但我却不得不去或期望着去影响它的世界。你也是这世界的一部分,可能是最靠近我的。我内心深处渴求你对我行为和思想的认可。我或许不能总是得到你的认可,但也渴望你的建议。

现在你完全懂得了,除了许多其他原因外,我期待你的来信的缘由了。请务必给我来信,哪怕是每周一张明信片也好。马哈德夫、德夫达斯(Devdas)和皮阿雷拉尔 ① 将保证我会及时得到你的消息。

请你务必保重。

你的持续不断的努力(sadhana)令你达到了今天的地位,它为我们提供了手工纺织价值理论的科学检测。哪怕最终这个理论被证明是错误的,无论对于我们还是这个世界来说,这都没有什么损失,因

---

① 1920—1948 年间任甘地的秘书,同时也是传记作家。

为我知道我们在内心深处对计划有十足的信念。如果从本质来说，只要此理论并非是不道德的，那么我们也可以说它是正确的。有朝一日当很多村庄仍保留着手工纺织的习惯时，印度土布就不再需要保护，就像印度的家常菜不需要保护一样。当然，我在说正题之前这已经是长篇大论了。此处附上毕特（Pitt）和克拉潘的来信。我想说的是，我们必须在东方大地上继续维护萨提亚格拉哈主义者的声誉，直到这里的人们不再需要我们为止。但是你可能会有不同的观点。你应该写信给克拉潘，他看起来是一位很友好、能对我们有所帮助的朋友。

愿爱与你同在。

你的

巴布

选自《圣雄甘地选集》第 27 卷，第 384—385 页

51. 致^①尊敬的卡利尔卡^②先生

印度历 8 月 3 日
（1924 年 11 月 14 日）

尊敬的卡利尔卡兄弟：

在为凯尔维尼（Kelvani）事件写过一篇文章之后，我开始更多地思考关于儿童教育的问题。难道我们不能在学院的孩子们身上做一些尝试吗？我想知道，你是否对我陈述的那些观点感兴趣？孩子知道锅叫作锅，但是却不会把它画出来。同样地，他可能会读字母，但是却不会写。孩子们对新词的学习总是先会听后会读，而且在听的时候，他就跟随着发音，或者不断地重复。为什么我们不让拉克什米（Lakshmi）、拉西克（Rasik）和其他孩子们停止学习写字，先教他们画画呢？我们不能教给他们一些口头上的知识吗？目前他们应该只用手来学画画。为此，教师应该懂得绘画的基本原理。我还将深入思考

---

① 原信用古吉拉特语书写。

② 达塔特拉亚·巴克里斯纳·卡利尔卡（Dattatreya Balkrishna Kalelkar, 1885—1981），教育家，作家，从事建设性工作；泰戈尔和甘地的密友；于 1964 年获赐莲花勋章。

这一问题，所以先就此打住。请你暂且想想，待见面后我们再详谈。

祝福你

巴布

选自《圣雄甘地选集》第 25 卷，第 324 页

52. 致一位朋友 [①]

罗瑟路 148 号

加尔各答市

1925 年 8 月 1 日

亲爱的朋友：

我收到您的来信了。农田受野兽侵犯时，农民是有理由开枪的。这是不可避免的暴力。从农田考虑这是必要的，但对于完全理解并践行非暴力的人而言，他无疑会任凭野兽于农田间驰骋无阻，或以身为食。非暴力并没有统一模式，每个人可以有不同的理解。此外，占有不义之财是冒天下之大不韪，与非暴力的理念与行为相悖。彻底遵循非暴力原则的人将不留分文。他将融入天地万物之中，与蛇蝎虎狼为伍。纯真之人比比皆是，其自然天成的秉性即使野兽也能辨认出来。我们都应当朝这一方向去努力。

这种回答同样适用于您的第二个问题。杀菌灭虫是暴力，即使食用蔬菜也属暴力行为（因为它们也有生命），但这是不可避免的暴力。所以，我们应该将细菌当生灵对待。您会发现如果将这种必要性

---

① 收信人身份不明。

的论调无限地延伸，吃人都能变成合理的行为。

　　信奉非暴力的人对每个可能造成伤害的行为都会三思而后行。我的论断仅适用于信奉非暴力的人们。在我心中，关于"生活的必须"的说法是普遍适用的，因此不到万不得已，绝不使用暴力。这就是为什么传统的圣典（Shastras）只允许在少数的情况下动用暴力。应该严控允许或放宽暴力行为，这不仅合法而且是每个人的责任。超越这种限度就是非法行为。

您真诚的

莫·卡·甘地

选自《圣雄甘地选集》第 28 卷，第 3—4 页

53. 马德琳·斯莱德或者米拉班的来信 ①

百福花园 63 号

卡姆顿山

西伦敦 8 区 ②

巴黎

1925 年 5 月 29 日

最尊敬的导师：

非常感谢您回复我的第一封信——这完全出乎我的意料！我仔细阅读了您的回信并谨记教诲。如今，我为期一年的自我考验已经过去一大半，因此我怀着期盼的心情再次给您写信。

---

① 米拉班（Miraben）女士，马德琳·斯莱德（Madeleine Slade，1892—1982）小姐是尊敬的艾德蒙特·斯莱德（Edmond Slade）爵士的女儿。她对音乐的兴趣及对贝多芬作品的热爱让她结识了罗曼·罗兰，通过罗兰她又认识了甘地。她离开欧洲并于 1925 年 11 月到达印度，加入甘地在萨巴玛蒂的静修院，于 1931 年陪同甘地到达英国，并分别于 1932—1933 年和 1942—1944 年入狱，1947 年建立小型静修院并在瑞斯恺斯（Rishikesh）森林区，也就是现在的巴斯络克（Pashulok）建立了牲畜发展中心。

② 原文为 London, W.8, Paris，但是经查卡姆顿山（Campton Hill）在伦敦，未查到伦敦有巴黎街道，或者巴黎有伦敦街。此处就按照原文译出。——译者注

最初的冲动至今未褪，相反，为您服务的渴望越来越强烈。无法用言语表达激发我这一念想的事物有多么的伟大，但我虔诚地向神祷告，自己可以以实际行动，用我的劳动成果来表明我的热情——不管这些行动有多么平庸，至少都是倾注了我诚挚的感情。

现在我想表达我最为期盼的请求：

我可以到您的静修院里跟您学纺织，在日常生活中学习您的理想和准则，学习在未来的日子里该怎么为您效劳。为了成为您追求理想道路尽责的仆人，我感到非常有必要接受这类训练，如果您能接纳我，我将努力成为一个不至于毫无用处的小学员！

目前我还在全力地准备着。我做着些许纺织活（仅做些羊毛纺，在法国和英国，似乎还没有人懂得纺棉）。得到几位友好的印度朋友的帮助，我将以往在书中学到的印度斯坦语相关知识运用到实践中，我也因此充实了自己的头脑。那书中记载的是一些多么非凡的启示啊！随着我对印度思想的深入理解，我越发觉得自己逐渐地朝着迷失多年的家一步一步地靠近。

按当前的情况，我尽可能让日常生活变得简单。红酒、啤酒和烈酒，我通通都戒了，也不再吃肉了。

我的心田洋溢着欣喜，也充满了苦恼。欣喜的是我可以为您和您的追随者奉献一切，苦恼的是能给予的如此微薄。

我期盼着去印度的那天快快到来。哎，我还有 5 个月的漫长等待时间！我将在 11 月 6 日抵达孟买。如果您允许我加入静修院，我将乘坐当晚的火车并于第二天上午到达艾哈迈达巴德。

亲爱的导师，我能来吗？

不必劳烦您亲自回信，您或许可以让他人传达回复。

您永远谦卑忠诚的仆人

马德琳·斯莱德

附：我纺的两个羊毛小样品

选自《圣雄甘地选集》第 27 卷，第 474—475 页

53A．致马德琳·斯莱德

罗瑟路 148 号

加尔各答市

1925 年 7 月 24 日

亲爱的朋友：

感谢你的来信，我深受感动。你送来的羊毛制品样品质量极佳。

不管你何时到来我们都欢迎。如果你确定了乘哪班船到来，我可以让人去接你并带你去搭火车到萨巴玛蒂。不过你要知道静修院的生活不总是那么美好。那里的生活很是艰苦，每个人都得劳动。你也需要考虑能否适应我们这个国家的气候。我提这些不是为了吓唬你，只是想提醒你一下。

你真诚的

莫·卡·甘地

附：医生说我暂时不能使用右手，信是由他人代笔写的。

选自《圣雄甘地选集》第 27 卷，第 414—415 页

54. 致罗曼·罗兰 ①

1924 年 11 月 13 日 ②

亲爱的朋友：

　　来信已收悉。斯莱德小姐随后也到了。您给我带来的是多大的一笔财富啊。我将尽力不辜负您的信任，尽力帮助斯莱德小姐成为连接东西方的桥梁。要成为她的导师，我实在不敢当。她将成为我探索（真理）道路上的伙伴。由于年长，我闻道在先，我打算以后与您分享作为长辈传授经验和知识的荣耀。斯莱德小姐的适应能力惊人，我们与她相处得非常愉快。剩下的就让斯莱德小姐自己跟您说吧，我让她跟您聊聊比她早几天到达静修院的一位法国姐妹。

《圣雄甘地选集》第 25 卷，第 320 页

---

① 罗曼·罗兰（1866—1944），法国著名作家、思想家和和平主义者。

② 这一封信所署日期有误，因为这封信写于 1925 年 11 月 7 日斯莱德小姐到达萨巴玛蒂之后。

55. 致罗曼·罗兰

萨巴玛蒂静修院

1928 年 2 月 15 日

亲爱的朋友：

　　米拉已经给我翻译了您的最新来信。我整个心思都在想着您的忧伤，特别是您在信中怀疑我铁石心肠。您说希望我的每一件事、每一个想法都是正确的，我感谢您的厚望。我的确也希望跟您的想法一致，但我想，如果要继续成为您值得一交的朋友，我就必须真实地面对自己。

　　首先我得指出，米拉的信仅代表她个人的观点，虽然有些也跟我的一致。根据我对她的了解，不管是她还是我，我们对那两个优秀农夫的评价都存在困惑之处①。他们的事迹无疑是英雄般的壮举。我们心中想的是反战人士的英雄事迹，米拉给我翻译了您寄来的记录，从中我没有发现那种用自己生命去抵制战争的英雄事迹。圣女贞德（Joan

---

① 　罗曼·罗兰在他 3 月 7 日的回信中写道："……提到萨布依（Savoi）那两名虔诚的农夫时我明白您的意思。您的理由让我信服，但同时我也相信很少有男人或女人（至少在欧洲是如此）会将'反战'思想跟其他思想完全脱离。因为几乎每种人类思想哪怕再强烈也不可能绝对地纯粹。"

of Arc）是英雄，列奥尼达（Leonidas）和贺雷修斯（Horatius）也是。但他们的英雄事迹是不同的类型，而每一位也都是那么高尚而令人钦佩。

在农夫的回答中，我并没有注意到任何迹象表明他们对战争本身有所抵制，也没有迹象表明他们下定决心将尽全力抵制战争。如果我没记错的话，这些农夫朋友既是乡村生活的代表，也是保卫简单乡村生活的英雄。这些英雄跟抵制战争的人一样难能可贵。我们应当珍惜他们的英雄事迹，但如果将每种事迹区分对待的话，我们便可以更好地为英雄们效劳，也能更好地追求真理。

您好奇地提出了我参与上一次世界大战 ① 的问题。这合情合理。我在《自传》最后一章里已经做了回答，就好像我当时预测到您的问题似的。请仔细阅读并在闲暇时告诉我您对我的回答的看法。② 我会认真考虑您的看法。

最后，我的确想做到尽善尽美，但我能认清自己的缺点，而且这缺点日复一日变得越来越清晰。有谁知道，多少场合我都必须铁石心肠。如果您在我的作品中不止一次注意到我缺乏足够的仁慈，我对此一点都不感到意外。我只能说过失已经犯下了，即使我内心热切祈求通过努力做得更好。我想早期的基督徒们不仅仅将撒旦视为邪恶的法则，而且将他视为邪恶的化身，这不是没有理由的，因为他几乎在生活的各个方面操纵着我们，而我们人类的使命就是推翻他的这些操纵。

读了米拉给我翻译的您写给她的这封信后，我越来越盼望尽快见

① 参考《自传》第四部分，第三十八章。
② 关于这点罗曼·罗兰给了回复："如果我真这么说了，请原谅我。虽然我很希望能理解并认同您的思想，但我还是做不到……"

164

到您本人。如果我健康状况良好，这倒是有可能实现的；即便如此，内心的声音指引着我前往欧洲。我正认真考虑着两份由那边发来的邀请，想要拜会您的愿望可能让我接受这两份邀请。

您诚挚的

莫·卡·甘地

选自照片复制件：S.N.14942

56. 致商卡兰先生

南迪山

1927 年 4 月 28 日

亲爱的商卡兰：

您的来信让我感到振奋，您将会实现我所有的期望。我很高兴厨房的情况非常完美。现在谁担任您的助手呢？吉里拉依（Giriraj）最近怎样？您身体是否依然硬朗？您的厨房一定变成了思想、身体和精神健康的宝库。在那里永远都洋溢着欢畅、安适和平静，这一点任何往来的人都能察觉。一切都摆放整齐，清理得干干净净，没有任何外加的调料味，只有食品自然的、简单的香味。工人们身体健康，他们亲自动手，和谐共处，面带微笑，乐在其中。记得古代的圣人们（Rishis）吗？他们集诗人、哲人、厨师和清道夫于一身。纳拉拉佐（Nalaraja）就是一个明智的统治者、理想的丈夫和手艺精巧的厨师。任何工作都会被糟糕的员工破坏。同样地，任何工作在智者的手里都能成为通往解脱之路坚定的垫脚石。

您的巴布

选自照片复制件：S.N.14120

166

57. 致赫尔曼·卡伦巴赫 [1]

南迪山

（邦加罗尔附近）

1927 年 5 月 13 日

　　我躺在床上，抬头望着那些还没有处理的信函，脑海浮现着过往的神圣的回忆。突然间，我看到您在 2 月 27 日自依南达（Inanda）的家中寄来的与安德鲁斯共署的信函，立刻唤醒了我内心那些快乐而神圣的回忆。您过往两年里所写的以及众多还没有写好的信都显得灰心丧气，苦难重重。但只要我还活着，就不会对您失去信心。我仍然希望有一天能有让您感到兴奋的事，让您从中得到片刻快乐，至少您应该过来印度看看我这位老朋友，并与一些友人重聚。您说过想明年 9 月或 10 月过来。如果可以的话就过来吧，您想长居或者短住都没问题。

　　我很高兴您有几段时间可以跟安德鲁斯待在一起。在我的各种经历中，还从没见过像他如此朴实而虔诚的人呢。

---

[1]　赫尔曼·卡伦巴赫（Hermann Kallenbach），甘地在南非认识的德国朋友。（卡伦巴赫曾是甘地在南非反对白人歧视的斗争中的亲密战友和重要财政支持人，详细内容可见《我在南非二十年》。——译者注）

您不会愿意听我谈及自己的病痛；因为我知道您确实购买并阅读了《青年印度》。目前我在迈索尔邦（Mysore）的一座小山上接受治疗，有一支由志愿者和我最亲近的同事组成的医疗队在照顾着我。嘉斯杜白和德夫达斯也跟我在一起。其他人您都不认识，因此我就不提及他们的名字了。不过在您到来之后，只要他们跟我一同住在这小山上，您就能见到并认识他们。

眨眼间，白驹过隙，我感到身体一天不如一天。近来我总是神经兮兮，非常担心会出现危机，并在我筹备一个小计划时不期而至。然而神似乎对我说："在你发现自己的方法有多荒唐之前，我要摧毁您的傲气。我要马上向你证明，当你觉得自己在追求一份正义的事业，所以一切都可以安枕无忧时，这种想法是完全错误的。你总觉得自己可以创造奇迹，这是愚蠢的。现在就让你接受教训，要让你明白，只有神能创造奇迹，他会让自己喜爱的人去完成那些奇迹。"对此，我甘愿受罚，并且希望以同样的谦卑，祈求他能让我离开病床。如果获得他的恩赐的话，我愿意向他承诺，改善自己的方法，并且更加勤勉地探索他所指向的道路。

希望您仍与马尼拉尔（Manilal）保持着联系。他有个跟他太太一样性格坚强的女儿。他太太可能是我为他找到的最好的姑娘了。命运让我们相遇，她当属于信仰神的家庭。要记得您是凤凰村的托管人之一，我还期望您在那里履行托管人的职责呢。①

在您收到这封信的一个月时间里，萨斯特里将会到达南非。我已与他促膝长谈，向他介绍您以及您与戈克利先生的关系。

---

① 卡伦巴赫与甘地在南非共同组建凤凰村，并支持南非侨民的非暴力运动，详见《我在南非二十年》。——译者注

请您务必尽量亲近他，并把他介绍给我们的老朋友们。

您的

莫·卡·甘地

选自照片复制件：S.N.12350

58. 致古尔扎里拉尔·南达

南迪山

1927 年 5 月 28 日

亲爱的古尔扎里拉尔：

很高兴收到您的来信。躺在床上时，我不断想起许多像您这样令我深感兴趣的人。对这些人，我有深切的期望，并且只要神给予他们必需的健康状况，他们总能做成一番功业。

您对真正的宗教生活的想法非常恰当。我从不怀疑的是，只有在持续不断地经受考验中，才会维持这种神圣的内心愉悦、无忧无虑的状态。这一点从来都是屡试不爽、丝毫无误的。一般来说，除了极少数人外，这种体验都是很难得到的。但与此同时，我也确信，人类是可以获得这种体验的。虽然我们在历史上仍没见到这样的记录，但是对我而言，这只不过说明了历史上并不存在这样完美的人。既然如此，就不能指望不完美的人能够留下完美的记录了。对于我们自己的经历而言，也是如此。我们必须使自己接近完美，这样才能遇见您所描述的那样完美的人物。您也大可不必认为我的那种认为普通人根本无法记录、也无法有此经历的观点非常荒谬。这种怀疑本身是逃避问题的实质，因为这样做我们就把自己描绘成为非同一般的凡人（虽然

170

我们并非不朽的），而要找到这种非凡的人物当然就需要非凡的努力了。这话对于那些程度更次一点的，甚至更荒诞的事情来说，也是适用的。但是要做到这一点非常困难，就像我们在 J.C. 博斯爵士的伟大发现或最精美的画作中所看到的那样。对于这两者，我们普通人只能信服而已。只有那些受到恩眷的少数人才能理解并欣赏那些发现或画作。这些对我们而言没有什么不可思议，而我们却不得不去相信它们的原因在于，只有相信这些，我们才能获得对比如存在完美人类等永恒价值的大量的超乎我们自己能力之外的各种信证。因此，现在您所接受的各种限制只不过是一个可以由时间来逐渐解决的问题而已。因为，即便是在这些限制之内，我们仍有足够的空间不断进步，并且在自己面临杀戮和重重考验（这些让我们在重生之前无法动弹的事物）时不动声色。

我非常高兴您加大了奉献的力度。我不知道您现在阅读什么书。也不记得我是否对您说过终究会有一天我们将不需要大量书来安慰自己，那时我们仅需创作一本书，就足以满足我们所有需求。到了最后的阶段，当生命变得只剩下弃绝，当人们放下自我时，那连那一本书也变得没有必要了。现在尽管我还在阅读很多东西，但越来越发现，只有《薄伽梵歌》是唯一可靠的指南，唯一的参考辞典，我发现，我们所有的悲伤、困难、考验，在里面都可以按照字母顺序找到答案。我应该告诉过您《天歌》是我见过的《薄伽梵歌》最好的译本。然而如果您不懂梵文也不要紧，我知道按照您的天资，要用梵文阅读《薄伽梵歌》并不困难。您几乎只需一个月就能学会足够的梵文并理解原文了。因为尽管这个英译本很棒，尽管您或许可以阅读印地语或乌尔都语译本，但它们都无法和原文相媲美。原文将使您可以紧贴文本并有所阐释。这本书并非历史记载，但它详细记录了作者的经历——我

171

不在乎作者是毗耶娑 ① 还是其他什么人。但是只要它记录了某人的亲身经历，那我们就可以通过重复这种经历来检验它的真实性。每天，我都在生活中体验其中的真理，而且从来没有失败过。这当然不代表我已经到达了所描述的状态——例如该书第二章结尾所描述的那样。我知道我们越是按书中的指示行事，我们就越接近它所描述的完美状态。

希望您身体健康。当然，我自己的身体也在渐渐好转。

您的

莫·卡·甘地

选自照片复制件：S.N.14130

---

① 印度两大史诗之一《摩诃婆罗多》的作者。——译者注

59. 致凯拉斯·纳特·卡特朱博士 [①]

古迪尔坎姆（印度南部）

1927 年 9 月 1 日

亲爱的朋友：

由于身体抱恙，我现在口述，让人代笔给您写信。要不是身体虚弱我更情愿自己给您写这封信。感谢您的来信还有您为土布付的第一笔款项。您的信非常振奋人心，影响力很大。如果您不反对，我想把跟土布相关的那部分出版。但是如果您不管出于什么考虑不想署名或匿名出版的话，请直接告诉我，不用迟疑。

关于黑羊驼呢罩袍（Chapkan），您要是定一件的话，我可以给您一件上等黑色土布材质做成的罩袍。它跟羊驼呢材质的一样好。您可能不知道马德拉斯的许多法律人员和律师（Vakil）都穿土布罩袍，即使他们并不用土布做其他服饰，但事实证明，土布罩袍非常适合许多贫穷的执业者，因为它们相对比较便宜。对您而言，我自然不考虑便宜的问题。如果您要的话，我不给您找最便宜的，而是给您找最贵

---

① 凯拉斯·纳特·卡特朱（Kailas Nath Katju），杰出的律师，国大党领袖；1947 年 8 月—1948 年 6 月担任奥里萨邦省督；1948 年任西孟加拉省省督，后又担任印度中央邦首席部长。

最好的。

关于自己纺纱这事，我很同意您关于热爱土布但并不必亲自动手纺纱的说法。但对于那些正陷于饥饿之中的几百万人民而言，动手纺纱就非常必要了，这有两个理由。第一，动手纺棉让我和他们每天都相处在一起。第二，通过手工纺棉，每个社会知名成员创造了一种纺织氛围，以此来激发那些原本由于不信任而不愿纺纱的村民也能动起手来参与手工纺纱。我想再加上第三个理由，这点您一定也很重视。每一码精心纺织的纺纱即使微不足道也为国家增加了财富。您知道律师们等待上庭时都在做什么，他们要么玩着铅笔，要么玩着纸胶带，更糟糕的是玩着打开的小刀，坐立不安。我在想您是否愿意使用纺锤（Takli）[①]，根据您的爱好它可以是银制的、金制的或象牙制的，把它放在精致的小圆筒里。用纺锤纺纱非常容易学。您要学吗？我知道可能一开始会被人笑话，时间长了人们也就习以为常了。如果您能坚持这两个阶段并且持之以恒，别人就会效仿您，希望您别反感我给您讲的这一切。您已好心地帮了我一把，如果我现在请您再帮我一把，我想您应该并不意外吧。

是的，我的确要求律师们要做出伟大的牺牲。回顾 1920 年和 1921 年，我感到我没要求任何不寻常的东西。我觉得将重点转移到那些跟我以前同行的人身上，我有权利要求他们做出最大程度的牺牲。

当时最小的那些孩子现在长大了，再也不坐我腿上了。但是请告诉他们，下次我们见面时，他们要是都还记得我，我会向他们索取一些回报的呢。

[①] 一种纺棉的工具，音译作达克利。——译者注

我正在把您 100 卢比的支票转交至全印纺织者协会财务人员手中。

您真诚的

莫·卡·甘地

凯拉斯·纳特·卡特朱博士

埃德蒙顿路 9 号

阿拉啥巴德

来自一份复制件：S.N.13275

60. 致达恩·戈帕尔·莫克奇

萨巴玛蒂真理学院

1928 年 9 月 7 日

亲爱的朋友：

来信已收悉。在我所有的作品中，我从来没有因为引用了托尔斯泰或其他作家的作品而不致谢的。记得我并不常在作品里引用他人的话语，不是因为我不想这么做，而是因为我读过的书不多，引用他人作品进行再创作的能力还比较弱。

毋庸置疑，决心独自生活是在我对托尔斯泰的教义有了一定的了解之后。托尔斯泰的教义具有普遍性，而我的生活都是基于《梵歌》的教义。当然我也不敢发誓说托尔斯泰的作品和教义对我独居的决定完全没有影响。

说了这么多，希望您满意。希望某天能在《青年印度》中讨论您关心的重要问题。

您真诚的

莫·卡·甘地

选自照片复制件：S.N.14378

61. 致亨利·S. 索尔特

哈尔多伊营

1929 年 10 月 12 日

亨利·S. 索尔特先生

克里夫兰路 21 号

布赖顿（英格兰）

亲爱的朋友：

收到您的来信既惊喜又意外。是的，您的书是我接触过的第一本关于素食主义的英文书籍，它对我帮助极大，坚定了我的素食主义之路。我第一次给梭罗的作品写引言应该是在 1907 年或再晚一点，当时我正身陷消极抵抗之中。一个朋友给我寄来了梭罗的《论公民不服从》。这篇文章给我留下了非常深刻的印象，我将一部分翻译过来并刊载在南非的《印度舆论》上，当时我是该报的编辑。我从那篇文章中为该报汲取了不少精华。我认为文章论说诚恳，且说服力十足，所以觉得有必要更深入地了解梭罗，于是通过他与您认识了。他的《瓦尔登湖》和其他文章我都带着浓厚的兴趣拜读过，并且受益匪浅。

您真诚的

莫·卡·甘地

选自照片复制件：S.N.15663

62. 致总督 ①

萨巴玛蒂真理学院

1930 年 3 月 2 日

亲爱的朋友：

在开展非暴力不合作运动前，我愿意冒着这么多年以来一直担心的风险，走近您，与您共同寻求出路。

我的个人信仰非常明确。我不会刻意伤害任何生物，更不用说是人类了，即使他们可能对我和我的人民有很大的伤害。因此，我只是不支持英国对印度的统治，并不会蓄意伤害每个英国人，或是他们在印度的合法利益。

请不要误解我。尽管我反对英国对印度的统治，但不会认为英国人比世界上任何民族要低人一等。我很荣幸地宣布我有许多亲密的英国友人。事实上我了解到的英国统治的恶劣，都是来自那些所谓耿直又勇敢的英国人的作品，这些作品毫不犹豫地控诉着英国统治下那些令人无法接受的事实。

我为什么认为英国统治是一种灾难呢？

---

① 指艾尔温（Irwin）勋爵。

先进的剥削体系，以及极其昂贵的军事和民事管理，这些都让整个国家无力承受，也让百万群众贫困至极。

政治上我们都沦为了农奴。我们的文化基础遭到了破坏。残酷的裁军政策则在精神上贬低了我们。几乎全国性地解除武装导致内部军力匮乏，我们几乎成了孤立无助的国家。

和众多同胞一样，我对圆桌会议能够提出解决方案充满希望。但是您坦率地表示您无法保证您或是英国内阁会支持完全自治的计划，圆桌会议也不可能对直言不讳的印度人明确渴望解决，或沉默的大多数人下意识渴望解决的问题，提供处理方案。毋庸置疑，议会的裁决总可以准确预测。因为英国内阁在预测议会决议时不需要参照实例，因为裁定本身倾向于某一特定政策。

德里访问之行没能成功，于是博学者莫提拉尔·尼赫鲁和我没有选择，只能采取措施，执行1928年于加尔各答达成的国大党决议。

但是，如果您公告中的自治能被人民所接受，那独立决议应该不会引起任何恐慌。因为如果得不到英国统治者的承认，自治怎么会是真正的独立呢？然而我所真正担心的是，他们根本没有打算即刻赋予印度自治。

但这已成为历史。因为这份公告，发生了许多事件，这些事件准确无误地表明了英国政策的发展趋向。

如果政策改变会对英印贸易产生负面影响，或要求对英印间的贸易做出严密公正的审查，英国统治者不会考虑改变其统治政策，这是很明显的事实。如果不做出任何行动阻止剥削，印度将会以前所未有的速度遭受重创。财政部已经将这作为一个既定事实，那就是他们大笔一挥，就可以令印度损失数千万卢比。当人民以文明的直接行动尝试改变这个事实时，许多人甚至包括您都忍不住要向富有的地主阶级

180

恳求，要他们帮助你们以维持秩序的名义粉碎此次努力，而这个所谓的秩序却将印度碾为碎片。

那些以国家的名义工作的人必须理解并坚持民族独立的动机，否则独立本身会给我们带来危险，这就等于宣称这样的独立对于那些受剥削的且沉默的几百万人民来说毫无价值，真正为了他们，我们才寻求独立，他们值得我们为之一搏。正是由于这个原因，我最近才会向公众解释独立真正的意义。

这里我给您指出一些要点。

在全部重负中占很大比重的土地税压力，在独立的印度必须做出大的改变。数额庞大的固定收入不仅没给富有的印度地主（zamindars）带来什么好处，对佃农也同样如此。佃农和以往一样无助，依然是一个小小的农民。如果将农民的利益放在首位，不仅要大幅降低土地税收，整个税收系统都应该改革。英国的税收系统正是有意压榨这些佃农。即使日常生活所必需的盐税都给他们造成了很大的负担，仅仅因为税收制度无情又一视同仁。盐税给穷人造成了更大的负担；人们要记住，盐是一种他们比富人食用量要大的食物，不管是对个人来说，还是对全部穷人来说都是如此。酒和药品税也从穷人身上搜刮，这耗尽了他们健康和道德的基础。税收打着提倡个人自由的名号为自己辩解，事实上只是为了征税人的一己私利。1919 年的改革者将税收精心转移给两头政治执政中的所谓负责一方，实际是为了对其施加禁令，因此，此举从一开始就是想使这项税收永远失效。如果部长不满意，要取消赋税，那他就必须压榨教育，因为当前没有别的途径来替代税收。如果上述的税收压垮了穷人，那么核心辅助产业——手工纺纱的破坏，毁灭了他们创造财富的能力。印度的毁灭如果没有提及以她名义承担的债务将是不完整的。大众媒体最近已对此做了诸多报道。自由的印度应该让所有责任者接受最严格的审查，对那些可能被某位公正的法官判决为不公正、不公平的案件，要予以批判。

为了延续外国的统治，上述的不公仍然在持续。非常明确，这是世界上代价最高的不公。以您的工资为例，除了额外收入，您每月收入超过 21000 卢比。英国首相每年收入 5000 英镑，按照当前的汇率计算，也就是每月收入 5400 卢比。您每天收入 700 多卢比，而印度人的平均收入每天只有不到 2 安纳[①]。英国首相日收入 180 卢比，英国人平均日收入接近 2 卢比。因此，您的收入是印度人平均收入的 5000 倍以上。而英国首相的收入只是该国人均收入的 90 倍。我恳求您可以思考一下这个状况。我只是通过对个人的情况描述，来阐明一个令人痛苦的事实。我个人非常敬重您，不希望伤害您的感情。我知道您根本不需要这笔工资收入，但是行政体系却做出了这样的安排，因此应该被废止。因为总督的工资收入能反映出整个行政体系的状况。

要从根本上降低税收就必须降低行政支出。这意味着政府职能的转变，然而如不实现独立，这一转变便无从谈起。因此，成千上万的群众主动参与了 1 月 26 日的游行。独立对他们而言意味着从重负中解放出来。

尽管英国政党对印度的提议一致持反对意见，但在我看来，他们并不会放弃对印度的掠夺，因为这一直以来都让英国尝到了很大的甜头。

然而，如果印度想要作为一个民族而存在，如果她的人民不愿因饥饿而亡，我们就必须找到缓解问题的解药。提议召开会议绝不是这

---

① anna，印度旧时货币单位，相当于 1 卢比的 1/16。——译者注

182

一解药。这个问题不是要通过争论让人信服，而是要发展与之相匹配的军队。不管你是否相信，英国都会动用手中的武力维护其在印度的贸易和利益。印度因此必须发展自己的武装力量以逃脱灭亡的命运。

无论提倡暴力的政党当前是多么混乱无序、无足轻重，都会得到发展，产生影响，这是很常见的事。我们彼此的目标是一致的。但我认为它并不能真正减轻民众的痛苦。除了完全的非暴力，没有什么能制止英国政府组织有序的军队，我对这一信念坚信无疑。许多人认为非暴力不是积极的力量，我的经验尽管有限，但表明非暴力完全可以成为一股强大的力量。我的目标就是调动这股力量，对抗英国统治下的有组织的暴力，以及日益壮大的暴力政党的无组织的暴力。坐以待毙，只会放任上述两种力量的强大。我对非暴力的作用持有毋庸置疑的、不可动摇的信念，因此再不采取行动，我将会充满罪恶感。

非暴力将以文明不合作的方式进行，目前只有真理学院的人参与，但最终所有人都会选择加入这场运动，尽管它存在明显的局限性。

我知道要开展非暴力行动，我将会承担很大的风险。但是真理的胜利从来都是有风险的，很多时候要付出很大的代价。一个国家对别的比它资源更丰富、历史更悠久、教育方面旗鼓相当的国家进行有意无意的掠夺，转变前者值得冒任何风险。

我慎重地选择了转变（conversion）一词。因为我的目标不过是要通过非暴力转变英国人，要让他们意识到自己对印度所做的错误的行径。我不是要伤害英国民众，而是想要为他们服务，就如同为我的人民服务那样。我认为自己一直都在为他们服务。但直到1919年之前这种服务都是盲目的。打开视野后，我构思了不合作，其目的也是服务他们。我采用了相同的方式，这种方式我已成功地、极尽谦卑地在我最亲密的家庭成员身上得到了运用。如果我对两国人民拥有同样的爱，这种方式将不再被隐藏。在经过了对我这些年的考验之后，这种方式将会得到他们的认可，正如我的家庭成员认可的那样。如果人们如我期望的那样加入我的行列，他们所承受的苦难足以融化铁石般的心肠，除非英国走回头路。

借助文明不合作的计划与我所列出的罪恶做斗争。我们想要切断和英国的联系就是因为这些罪恶。清除它们，道路会变得顺畅，友好协商的大门也将打开。如果英印贸易不再有贪婪，您会发现实现印度独立也不再艰难。请您为即刻铲除这些罪恶铺平道路，这样才能真正实现平等会谈，通过自主研究提出促进人类共同利益的方案，通过互帮互助、互惠互利、平等交易的条款。您没有必要对那些对国家有不良影响的公共事务施加压力。尽管它们对政府职能十分重要，但对于高于社区管理的重大问题却没有意义，而且这些重大问题对他们都有影响。但是如果您不能解决这些罪恶，我的信不能得到您的帮助，我将会在这个月的第十一天和静修院的工人一道采取行动，不再遵守盐税法。从穷人的角度讲，我认为这个税是最不公平的。独立运动于本国的穷人势在必行，铲除罪恶的盐税将是行动的开端。我们已经屈从于残暴的专制太久了。我知道您可以拘捕我，进而破坏我的计划。我希望会有成千上万人有条不紊地继续我的工作，违反盐税法的行为将会使他们受到法律的制裁，而法律是不应该与法律全书相悖的。

我不愿，至少尽我所能不让您感到尴尬。如果您认为我的信有内容可谈，而且愿意和我谈论这些问题，如果您想让我推迟发表这封信，我将会很乐意在您收到此信后发电报制止信件的发表。但是您要帮助我继续我的事业，除非您有别的方法可以做到信中的内容。这封信绝对不是威胁，只是作为文明抵抗者简单而神圣的职责。因此我特别让一位年轻的英国友人送信，他支持印度自治，坚持非暴力，可以说他是上天特别为此派给我的，正如过往一样。

您的挚友

甘地

《圣雄——甘地的一生》第3卷，第18—23页

63. 致埃文勋爵 [①]

亲爱的朋友：

上帝保佑，如果可以，我计划和同伴出发前往达兰萨拉（Dharasana），并且掌控食盐生产工作。公众被告知达兰萨拉是个私有产权之地，这只不过是个掩饰而已。它像总督府一样被政府控制起来，没有官方的批准，谁也无法取走其中的任何一撮盐。

您或许可以用以下多种方式避免遭到我们的"袭击"——人们这样戏称道。

1. 取缔盐税；

2. 拘捕我和我的同伴，尽管印度人将能——正如我所希望的那样——取代被逮捕的每个人；

3. 采用完全的流氓手段，尽管正如我所希望的那样，那些遭到殴打的抗议者将被新人替补顶上。

做出这一决定我们还是有所犹豫。我曾希望政府能以一种文明的方式对待文明抵抗者。如果政府在处理文明抵抗者问题时能够按照法定程序，那我将无话可说。相反，一些知名领导人会被按照法律程序进行处理，但是普通民众却总是受到残暴对待，甚至是不堪入目的侮

---

① 甘地在 1930 年 5 月 4 日被捕的前夜写了这封信。

辱。如果这些只是个例的话，我们可以忽略。但是我看到了孟加拉、比哈尔、乌特卡尔（Utkal）、北方邦、德里、孟买更多诸如此类的案例，我有充分的证据证实发生在古吉拉特的事情。卡拉奇、白沙瓦和马德拉斯发生的枪击事件，根本就不是被挑衅引起的，也毫无必要。（政府）之所以要打断他们的骨头，击中他们的要害，让他们受尽屈辱，就是为了让抵抗者们放弃对政府毫无价值、却对他们自己珍贵无比的盐。据说在穆斯拉（Muthra），一个助理法官从一个 10 岁小男孩的手中抢走了国旗。有报道说，那些要求其归还国旗的民众遭到逮捕，并被狠狠揍了一顿。后来出于良心不安，国旗才物归原主。在孟加拉，似乎很少有因为造盐的问题而遭到起诉和侮辱的案例，但是从志愿者手中夺走国旗的行为也可以看出情形有多残酷。据报道，他们还烧毁稻田，抢走食物。古吉拉特镇的一个蔬菜市场遭到袭击，就是因为商贩拒绝卖蔬菜给官员。这些事件都在大家眼皮底下发生了，而根据国大党的要求，他们都一直忍受而从未反抗。请您相信这些诚实的人所述的事实是真实的。那些即便是来自高级官员的反驳，就像在巴多利事件上一样，则是虚假的。很遗憾，在过去的 5 周内，官员们仍然在毫不犹豫地向公众撒谎。在这里，我举古吉拉特税务官办公室所签发的政府公告为例：

"1. 成年人每年使用 5 磅盐，因此每年必须缴税 3 安纳。如果取缔专营，人们将花更多的钱，而且还要弥补政府因取缔专营所带来的损失。你们从海岸获得的盐是不可以食用的，因此政府要予以销毁。"

"2. 甘地先生说政府摧毁了本国的手工纺纱业，但是每个人都知道这是不真实的，因为整个国家没有一个乡村停止手工纺纱。另外，由于政府的帮助，每个省的纺纱人都有了更优良的方法和更有效的价格更低廉的工具。"

"3.政府的债务中，每5卢比中有4卢比是用在对人民有益的事业之上。"

我从3份不同的宣传册中读到了这3段话。在此我冒昧告诉您所有这些陈述都是虚假的。成年人每日消费的盐量是所宣称的3倍，因此人头税和盐税毫无疑问每年至少9安纳。这个税不论男性、女性和小孩的年龄和健康状况，以及家畜的多少，对所有人都要征收。

公告声称，每个村庄都有纺车且任何形式的纺纱运动都受到了政府的鼓励和支持，这是恶劣至极的弥天大谎。金融家可以更好地戳穿每5卢比中有4卢比的公共债务是为了公众的利益这样的谎言。这些只是大家在平时就能接触到的与政府相关的谎言。就在几天前，一位古吉拉特诗人，一个勇敢的人，被官方宣判有罪，尽管他强调在那个时间自己在别的地方睡得正香。

现在举几个官方不作为的例子。酒商袭击了官方承认是和平有序的纠察队，并且他们违反规定售酒。① 官方无论对袭击还是对非法售酒都置之不理。尽管这次袭击人尽皆知，但是他们以没有收到相关投诉为借口，借机掩盖了袭击事实。

现在您已经向这个国家施行一部它前所未有的《新闻发布条例》（Press Ordinance）。您发明了一条捷径，绕过正常的法律程序，大幅缩短了对巴加特·辛格（Bhagat Singh）和其他人的审判周期。如果我把这些官方的作为和不作为统称为《军事管制法》的背面，这有什么好惊讶的吗？然而这只是我们开始斗争的第五周而已。

在那之前，恐怖统治早已席卷整个印度了，我认为自己必须采取大胆的行动，并且如果可以的话，可以通过更为清晰或者醒目的渠道

---

① 印度许多地方有严格的禁酒令，国大党也组织过纠察队，反对非法售酒。——译者注

188

来让你转移愤怒。您可能并不知晓我所描述的这些事，您也可能不相信我的话。我只希望您可以关注这些事。

总之，我认为如果不向您揭露当权者"狮子般的爪牙"的话，那我就是怯懦的。那样的话，那些经受苦难、财产被破坏的人们会认为，我——这个让他们认识到政府的本性，并且作为领导他们的或许是最主要的领导人——并没有全面细致地在审时度势的情况下制订萨提亚格拉哈计划。

根据萨提亚格拉哈的科学原理，政府镇压力度和目无法纪的程度越大、越深，人们承受的苦难就越大，而当人们自愿承受苦难的程度达到极致时，那时他们就胜利在握了。

我知道我所采用的方法是会有危险的。但是我的国家并不会误解我。我所说的都是我的所思和所想。在印度已讲了 15 年，在国外讲了 20 多年，我现在还在重复着这句话：只有纯洁和纯粹的非暴力，才是战胜暴力的唯一方式。我说过，暴力行动、暴力言辞甚至是暴力思想都会阻碍非暴力行动的进展。如果人们不顾多次警告，仍然诉诸武力，我是负有责任的，这正恰如一个普通人要为另一个普通人的行为负责是一样的。但是这责任问题之外，我不敢再拖延行动，如果非暴力是世界预言家所宣称的那种力量，我也不再掩藏自己丰富的成功经验，以便证明非暴力是有效的。

但是我愿意暂时打住，避免进一步的行动。我请求您废除这个让国内许多著名人士严厉谴责的税种，这个您或许不曾在意的，在我们的文明不服从运动中展示出来的，被广大民众普遍憎恨和反抗的税种。您可以尽量地谴责文明不服从，但与文明不服从相比，您会更喜欢面对武力反抗吗？如果按您曾经所说，文明不服从必将以暴力终结的话，那么历史将宣判英国政府无力承受这种判断，因为它不能理解非暴力，并最终刺激人性转变为暴力——这个人们相互理解和彼此应对的唯一方法。但是即便如此，我还是希望上帝能赋予印度人民智慧和力量，来抵制这种暴力的诱惑和煽动。

因此，如果您不废除盐税和禁止个人制盐的命令，我将不得不发动这封信的开头所提的游行示威。

您的挚友

莫·卡·甘地

选自《圣雄甘地名信集》，第68—75页

64. 致雷金纳德·雷诺兹

德里

1931 年 2 月 23 日

亲爱的雷金纳德（Reginald）：

感谢您那封言辞诚恳而又直率的长信。它使我在必要的时候越发坚定。但是我想告诉您的是，我并不认为自己推迟对即将到来的 3 位朋友的判断和行动是错误的。萨提亚格拉哈必须是对忍耐充满耐心的。当绅士风度是一种职责时，它就也应该表现得有绅士风度。不管人们认为他们的判断有多荒谬，我都视他们为与我一样平等的爱国者。我不评判他们，也不会让他们评判我，我向您保证，我们的事业在等待中会毫发无损。有一些坚定拥护我们的朋友，也许会因为我的行动与他们的期许相反而感到尴尬。但是随着时间的推移，您和他们会发现更多这样惊奇的事情。我认为自己在萨提亚格拉哈方面是经验丰富的战士。在之前类似的重要时刻，我所采取的行动与现在的并无二致，我也从未发现得到支持的事情会因为等待而最终失败。与此相反，我记得许多时候耐心的等待反而能让我们硕果累累。因此请允许我向您保证，我个人从不会在原则上（也就是在最核心的要求上）进行妥协，我相信国大党方面也绝不会如此。切记，萨提亚格拉哈是一

191

种让人们建立信心，通过理性和诉诸人类的同情心而去感化人们的方法。它诉诸人类本性中最为善良的部分，而不管他当下的品质多么恶劣。如果这个答复不能令您满意，您可以尽其可能地与我辩论。您有权这么做，也有权要求我做到令您满意为止。毫无疑问，您在斗争中表现出来的勇敢是无需赘言的。愿神保佑并赐予您力量。我不想谈论德里正在发生的一切，会谈仍在继续，我会通过电报让您逐日知悉这一切的。当您收到这封信时，今天我所说的都已经成过去时了。另外，您近来的婚姻状况如何？

您的朋友

莫·卡·甘地

雷金纳德·雷诺兹先生，
菲尔丁尼路 8 号，
布尔斯顿，
萨里

65. 致理查德·葛瑞格 [①]

萨巴玛蒂

1931 年 4 月 29 日

亲爱的葛瑞格：

我收到了您的来信，并把它读给了米拉听。我能理解并且感激您在信中所传递的对我的担忧之情。我不知道自己是否应该去伦敦，但是如果无法让我清楚地表达自己的观点，那我是一定不会去的。

我现在发现他们是绝不会接受我们的观点的。但是如果国大党不接受参加协商的邀请，那么它在这一方面就会失策了。实际上不管采用哪种态度，我们都可以安然无忧。如果通过协商能够获得永久的和平，那就再好不过了。我会竭尽所能达成这一成果，但如果协商未果，那也没关系。到时印度就可以再度奋斗，并向世人展现自己经受考验的能力了。我受邀参加宴会，受到招待，被奉为名人都没有问题。我可以什么都不吃。感谢上帝赐予我的缠腰布，使得我不必像动物园猩猩那样被人观赏。所以，如果我要去伦敦，也是为了事务的需

---

① 理查德·葛瑞格（Richard B.Gregg），甘地的美国友人，同事。1925—1927 年住在印度，1930 年再次来访，之后多次到访。

要，或者是为了与那里的老友一诉衷肠。我不想投机取巧。我只会完全依照指引，去那些能够使一切变得更好的地方。

不要相信我将要访问美国的谣传。尽管我很想访问那个伟大的国度，但是时机未到，我不想自己的访问只是昙花一现而已。

您的挚友

莫·卡·甘地

理查德·葛瑞格先生，
博伊尔斯顿街 543 号，
波士顿，马萨诸塞州

选自照片复制件：S.N.17023

194

66. 致塞缪尔·霍尔爵士

耶罗伐达中央监狱

1932 年 3 月 11 日

亲爱的塞缪尔（Samuel）先生：

您一定还记得圆桌会议期间，当我们讨论少数群体的诉求时，我曾提出自己愿意不惜生命代价以阻止赋予贱民（depressed classes）[1]独立选区的做法。这不是一时激动之下提出的，也不是一种华丽说辞，而是依照宗教精神做出的声明。

为了实现这个声明，我曾想回到印度动员公众尽可能地抵制贱民独立选区的安排，但却未能实现。

从我被允许阅读到的报纸看，我意识到英国政府可能随时会宣布他们的决定。刚开始时，如果英国政府的决定是要让贱民获得独立选区资格，我应该采取必要行动兑现自己的誓言。但我觉得，如果没有给英国政府预先通知就采取行动，那样就对他们不公平。尽管他们不会重视我的言论。

---

[1] Depressed classes，和 Dalits、untouchabilities、Scheduledcastes、outcastes 等词语一样，是对被排斥出种姓等级之外而遭到各种歧视的印度教贱民的不同称呼。——译者注

我无需重申对贱民独立选区的反对意见，我就像是他们中的一员。他们的立场不同于其他人。我不反对他们在立法机构的代表权利。我要帮助他们中的每一个成年人，无论男女都能够登记为选民，无论他们是何种教育程度、何种财产情况，即便他们的选举权审核比其他群体来得更严厉。但是在我看来，无论如何，从纯粹的政治角度看，独立选区对他们和印度教都不利。要理解独立选区对他们的危害，人们必须了解贱民在整个所谓的印度教社群的比重，以及他们对后者的依赖性有多大。至于印度教，独立选区犹如一把解剖刀，将让他们立即分崩离析。对我而言，关于这些阶层的问题主要是道德和宗教方面的。政治尽管重要，但是和道德及宗教问题相比，就显得微不足道了。

我从小就关注这些阶层的状况，并且不止一次地不惜一切代价捍卫他们，如果您记得这些，您就能理解我这种情感。我这么说不是为了自夸。我认为无论印度教徒怎么做，都无法弥补几个世纪以来贱民阶层被视为低等公民的苦难。独立选区并非补偿或改变他们长年以来遭受到的折磨的方法。

因此，我请您正告英国政府，为了反对他们关于给予贱民独立选区的决议，我将进行无限期的绝食（I MUST FAST UNTO DEATH）。

我痛苦地意识到，作为囚徒，我这样做将会置英国政府于非常尴尬的境地，也有许多人认为以我现在的位置采取这种在他们看来歇斯底里的手段是非常不恰当的。我要为自己申明的是，我所计划采取的这一个措施并不是一种手段，而是我生命的一部分。这个行动来自内心的呼唤，它让我不敢不遵从，哪怕以一生的清白的名誉作为代价。目前来看，即使我被释放出狱，绝食也势在必行。然而，我仍希望我的担忧是完全多余的，也许英国政府并没有打算为贱民设立独立选区。

196

也许我应该再谈谈另外一件让我不安，可能也会迫使我采取绝食的事——那便是正在进行的镇压方式。我不知道何时会受到这种打击，迫使我做出这种牺牲。在我看来，镇压已经超越法律的界限。政府的恐怖主义行动正在这片土地上蔓延，英国和印度官员都变得残酷无情。而后者无论官阶高低，为了政绩变得毫无道德可言，他们不再忠诚于人民，甚至对自己的朋友和亲人采取残暴的行径。人们遭到了恐吓，也被剥夺了言论自由。以法律和秩序的名义所采取的暴虐行为四处蔓延。那些出来参加公共事务的女性，不得不担心自己清白受到侮辱。

在我看来，正在发生的一切都是为了打压国大党所代表的自由精神。镇压不仅是为了惩罚对一般法律的文明抵制行为。它刺激着人们打破那些试图侮辱他们、正在形成的独裁秩序。

在他们所有的行径中，正如我所理解的，我看不到民主精神。最近的英国之行更坚定了我的看法，即你们的民主是肤浅的、狭隘的。在一些重大事件上，决定通常是由几个人或小团体在毫不知会议会的情况下做出的，而那些对情况不甚了解的议员却通过了这些决议。对于埃及问题、1914 年的大战以及现在的印度问题，都是如此。我完全反对在一个称之为民主的国度，一个人能拥有无限的权力来影响一个人口多达 3 亿的古老民族的命运，并且他的决定能够调动最具摧毁力的军队来强制执行。我认为这本身就是对民主的否定。因此，这种镇压终究会不可避免地恶化原本就不和谐的两个民族的关系。就我的责任和能力而言，我能做些什么呢？当然不是终止文明不服从运动，那对我而言是一种信仰。我自视是一位天生的民主主义者。我的民主观念是反对那些为实现目的而诉诸武力的行为。因此，文明抵抗是对一般认为是必需的或可以采取的武力的一种恰当的替代。它是一种自我承受的过程。在这个过程中，在某些情况下，文明抵抗者必须牺牲自我，甚至必须绝食至死。但是我认为那个时机尚未到来，我的内心没有感受到这种呼唤。但是外界发生的一切已经足以让我有所动摇。因此，除了写信告诉您我反对贱民独立选区决议以外，如果我不告诉您在不久的将来我或许还可能会再进行一次绝食，那么我对您就不是坦诚相见了。

毫无疑问，从我这方面看，我与您的所有通信都会绝对保密。

当然刚刚被一起监禁起来的萨达尔·瓦拉拜·帕特尔（Sardar Vallabhbhai Patel）和马哈德夫·德赛也知道了信件的内容。但是，您无疑可以任意处置我的这封信。

您的挚友

莫·卡·甘地

《马哈德夫·德赛日记》第 1 卷，第 323—326 页

67. 致拉姆塞·麦克唐纳 [①]

耶罗伐达监狱

1932 年 8 月 18 日

亲爱的友人：

塞缪尔·霍尔爵士应该向您和内阁出示了我于 3 月 11 日撰写的贱民代表权问题的信。请将它作为这封信的一部分，一起阅读。

我已经看过英国政府关于少数群体代表权问题的决议，我对之大不以为然。根据我写给塞缪尔·霍尔爵士的信，以及 1931 年 11 月 13 日在圣·詹姆斯宫圆桌会议有关少数群体委员会讨论会上发表的声明，我会用自己的生命来反对您的决议。我唯一能采取的方法就是绝食至死，只摄入水——盐水或是苏打水，绝食会一直持续下去，除非在绝食过程中，英国政府自愿或是迫于公众舆论压力修改关于贱民独立选区的决议和计划。他们的代表应该由普选产生，不论普选范围多广。

[①] 詹姆斯·拉姆塞·麦克唐纳（James Ramsay Macdonald，1866—1937），英国政治家；1893—1930 年独立工党的主要成员；1900—1911 年任工党秘书，1911—1914 年、1922—1930 年为工党领袖；从 1906 年开始成为议员；1924 年 11 月担任英国第一任工党政府首相兼外交大臣；1935—1937 年鲍德温政府时任最高法院院长。

如果决议不能按照上述要求修改，我的绝食将如期从9月20日正午开始。

我请求当局将这封信通过电报发给您，以引起您的足够重视。尽管采用了最慢的途径，我还是预留了足够的时间，以便您能收到这封信。

我也希望这封信和刚才提到的写给塞缪尔·霍尔爵士的信能尽快发表。我严格遵守监狱的规定，从未和别人交流过我的期望以及这两封信件的内容，除了我的两个同伴萨达尔·帕特尔和马哈德夫·德赛。如果可能的话，我希望我的信能够影响公众舆论。因此我才请求尽快发表这些信件。

很抱歉我做出这样的决定。但是作为一个有坚定信仰的人，我别无他法。正如我在信中对塞缪尔·霍尔爵士所说的，即使英国政府要释放我以免除尴尬，我还是会继续绝食，因为当前我不奢望能用其他方式抵制这一决议。除非以值得尊敬的方式，否则我不愿意谋求被释放。

或许我的判断是错误的，那种认为贱民独立选区对他们和印度教徒都不利的想法也许是完全不对的。如果是这样，那么我的人生哲学的其他方面也一并被否定了。那样的话我在绝食中死亡就是对我的错误的惩罚，它也减轻了众多像孩童般信任我的人的负担。但是如果我的判断是对的——尽管对此我从未怀疑过——那么我即将采用的措施，将是我履行从事了25年并且略有小成的生命使命的必要步骤之一。

您真诚的

莫·卡·甘地

选自《圣雄甘地名信集》，第103—106页

200

68. 致博学者马拉维亚吉

耶拉夫达中心监狱

1933 年 2 月 24 日

　　我收到了您的电报。您在电报中询问我是否可以发表这封信。其实在收到您电报的 48 小时之前我已经这么做了，所以并未发电报回复您。我想您一定看到出版的通知了。

　　从那之后，我并没有时间回电报给你，因为一直以来，我都在忙于《哈里真》的工作，直到这星期四晚上才有闲暇。

　　我希望您可以定期收到《哈里真》，虽然不知道您是否有时间翻阅。现在整个世界都知道我和您对于这些法案持有不同意见，我希望您可以按照自己的意见重新审视整个局势。

　　您认为不需通过立法，仅仅通过协商就能让婆罗门主义者（Sanatanists）和改革者^①达成协议。我对此表示怀疑。即便婆罗门主义者和改革者真能达成协议，允许贱民进入公共庙宇，但是这个协议也不能违反不允许贱民进入公共庙宇的法律。

---

① 婆罗门主义者为守种姓陈规，坚持对贱民采取社会隔离和歧视措施的传统主义者，而改革者则主张种姓中对贱民的一系列隔离和歧视必须予以废除。——译者注

因此，除非修改法律，否则我无法摆脱这个非常艰难的道德难题，我们无法保证孟买决议中所宣布的誓言能够得到切实地实施。我们不能以这个法律为由，声称自己无能为力——当我在拟定关于庙宇的决议时还不知道这个法律的存在。我想您应该知道这个决议最初是由我拟定的。尽管之后我们做出了一些改变，但是我的决议草案的精神仍然完整地保存了下来。

　　因此，我建议为了您和我视之尤比生命重要的信仰，请您务必考虑我在这里所提及的道德难题。我有必要重申一次，尽管我在《哈里真》发表的文章中的最新观点与您不一致，但这丝毫不会减少我对您的崇敬之情和友善之意。

您真诚的

莫·卡·甘地

致博学者马拉维亚吉

选自照片复制件：S.N.20348

69．致孟买政府秘书长（内政部，浦那市）

艾哈迈达巴德

1933 年 7 月 26 日

尊敬的先生：

  我自 1915 年回到印度所做的第一件有建设性意义的事情就是成立以服务真理为目的的真理学院。生活在真理学院的人崇尚真理、非暴力、禁欲、素食、清贫和无畏；废除贱民制度和以生产印度土布为中心的司瓦德西运动、尊重所有宗教和体力劳动者。现在真理学院的所在地是 1916 年购买的。它现在所有的运作主要依赖于大家的劳动，但它仍需给予常规的工资来雇佣劳力以补充劳力不足。它的主要活动包括：乡村式的而非借助于大型机械的手工土布生产，乳制品、农业、科学普及以及识字教育。目前真理学院共有 107 人（42 个男人，31 个女人，12 个男孩和 22 个女孩），这个数字不包括被监禁和出门在外的人数。到目前为止，已有将近 1000 人接受土布生产训练。据我所知，他们大多数人从事着有用的建设性计划的工作，并且靠着自己诚实的劳动维持生活。

  真理学院是一个已经注册过的信托机构。我们对每一笔开销都进行严格记录，因为虽然我们试图让所有的部门都能实现自给自足，但是目前为止，我们仍需接受朋友们的捐赠以便实现运作。经验告诉我们，只要它仍是个教育服务机构（从广义上来说），它就非但不收取学员费用，而且还为学员提供衣食住行，这样就不能做到完全自给自足。

真理学院拥有的不动产价值约36万卢比，动产则包括超过30万175卢比的现金。真理学院不从事任何所谓的政治活动，但是它坚信在特殊情况下，采用不合作、文明不服从措施是追求真理和非暴力思想不可或缺的组成部分。所以，真理学院的近80位成员游行至丹迪（Dandi），发起1930年的文明不服从运动。

在当前的时局下，真理学院有必要做出更大的牺牲：一方面，殖民政府的恐怖统治日益猖狂；另一方面，民众的不道德行为也与日俱增。

以下是自我停止绝食以来所观察到的一些现象：

1. 在印度的许多地方，警察使用酷刑试图镇压一些个体的文明抵抗者；

2. 女性遭到了侮辱；

3. 民众几乎已经不能自由活动；

4. 在印度许多地方，国大党党员几乎不能在乡村开展工作；

5. 在许多看守所和监狱里，被扣押的文明抵抗者受到侮辱和殴打；

6. 许多不合理的高额罚款出现了，大量的违规现象死灰复燃；

7. 未缴税或者未付租金的农民遭到了过度的惩罚，目的在于恐吓他们及其邻居；

8. 公共媒体噤若寒蝉；

9. 简言之，在全国各地，有尊严的自由被践踏到无以复加的地步。

毫无疑问，上述这些情况会被政府否定，或通过官方解释而抹杀掉。当然，这当中无法排除夸大的可能。但是我和很多国大党党员相信，这些情况是确实存在的，并且因此需要我们行动起来。

所以，纯粹的监禁产生了一定的效果。再者，我很清楚地意识到，如果真理学院不停止参与这个运动，我们所进行的大规模的建设性活动就不能安然无恙地继续下去。但是这样做，将违背我们真理学院的理念。我一直希望真理学院可以和它的参加文明抵抗运动的成员共同进退。并且，虽然国大党的目标还需要很长的时间才能实现，但是在不久的将来，殖民政府和国大党势必取得令人可敬的和平。然而，不幸的是，总督阁下拒绝了我通过国大党提出各种改进建议，这表明了殖民政府并不想寻求或者希望和平，它需要的仅是这个最大的，也是受到最广泛认可的（如果说不是唯一被公众认可的）政治组织的无条件服从。但这是不可能的，只要国大党坚持相信它目前的领导者。因此，斗争会持续更长时间，人们需要做出较以往更大的牺牲。于是，作为这个运动的发起人，公众自然地就期待我能做出最大牺牲。而我所能提供的就只是我的至亲至爱的人们，以及我和真理学院的同志们这18年以来呕心沥血、倾尽全力的结晶。这里的每头牛、每棵树都有自己的历史和神圣的经历，它们都是大家庭中的一员。那一片曾经普遍贫瘠的土地，在人们的辛苦劳作下，已经成为一个花园般的聚居地。现在要解散这个家庭，放弃其一切活动，这不禁让人潸然落泪。我跟真理学院的许多成员都虔诚地讨论过，他们不论男女，都一致同意放弃目前学院的活动。那些有能力的人愿意在休整期结束后，进行个人的文明不服从运动。

在这里再谈件事情也许并不多余，过去两年真理学院拒绝缴税，因此被没收并售卖了很多价值不菲的物品。对于这个程序，我毫无怨言。但是在这种不稳定的情况下，去经营和管理这样一个伟大的组织，那绝对没有乐趣或什么利益可言。我很清楚地意识到一个国家，不管它公正与否，不管它是在公众或外国人控制下，任何公民只要与它发生冲突，随时都会被剥夺财产。因此，在这种情况下，在这样的一场旷日持久的冲突中，我似乎只能谨慎地判断，发生这一切是不可避免的。

虽然真理学院的解散已成定局，但是我们希望它的一切都能用于公共用途。因此，不管什么原因，除非政府想占有包括现金在内的动产，否则我提议将这些东西转交给愿意接收这些东西，并愿意将它们用于公共利益的朋友手里。所以，土布库存和作坊里的物品，还有纺织棚都将转交给全印纺织工人联合会，这样就能继续生产土布。其他包括奶牛在内的所有牛将转交给保护奶牛协会（Goseva Sangh）的代表，由此继续生产乳制品。图书馆或许也会转交给愿意接手的机构。来自各方捐赠的金钱和物品，将会退还给他们，或者将这些东西交由愿意保管的朋友。

接下来还有土地、建筑和庄稼的问题。我建议政府接管并自行处置这些财物。我也乐意将这些转交给一些朋友，但我恐怕不能和他们一起分担应缴的税收。当然，我不能将这些财产交给一起参加运动的同伴了。总而言之，我希望一切土地、建筑、珍贵树种和庄稼都能得到很好的利用，而不是像我看到的许多例子一样荒废掉。

有几家贱民居住在真理学院的一块土地上。他们一直以来都没有被课以任何租金，我无意邀请他们参加文明抵抗运动。现在他们将被要求象征性地每年付1卢比租金给真理学院的托管者，并且缴纳由此产生的税费。

如果出于某些原因，政府拒绝接管上述财产，在休整期结束后（也就是7月31日）真理学院的伙伴们将会尽快撤离出来——除非政府另外安排一个日期。我恳请您发个电报对此进行回复，这样至少当政府想要占有这些动产而我必须搬走时，我能够及时地搬走。

您忠诚的

莫·卡·甘地

选自照片复制件：S.N.21535

70. 致特吉·巴哈杜尔·萨普鲁爵士 [①]

真理学院，

瓦尔达

1933 年 9 月 30 日

尊敬的萨普鲁先生：

非常高兴收到您的来信。当然，我知道您为什么没有给我写信。我丝毫不愿掩饰，自己之所以期盼您的来信，原因就在于对一种感情和珍视的期待。

我正在努力恢复自己消逝的力量，它正在慢慢地复原中。

我正在全力以赴推翻对贱民的传统偏见。我非常赞同您的"我们对贱民的态度是我们品行中的最大污点"的观点。在这个问题上，我可以依靠您全心全意的帮助，但是我不希望您在回信中只谈贱民问题。您也许对任何政治活动或者讨论并不热心，但是我相信，您不会拒绝给朋友提供宝贵的意见和指导，以及成熟的经验。不管我们看起来有多么的不同，但是我非常尊重您和您的意见。因此，我希望您能

---

① 特吉·巴哈杜尔·萨普鲁（Tej Bhadur Sapru，1875—1949），著名律师，立宪主义者，政治家。1920—1922 年间担任总督委员会的立法成员，并分别在 1923 年和 1927 年担任自由联盟的主席。

够简单地告诉我您在伦敦的经历和您对这些经历的看法。在此送上我
和贾姆纳拉吉先生对您的祝福。

您真诚的

莫·卡·甘地

特吉·巴哈杜尔·萨普鲁爵士

阿拉哈巴德

阿尔伯特路 19 号

选自照片复制件：S.N.29503

71. 致卡尔·希思 [①]

瓦尔达，
1934 年 12 月 10 日

亲爱的朋友：

我已收到您 11 月 19 日的来信。尽管有查理·安德鲁斯的帮助，我还是未能理解信中的内容。

我毫不犹豫地赞同您的观点，即应当公正、创造性地解决当前的僵局，而不是采取强制性的措施。换言之，要达成一项对两国都体面的协议。印度人民和兰开夏郡人民都处于水深火热之中。把两者相提并论不是因为两个地区人民受苦的原因一样，我个人坚决反对此类观点。印度人民受难是他国强加的，而兰开夏郡人民受难是世界的局势和其自身目光短浅及自私造成的。1931 年在伦敦时，我曾明确提议通过印度的帮助解救兰开夏郡人民。这个提议就是，如果英印两国达成自由解决方案，那么很有可能签订互惠国条款，因为印度需要进口外国布匹补充国内布匹生产，无论是乡村纺车还是纺织厂生产的布匹

---

① 卡尔·希思（Carl Heath，1869—？），全国乃至全世界很有名的贵格会教徒之一；1919—1935 年任教友会秘书；印度调解会（Indian Conciliation Group）主席。

都不能满足需要。但是我的提议无济于事。我不知道现在这个提议还有多大的可行性，因为在圆桌会议之后很短的时期内，虽然印度仍需要向英国和日本进口高档印花棉布，但是它在组织生产布匹满足本国需求方面取得了长足的进步。然而，关键的问题不是兰开夏郡如何将印花棉布运往印度，而是整个英国如何在印度取得完全的政治和经济自由之后从中获得各个方面的好处。越是研究印度农村，我越强烈地认识到，如果印度可以摆脱束缚其发展的障碍，完全可以成为自食其力的国家。

您信中的最后一段似乎暗示印度不再有压迫。但我要告诉您，压迫无处不在，人人可见。就我所知，没有一条压制性的法律被废除。媒体遭封杀，孟加拉和边境省（Frontier Province）的人不能自由活动。如果您没有耳闻监禁和警棍袭击，那是因为文明不服从运动被终止了，而且为了进一步宣传非暴力精神，国大党也决定屈服于压制性的法律，这也是目前人们所能做的。比这一切有过之而无不及的是，（英国的）议会委员会（Parliamentary Committee）提议制定新的宪法。我读了这个提议，它是对自由的公然否定，令人发指，无以复加。我宁愿维持现状，而不愿看到印度面临英国强化控制的重压。我的忍耐力正受到空前的考验，超乎我的能力之外。我去往边境省的道路也被阻塞了。

但是，尽管阴霾笼罩，我心永不绝望。我相信有一种仁慈的"力量"[①]存在，它能推翻和颠覆人类一切计划，在混乱中获得秩序，在独裁者的统治中拨乱反正。

印度终将独立，但获得独立的条件是其子民通过不懈的努力，证

---

① 从上下文看，此文指的是神意。

明自己配享有这份自由。我们要不遗余力地证明自身的价值，我相信
您作为调解会的一员会尽力帮忙找到一个公正的解决方法。

您真诚的

莫·卡·甘地

卡尔·希思先生阁下

印度调解会

朋友之家

尤斯顿路

伦敦，N.W.1

选自照片复制件：S.N.22641

72. 致卡尔·希思

瓦尔达，

1935 年 1 月 3 日

亲爱的朋友：

感谢您上月21日的来信。米拉班和马哈德夫读了您的上一封来信，后来安德鲁斯也读了。他们的意见和我一致。当然，我会毫无保留地接受您的纠正，但我只想说，经过再三拜读您的来信后，我才给您写了这封回信。安德鲁斯也看了这封回信，他觉得没有需要修改的地方。

毋庸置疑，您知道压制性法律的存在。但您之前不知道，现在也不知道这些法律的继续存在对我们过去和现在意味着什么。来自莫得·罗伊登（Maude Royden）博士的消息，意外地证实了这一点。据报道，她在卡拉奇曾说，她与印度非常有头脑的妇女一起相处两三天里所听到的神奇事情，每天的报纸或其他渠道都有报道，但英国人对此竟然毫无所知。安德鲁斯可以给你提供他在孟加拉的亲身经历予以佐证。

您似乎将取消即将出台的法案视为灾难。但在我看来，即使在最后一刻取消，对英国和印度来说，都是莫大的福祉，原因很简单，面对印度人民一致反对仍坚持实施该法案，意味着英国议会的顽固态度，以及对印度公共舆论的全然蔑视。我希望您看过已退休的尊敬的萨斯特里阁下的激烈抨击，他曾经深受印度政界青睐和信任。发表同样言论的还有被视为温和派代表的钦塔马尼（C.Y.Chintamani）阁下。他也时不时地用犀利的言辞谴责国大党的态度。

简单地总结下我对J.P.G报告[①]的反对意见。我读了该报告和白皮书，内容差不多一样。虽然该报告里面也许有新的东西，但算不上是什么进步。相反地，它是压垮自由派的最后一根稻草。他们曾殷切地期盼，在阿加·汗（Aga Khan）领导下签署的联合备忘录会受到联合议会委员会的认真考虑，他们也期盼，如果备忘录中的所有提议不被委员会接受，至少部分提议会被接受。但该备忘录仅仅被礼貌性地提了一下就被轻蔑地抛弃了，这是对萨斯特里阁下后面这番话的曲解："不，先生，自由党不可能提供合作。与值得信任的朋友合作是值得的，但是与那些不信任我们，不在乎我们的观点和需求，甚至违背我们的意愿制定宪法的人合作还有必要吗？这简直是自取灭亡。"

总结

1. J.P.G报告中未提及宪法应当有这样一个条款，即规定自动过渡到完全独立的目标，或者规定印度当选代表所想要的其他目标；

2. 拟定中的宪法会给印度带来比现在更大的财政困难，没有经济和政治进步的希望；

3. 在中央，税收的80%不在公众的掌控之中；

4. 公众不能控制军事，无论是军事政策还是军费开支；

5. 公众不能掌管货币和外汇；

---

① J.P.G是一个简写，意为英国国会上下院联合委员会关于印度政府改革的报告。

214

6. 即使规定财政部长掌控剩余的 20% 税收，他也需听命于总督；

7. 报告中暗示的省际自治完全有名无实，因为省督权力太大，可以为所欲为。英国人若认为从过去的殖民经验推断这些权力很少被执行，就大错特错了。印度过去的历史证明正好相反；

8. 责任部长甚至无权调派任何成员，不管是印度的国家公务人员还是省级公务人员；

9. 所谓的"自主"的立法机关没有权力修改《警务法》甚至《警察条例》（Police Regulations）；

10. 英国的殖民压榨变本加厉。

综上所述，考虑前述所有反对意见，其影响不可低估，给人留下不可磨灭的印象，那就是虽然现存宪法很糟糕，但新的宪法程度更甚。再者，一旦新宪法通过，在未来几年里消除其带来的影响非常困难。

要通过反对意见，必须考虑到，新宪法将施加在已经怨声载道的受压迫的民众身上，这也许在印英历史上无法比拟。我绝不是信口雌黄，因为我清楚地记得嘉里安瓦拉花园惨案的悲剧。我读了凯耶（Kaye）和马勒森（Malleson）写的被称为 1857 年印度民族起义（Sepoy Revolt）的有关著作，那些悲剧让人毛骨悚然，就像一把出鞘的剑，充满杀气。压迫就像戴着手套的拳头，但比剑更加致命。

您可以随意使用这封信，没有其他人为我这封信的言论负责。除了马哈德夫、米拉班和打字者，没有其他人看过这封信。

我的文字似乎有点尖酸刻薄，但我提醒你不要曲解。我说的话都是事实，是我亲身感受到的事实。但这并不是事实的全部。如果我有时间和能力给您呈现全部事实，情况会更糟。

然而，尽管我看到了黑暗，但我不怨恨任何一个英国人。我相信英国部长们认为他们所采取的政策是诚实的，是对印度有利的。他们真诚地相信，英国在印度的统治整体上对印度有利。他们真诚地相信，在英国的统治下，印度取得了经济和政治进步，如果印度接受她的大多数知识分子所希望的宪法，那将是印度的灾难。要反对一个真诚的信念很难，无论它错得多么离谱，在我看来，我们现在遇到的情况就是如此。不过，对任何人的真诚信念大动肝火，同样是大错特错。因此，我强烈坚持我在前面的总结中所表达的意见的同时，希望您相信我给您做出的保证，神灵保佑，我绝不会在愤怒和匆忙中采取任何措施。

我已经从国大党退休，虽然原因有很多，但是，最主要的是我不想对政府的政治举措发表任何意见。我想通过独自的努力，探索尚未被发现的非暴力的可行性。不管在何种情境下，我做的每一步都是为了这个目的。现在的困难在于，我必须努力理解目前还未参透的事物所蕴含的终极真理。经过艰苦的努力，我认识到了，如果要全面地获得真理，只能通过在思想、言论和行为上采取非暴力的方式。不知道这种探索会领我走向何方，而我本人也不想过早地知道。因此，我会慢慢等待神灵给我明示，如果您或者任何朋友能在探索中提供帮助，我将不胜感激。

您真挚的朋友

莫·卡·甘地

卡尔·希思阁下
伦敦

选自照片复制件：S.N.22642

216

73. 致卡尔·希思

瓦尔达，

塞瓦格拉姆，

1941 年 1 月 25 日

亲爱的朋友：

感谢您的来信。信中未提及我对您之前电报的回复。我在 1940 年 10 月 27 日的电复内容如下：

"所有的努力都白费了，印度的情况完全不同。媒体不敢说话，《哈里真周刊》（*Harijan Weeklies*）被停办，非暴力最低要求的文明不服从被限制。"

后来我又电复了您上个月（12 月）最后一个星期的一封信，内容如下：

"M.P.S. 的信否定了事实，使得坦诚公开的对话变得不可能。愿神灵与我们同在！"

我理解您的观点。教友派（Quaker）的态度事关个体，而国大党的态度关乎一个庞大的组织。作为一个以非暴力为基础的机构，国大党不可能对不同种类的暴力进行区别对待。我认为英国使用德国式的野蛮方法战胜德国，其实对世界没有任何好处。国大党最终面临的问题是如何废除使用武力，伸张正义，不管在人与人之间，还是国家与国家之间都需要这么做。印度通过非暴力为自由而战，蕴含着普世价值。

您准确地发现了国大党在浦那决议态度上反映出来的缺陷。就是在这个时候因为这个原因，我停止为国大党提供指导，并拒绝参加国大党的计划。国大党通过后来的孟买决议回到了以前的立场，我又撤销了之前的反对意见。在我看来，这明确无误地表明，国大党不可能在任何情况下都坚持非暴力，但这并没有损害它的声誉。它的政策就是真理和非暴力，因此最重要的是，它必须诚实。所以，当它发现浦那要求遭到蔑视后，国大党又回到原来的立场，并邀请我领导文明不服从运动。我毫不犹豫地答应了，因为我知道印度民众的思想在本性上是非暴力的。您似乎也没有注意到这个事实，即若不是我的弱点，浦那决议不可能通过，我在《哈里真》上坦承了这一点。

我的经历告诉我，国大党对非暴力的信念在逐渐增长，虽然有点慢。如果我不能抓住正确的时机通过国大党表达非暴力信念，那么我就是一个不称职的非暴力的倡导者。

国大党反对帝国主义，同样也反对纳粹主义。如果政府没有草率地禁止国大党的反战活动，也没有宣称国大党亲纳粹，那么他们本来可以轻而易举地要求整个印度反对纳粹，包括追随国大党非暴力的那部分人，也包括那部分相信使用暴力的人。倘若没有发生这样的事，就可以避免很多苦难，世界也可以从宽容的教训中受益，道德舆论也会站在英国这一边。亡羊补牢，为时不晚。

然而，不管是否承认并改正这个错误，国大党的事业是非常清楚的。不管直接结果是什么，只要信念本身是道德的，就必须去追求。

道德的手段本身就是目的。难道美德本身不就是回报？

您真挚的朋友

莫·卡·甘地

致友人卡尔·希思

怀特温丝

马诺尔路

吉尔福特，萨里郡

选自复制照片：S.N.22663

74. 致真纳

亲爱的真纳先生：

博学者尼赫鲁昨天告诉我，您向大毛拉阁下抱怨我没有回复您在11月5日对我10月19日的信件回信。我是在加尔各答病情严重之际收到您的来信的。

信件在收到3天后才转到我手里。如果我认为有必要回复的话，即使我在病床上也会回信的。我再次读了此信，仍然觉得没有什么可以回复的。但是某种意义上，我又非常高兴您等待我的回复，我现在就回复您。凯尔（Kher）先生明确告诉我，您托他给我捎来口信，我一个人的时候他转达给了我。我本可以给您口信，但为了真实反映我的思想状态，就给您写了便条。便条里的内容没什么可隐藏的，但我当时感到，现在依旧认为，您处理它的方式让我感到惊讶和难过。

您抱怨我的沉默。在便条里我已经清楚地解释了沉默的原因。请相信我，一旦我能为印度教徒和穆斯林两个群体的和睦友好做些贡献，任何东西都不能阻止我。您似乎否认您的演讲其实是在宣战，但您后来的公告也证实了我的第一印象。但感觉的事，我如何证明呢？

在您的演讲中，我看不到 1915 年那个民族主义者的形象，那时我刚从南非的"自我放逐"中回来。人人都说您是坚定的民族主义者，是印度教徒和穆斯林的希望。我想请问，您还是之前的真纳先生吗？

尽管您发表了这样的演讲，如果您说您还是之前的真纳先生，我还是会相信。

最后，您希望我提出一些建议。除了跪求您不要变心以外，我还能提什么建议呢？但是，构成两个群体团结的基础的建议必须由您提出。

这封信也是仅供您阅读，不做公开发表用途。我是作为您的朋友，而不是敌人写下这封信的。

您真挚的朋友

莫·卡·甘地

《圣雄甘地名信集》第 108—109 页

75.致真纳

1944 年 9 月 22 日

敬爱的领袖（QAID-I-AZAM）：

您昨日（本月 21 日）的来信让我深感不安，因此我觉得我应该推迟到我们照常会晤之后再给您回信。虽然我在会晤中没有提出进一步的举措，但我认为我还是清楚地明白了您的用意所在。对两个民族理论，我越思考越觉得它令人担忧。您给我推荐的那本书对我没有任何帮助。书中的内容半真半假，结论和推论都没有根据。我无法接受印度的穆斯林是一个有别于印度其他民众的民族这一观点。强词夺理并不能构成证据。接受这一观点的后果是极其危险的。一旦这个观点被认可，就无法限制将印度划分成无数区域的要求，这会将印度引向灭亡。因此，我曾提出一条出路。如果必须要划分的话，那就像两兄弟分家一样。

您似乎不赞成公民投票。虽然穆斯林联盟的重要性众人皆知，但必须要有证据清楚地表明受其影响的地区的民众渴望分裂。我认为，所有居住在这个地区的居民应该对这一分裂问题专门表达自己的意见。成年人投票是最好的方法，但我也接受其他类似的方法。

您草率地反对两个群体之间具有共同利益的观点。我不能赞成这样的分裂，即不同步保护双方的共同利益，诸如国防和外交等。如果不承认源于毗邻而居的相互责任，那么印度人民就没有安全感。

您的来信显示了我们之间存在着巨大的意见和看法分歧。因而，您坚持您一贯的观点，认为 1942 年 8 月的决议是"与印度穆斯林的理念和要求相违背的"。但这种以偏概全的言论是没有证据支撑的。

我们之间好像在绕圈圈，毫无进展。我已经提出了建议，我希望如果我们要达成一致，可以邀请第三方或者多方斡旋，甚至仲裁。

您真挚的朋友

莫·卡·甘地

《甘地与真纳会谈记录》第 22 页

76. 致真纳

亲爱的领袖：

　　昨晚的讨论不欢而散。我们的讨论和信件往来就像在两条平行线上，从不会达成共识。昨晚我们甚至走向破裂的边缘，不过感谢神灵我们不愿意就此分道扬镳。我们恢复了讨论，并为了我的晚间公共祈祷暂停了讨论。

　　为了消除在这个重大问题上出现失误的一切可能，我希望您以书面形式确切告诉我您希望我在什么问题上签名。

　　我坚持认为，在这个阶段，我们可以请求外界的帮助。

您真挚的朋友

莫·卡·甘地

《甘地与真纳会谈记录》第 25 页

76A. 真纳的来信

1944 年 9 月 23 日

亲爱的甘地先生：

　　您 9 月 23 日的来信已收到。我能否恳请您查看我对您 9 月 22 日来信的回复？它可以看作是对今天来信的回复。我没有什么新的内容需要添加，但我要说的是，那封信并不是请求您代表任何人签字，除非您具备代表能力并被赋予这样的权力。正如我之前说过的，我们支持 1940 年 3 月拉合尔决议（Lahore resolution）中蕴含的基本原则。我再次呼吁您修改您的政策和计划，因为这块次大陆的未来和印度人民的福祉要求您面对现实。

真纳

《甘地与真纳会谈记录》第 25—26 页

77. 致真纳

1944 年 9 月 24 日

敬爱的领袖：

我收到了您 9 月 23 日针对我 9 月 22 日和 23 日去信的回复。

在您的帮助下，我正在探索达成协议的各种可能性，以合理满足穆斯林联盟拉合尔决议中所提出的要求。所以，您不要担心 8 月决议会阻碍我们达成协议。这个协议是解决印英两国的问题，不会阻碍我们之间达成协议。

我仍旧相信，印度不应该被看成两个或者更多国家，而是一个有很多成员的大家庭，包括穆斯林生活的西北部，如俾路支斯坦、信德、西北边境省，也包括旁遮普省中穆斯林占绝大多数的地区，以及孟加拉和阿萨姆穆斯林占绝大多数并渴望与印度其他地方分离的地区。

虽然在总体基本原则上我与您有分歧，但是我可以向国大党和全国建议接受 1940 年穆斯林联盟拉哈尔决议中所包含的分离要求，但前提是在我提出的基础和条件下：

这些地区应该由国大党和穆斯林联盟批准的委员会来划界。这些划界地区居民的愿望应该通过该地区成年人投票方式或者通过某种类

226

似方式得以确认。

如果投票结果赞成分离，就应当在印度获得独立后同意尽快在这些地区组成一个独立的国家政权，从而可以组成两个自主独立的国家政权。

还要签订一份分离条约，规定如何有效和令人满意地管理对外事务、国防、国内通信、海关、商贸等，这些必须继续作为签约双方的共同利益考量。

条约还要有相关条款来保证两国少数群体的权利。

一旦国大党和穆斯林联盟接受该协议，双方应该制定共同行动路线，争取印度的独立。

然而，穆斯林联盟将保持自由，可以置身国大党发起的但穆斯林联盟不愿参加的任何直接行动之外。

如果您不同意这些条款，那么能否请您准确地告诉我您希望我接受拉合尔决议中的哪些条款并向国大党建议？如果您愿意这样做，我就可以知道，除了方法不同，我能同意哪些具体条款。在您9月23日的回信中，您提到"拉合尔决议中蕴含的基本原则"，并要求我接受。

但这没有必要，因为我已经知道接受它的具体后果。

您真挚的朋友

莫·卡·甘地

《甘地与真纳会谈记录》第25—27页

78. 苏巴斯·钱德拉·鲍斯的来信

吉尔格拉，

1939 年 3 月 31 日

亲爱的圣雄先生：

……如果您能告诉我您对潘特决议（Pant's resolution）的看法，我将感激不尽。您处于非常有利的地位，可以冷静地观察事物，当然了，前提是您掌握了整个特里普里事件（Tripuri）的来龙去脉。从报纸上的报道来判断，目前为止拜访过您的人中大多数都属于同一派，即支持潘特决议的那一派。但是，这没有什么关系。不管来拜访您的人是谁，您可以轻而易举地对事情做出正确评判。

您能够想象得到我对潘特决议的态度。但是，我个人的感情无关紧要。在公共生活中，我们的个人感情不得不经常服从于公共的需要。正如我在前面的一封信中讲到的那样，不管人们如何从纯立宪的角度来看待潘特决议，既然国大党已经通过了它，那我就有义务服从它。现在，您认为该决议是对我的不信任决议吗？您认为我应该由此而辞职吗？您在这件事上的判断将对我产生很大的影响。

***

在这封信里，我还要提到另外一件事，即我们的方案问题……几

228

个月以来，我一直跟朋友们说，今年春天欧洲将会有一场危机，并且将持续到夏天。国际形势以及我们在国内所处的地位都使我相信，在大概8个月之前我们提出完全独立（Purna Swaraj）的时机就已经到来。……由于这些原因和其他原因，我们应不失时机地以最后通牒的方式向英国政府提出我们的民族要求。如果您能这样做，同时也为即将来临的斗争做准备，我敢肯定我们能够很快赢得完全独立。英国政府要么和平回应我们的要求——要么，斗争真的在目前形势下发生，那也不会是一场持久战。我对此很有信心，也很乐观，我想如果我们鼓起勇气奋力前进，将在至多18个月内获得独立。提到这点我心潮澎湃，并准备为此做出牺牲。如果您发动斗争，我将尽最大能力，非常高兴地帮助您。如果您认为国大党在另一位党主席的带领下能够更好地战斗，那么我愿意退位让贤。如果您认为国大党与您挑选的工作委员会能更有效率地作战，我会欣然接受您的建议。我所期望的只是在这个关键时刻，您和国大党能够挺身而出，继续为独立而战。如果不求闻达能够促进国家大计，我非常郑重地向您保证我已经准备好完全隐退。我想我对祖国的爱足以让我做到这一点。

您最近组织各邦人民斗争的方式，我并不感兴趣，请原谅我这样说。

***

可以说，很多像我一样的人不会对拉奇科特（Rajkot）方案表现出热情。我们以及民族主义报纸都把它称作一次伟大的胜利——但我们从中赢得了多少呢？莫里斯·格怀尔（Maurice Gwyer）爵士既不是我们的人，也不是一个独立的代理人。他是一个政府人员。让他当裁判有什么意义呢？我们希望他的判决将会对我们有利。但是考虑到他鼓吹反对我们，我们将会处于什么样的境地？我的这封信太长了，因此不得不就此搁笔。如果在您看来，我说的话有什么错误的地方，我希望您能原谅我。我知道您一直喜欢别人坦率公开地说话。这就是让我有勇气写这封直率的长信的原因。

　　致礼。

您亲爱的，

苏巴斯

　　　　　　　　　《领导者苏巴斯·钱德拉·鲍斯》，第 60—62 页

78A. 致苏巴斯·钱德拉·鲍斯

比尔拉馆，

新德里，

1939 年 4 月 2 日

亲爱的苏巴斯：

我收到了您 3 月 31 日和之前的来信。您真的很坦率，我喜欢您的信，因为您清楚地阐明了您的观点。

您的观点似乎与其他人和我的观点完全相反，我找不到这两种观点的共同之处。我认为这类思想应该能够在全国人民面前毫不含糊地得以表达。如果这真的可以做到，我看不出来，这种"内战"会带来什么痛苦的后果。

我们意见不同并没有错，错就错在彼此不尊重和不信任。这会随着时间的推移得到缓解，因为时间是最好的良药。如果我们真的实现了非暴力，就不会有内战，更不会有痛苦。

考虑到所有因素，我认为您应该马上组建完全代表您观点的内阁，清楚地制订您的计划，并在即将到来的全印国大党委员会上提出它。如果委员会通过该计划，那么一切都会一帆风顺，而且您务必继续保证该计划不受少数人的阻挠。如果此项计划不能通过，您必须辞职，让委员会选举自己的主席。到时您就得按照自己的方法教育国人。我提出这个建议与博学者潘特的决议无关。

我的声望并不重要。它有自己独立的价值。当我的动机遭受怀疑，或者我的政策或计划被国家抛弃，那声望就不复存在了。印度的兴衰与其数百万民众的素质息息相关。不管地位多高，个人无关紧要，除非他代表了千百万民众的意愿。因此，让我们不要考虑声望吧。

您认为国家从来都没有像现在这样非暴力，我完全反对您的观点。我从所呼吸的空气中闻到了暴力气息。但是暴力已经换了一种微妙的形式，我们彼此的互不信任就是一种糟糕的暴力形式。另外，印度教徒和穆斯林之间日益扩大的隔阂也同样说明了这一点。对此，我还能举出很多例子。

关于国大党的腐败程度这一点，我们似乎有分歧。我的印象是，腐败正在与日俱增。过去的很多个月以来我一直请求对此进行全面审查。

在这些情况下，我看不到发动群众性非暴力行动的气氛。一个没有有效制裁的最后通牒不但没有效果，反而更加糟糕。

但是我已告诉过您，我是一个老人，也许会变得小心翼翼和过于谨慎，而您风华正茂，有着年轻人无所顾忌的乐观。我希望您是对的，我是错的。我坚信，今天的国大党不能履行诺言，也不能发动名副其实的文明不服从运动。因此，如果您的预言是对的，那我就真是落伍了，做不了萨提亚格拉哈运动的领袖了。

我很高兴您提到了拉奇科特小事件。尽管我们看待事情的角度不同，但您提到这个问题让我长长地松了一口气。我对自己所采取的有关措施并没有感到后悔。我知道它产生了全国性的影响。为了拉奇科特，我没有停止其他邦的文明不服从运动。然而拉奇科特开阔了我的眼界，为我指明了道路。我来德里不是为了我的健康，我正不情愿地在德里等待首席法官的决定。我认为自己有责任留在德里，直到总督上次给我的电报中宣告的措施都能最终得到落实为止。也许我并没有冒险。如果我邀请"至高无上的权力"来履行职责，我一定会在德里保证职责得以完全履行。我并不觉得委派首席法官来解读文件有什么不妥的地方，而文件的意义受到了撒克（Thakor）阁下怀疑。顺便提一下，莫里斯爵士将受总督委托，以一名训练有素的法律专家的身份来审查这份文件，而不是以首席法官的身份。我接受了总督的提名担任法官，我认为这是明智之举，也合乎情理，更重要的是我在这件事上增加了总督的责任。

尽管你我观点截然不同，但我十分肯定我们的私人关系没有因此受到丝毫影响。如果你我的关系真的像我相信的那样是发自内心的，它们定不会受到这些分歧的影响。

爱你的，

巴布

《领导者苏巴斯·钱德拉·鲍斯》，第 63—65 页

79. 致希特勒先生

瓦尔达，

中央省，①

印度，

1939 年 7 月 23 日 ②

亲爱的朋友：

朋友们一直催促我为了全人类给您写信。但是我都拒绝了他们的请求，因为感觉我的任何来信都是莽撞无礼的。有某种声音告诉我，我一定不能计较，而且我必须呼吁任何值得呼吁的东西。

很明显，如今您是世界上唯一一个能停止战争，阻止人类陷入凶残野蛮境地的人。您必须为了一个在您看来似乎有价值的东西付出这样的代价吗？您会听取一位有意致力于避免使用战争方法而并非没有重大成就的人士的呼吁吗？不管怎样，如果我写信给您是一个错误，

---

① 瓦尔达是当时英印帝国的中央省的一部分，现为马哈拉施特拉省的一部分。——译者注

② 此信写于二战全面爆发（1939 年 9 月 1 日）前夕，但希特勒已经侵占了奥地利、捷克斯洛伐克等国。——译者注

我期待您的谅解。

我依旧是您忠诚的朋友

莫·卡·甘地

希特勒先生，

柏林，

德国

来自照片复制件：S.N.23126

80. 致每一位英国人

（1940 年 7 月 3 日，甘地发布了他著名的呼吁）

致每一位英国人：

    1896 年，我曾代表在南非务工和做生意的印度同胞及其助手，向每一个南非的英国人发起了一份呼吁。这份呼吁效果明显。在我看来，不管它有多重要，相比激起现在这份呼吁的原因，我当时提出呼吁请求的原因是微不足道的。我呼吁每一个英国人，不论你现在身在何处，请接受非暴力的方法，而不是通过发动战争的方法来处理国与国之间的关系及其他事宜。你们的政治家已宣称这是一场为民主而战的战争。除此之外，他们还给出了很多辩解的理由。你们对此都心知肚明。我认为一旦开战，不管战争是以什么方式结束，民主便不复存在，何谈为民主而战？这场战争对于人类来说，是一个诅咒，一种警示。说它是诅咒，因为不知道它要把人类变得有多残暴无情。参战者和非参战者之间的区别都化为乌有，所有的一切都将无一幸免。撒谎已经沦为一种艺术。英国曾表示决意要保卫这些小国家，但它们一个接一个地都消失了，至少是暂时消失了。这也是警示。之所以说它是警示，是因为如果没有人注意这不祥之兆，人类将沦落到野兽的地步，其行为使自身蒙羞。当战争爆发的时候，我注意到了这不祥之兆。但是我没有勇气说出口。幸好神灵在为时已晚之前给了我勇气说出口。

我呼吁停止战争，不是因为你们精疲力竭了不能继续作战，而是因为战争本质上是邪恶的。你们想消灭法西斯主义，但你们却用了同样冷漠的方式来消灭它，这是不可能成功的。你们的士兵跟德国士兵一样从事毁灭性的工作。唯一的区别在于，也许你们的行为没有德国人那么彻底。如果是这样，那么你们也会很快变得像德国人那样彻底，如果不是有过之而无不及的话。你们无论如何也赢不了这场战争。换句话说，除非你们比纳粹分子更加残酷无情。没有理由，不管有多合理，能够证明此时正在发生的恣意杀戮是正当的。我认为在当今一个需要引起残暴行径的事业是不能称之为公平的事业的。

在一场残暴的力量角逐中，我既不想英国战败，也不想她获胜，不管这场角逐表现为肉体角逐还是精神角逐。你们骁勇善战，这是一个不争的事实。难道你们还需要证明，你们自身的头脑跟肌肉一样有着不可比拟的破坏力吗？我希望你们不会跟纳粹进行如此不体面的竞争。我斗胆告诉你们一个高尚、勇敢、配得上最英勇战士的方法。我希望你们赤手空拳地与纳粹分子作战，或者，如果用军事专业术语来说的话，使用非暴力武器与纳粹分子作战。我希望你们放下所持的武器，因为它们对于拯救你们或人类没有用处。你们可以邀请希特勒先生和墨索里尼先生从你们称之为财产的国土中拿走他们想要的东西。让他们占领你们美丽的岛屿，以及岛屿上无数美轮美奂的建筑吧。你们可以交出这一切，但绝不交出灵魂，也绝不交出心智。如果这些绅士选择占领你们的房子，你们就搬出来。如果他们不放你们生路，你们就允许他们杀害你们，包括男人、女人和儿童，但你们要拒绝拥戴他们。

这个被我称作非暴力不合作的方法或过程，在印度取得了一定的成效。你们在印度的代表可能对此予以否认。如果他们真的这么做，我会为他们感到遗憾。他们或许会告诉你们，我们的不合作不是纯粹的非暴力，而是植根于憎恨。如果他们真的这样说，我也不会否认。如果是纯粹的非暴力，如果所有的不合作对你们都充满了善意，恕我直言，身为印度的主人的你们早就成了她的学生，而且因为拥有比我们更好的技术，你们可以完善这个无可匹敌的武器，并用它来应付德国和意大利朋友的威胁。这样的话，欧洲历史在过去的几个月里可能已经改写了，欧洲避免沦为一片无辜的血海，许多小国家避免遭受蹂躏，也避免憎恨肆虐。

这是一个清楚地知道自己在做什么的人发出的呼吁。我已经连续50多年科学准确地实践了非暴力及其可能性。我已经把它运用到各行各业，包括国内机构、经济和政治方面。据我所知，还没有一次失败的案例。有时它似乎失败了，我把原因归咎于我自身的不足。我自身并不完美，但是我确实自称一个狂热的真理追求者，而真理正是神的别名。在追求真理的过程中，我发现了非暴力。传播它是我毕生的使命。除了履行这个使命之外，我对生活没有任何兴趣。

我一直自认为是英国人终生的、无私的朋友。曾几何时，我一度是你们大英帝国的热爱者。我认为帝国对印度有好处。当我看到帝国主义对我的国家并没有好处，我那时就决定使用而且现在仍在坚持使用非暴力的方法与其做斗争。不管我的祖国最终命运如何，我对你们的爱保持不变，将来也不可磨灭。我的非暴力要求普世的爱，你们是其中很大的一部分。正是这份爱让我向你们发起呼吁。

愿神对我所说的每一个字都赐予力量。我以他的名义开始写这封信，也以他的名义结束这封信。希望你们政治家有智慧和勇气回应我的呼吁。我告诉总督阁下如果政府能够考虑任何切实可行的方法，来回应我呼吁的宗旨，我会听候阁下政府的吩咐。

莫·卡·甘地

《圣雄——甘地的一生》第 5 卷，第 364—66 页

81. 致每一位英国人

在我刚刚开启我的南非公共生涯之时，我写了《致每一位在南非的英国人的公开信》。它产生了一定的影响。在当今世界的这个关键历史时刻，我觉得我应当重复这个例子。这一次我呼吁世界上的每一位英国人。他或许只是不参与国家决策的无名小卒，但在非暴力的帝国中，每一个真实的想法都很重要，每一个真实的声音都有其价值。"民之声，神之声"（Vox populi vox dei[①]），这句话非但没有过时，反而是人类丰富经验的表达。但它的实现有一个限定条件，那就是，它的真理性只限定在非暴力的范围内。暴力能够暂时令人民噤声。但是由于我只致力于非暴力的工作，我认为每一个真实想法，已表达的或者未表达的，对我来说都非常重要。

我请求每一位英国人支持我的呼吁，在这个关头停止对亚洲和非洲，至少是对印度的占领。此举对世界安全，对消灭纳粹主义和法西斯主义来说至关重要。当然，这里也包括日本"主义"，它是纳粹主义和法西斯主义的完好副本。接受我的呼吁将会扰乱轴心国，甚至是大不列颠军事顾问的所有军事计划。

如果上述呼吁正中目标，我敢肯定，同现在英国日益增长的战

---

① 拉丁语谚语，英译文为 "voice of the people，voice of the God."。——译者注

争代价相比，英国在印度和非洲的利益损失将是微不足道的。如用道德来衡量，对英国、印度和全世界来说，不仅毫无损失，反而收益颇丰。

尽管我要求的是从亚洲和非洲撤军，但是现在我暂时谈谈印度的情况。英国政治家对印度此次参战振振有词，但并未就印度是否愿意参战正式咨询过印度本国。为什么会这样呢？因为印度不属于印度人，它属于英国人。它甚至被称为英国的财产。实际上英国人随心所欲地处置它。他们以各种各样的形式让我这个反战人士缴纳战争税。因此为了缴纳战争税，我每寄一封信要支付两派士，每发一张明信片要支付一派士，每发一次电报要支付两安纳。这只是悲惨境况中最轻微的一面，但却恰恰展示了英国人的独创力。如果我是一个学经济的学生，除了被误以为是自愿贡献的那部分，我能计算出印度被迫为战争所交的天文数字般的巨款。实际上，没有哪个美其名曰为"对统治者的贡献"能够称得上是真正自愿的。英国人是怎样的统治者啊！他稳坐在统治者这把交椅上。毫不夸张地说，就算是他小声说出的愿望也能立即在印度得到回应。因此，可以说英国与印度处于永久的战争状态，英国通过征服权和占领军掌控印度。印度被迫参与这场英国的战争又有什么好处呢？印度士兵的英勇未给印度带来任何好处。

在日本的威胁降临印度之前，印度国土正被英国军队占领，这些军队中既包括印度军队，也有非印度军队。居民被仓促驱逐，不得不自谋生路。他们得到了一笔微不足道的搬迁费，但这笔费用少到根本不够他们迁去任何地方。然而，他们失业了，不得不建造村舍并另谋生计。出于爱国主义精神，这些人并没有搬迁。几天前，当别人向我提及此事时，我在专栏里写道，应要求被驱逐的人们顺从命运的安排。但是我的同事坚决抗议，并要求我亲自到撤离者群体中安慰他们，同时派人去完成这项不可能完成的任务。他们是对的。这些可怜的人永远不应遭受此种待遇，要求他们撤离的时候本应同时让他们住进舒适的房子。

东孟加拉的人们几乎可以被称作"两栖居民"。他们部分地住在陆地上，部分地住在水上。轻便的独木舟可以将他们从一个地方带到另一个地方。因为害怕日本人使用独木舟，英国人号召他们交出独木舟。对一个孟加拉人来说，让其与独木舟分开，几乎就意味着与生命分离。因此，谁夺走独木舟谁就是他的敌人。

英国一定要赢得战争，但她有必要以印度为代价吗？她应当这么做吗？

然而，我要讲的悲剧还远远不止这些。笼罩印度人生活的虚假让人透不过气来。你遇到的每一个印度人几乎都有不满。但他不会公开表露出来。政府职员，无论职位高低，也都是如此。我并不是道听途说。很多英国官员都心知肚明，但他们已逐渐练就一身本领，让工作不受这些因素的影响。周遭弥漫着虚假和不信任，生活变得毫无价值，除非有人敢下定决心揭竿反抗。

你们也许拒绝相信我所说的话。我理所当然会遭到反驳，而我也将会抵得住任何反驳。

我已声明我所信仰的是真理，真理的全部，除此之外别无其他。

我的人民也许认同或不认同这个自以为是的想法。我没有咨询过任何人。这份呼吁是在我的静默日子里①写就的。我现在只是担心英国的行动。美国废除奴隶制时，很多奴隶反对，有的甚至哭泣。但不管是反对还是哭泣，奴隶制已在法律上被废除。但这场废除却是南北

---

① 甘地有实行静默日（每周一）的习惯，期间不说话，交流用书写代替。——译者注

方血战的结果；而且尽管奴隶的命运比以前好很多，他们仍然受到上层社会的排斥。而我所要求的，是更高尚的东西。我要求的是和平结束这场非自然的统治，建立一个全新时代，尽管我们当中也许会有人反对，甚至哭泣。

莫·卡·甘地

孟买，1942 年 5 月 11 日

《哈里真》，1942 年 5 月 17 日

82. 致蒋介石委员长

塞瓦格拉姆，

1942 年 6 月 14 日

亲爱的委员长：

我永远不能忘记在加尔各答，跟您和您高贵的夫人长达 5 个小时的亲密交流。一直以来，我都被您为自由而战的精神所吸引，我们的那次接触与谈话让我更进一步了解了中国和中国所面临的问题。很久以前，1905 至 1913 年间，在南非，我与约翰内斯堡的少数中国侨民一直保持着联系。最初我们是通过客户这层关系相识，后来他们参加南非印度人消极抵抗斗争，成为了并肩的同志。我与毛里求斯的中国人也保持着联系。当时，我非常钦佩他们的节俭、勤劳、机智和团结。后来在印度，有一位非常好的中国朋友跟我一起生活了好多年，我们都喜欢他。

因此，我一直被你们伟大的国家所吸引。跟我的同胞们一样，我们对你们所遭受的深重灾难表示同情。我们共同的朋友，贾瓦哈拉尔·尼赫鲁，非常热爱中国，仅次于对他自己祖国的热爱，他使得我们一直密切关注着中国斗争的发展。

我对中国怀有这份感情，并真诚地希望我们两个国家应当为了共同的利益，开展更加紧密的联系与合作。鉴于此，我非常急切地向您解释，我对英军撤出印度的呼吁，并不意味着在任何形式上削弱印度对日本的抵抗，或者让贵国斗争处于尴尬的境地。印度不会向任何挑衅者或者侵略者屈服，并一定会反抗到底。我不会犯下以中国的自由为代价换取我国的自由的错误。这个问题不会出现，因为我清楚地知道，印度不会用这种方式获得自由。不管日本侵略印度或者中国，都将对对方国家和世界和平造成同样的危害。因此，必须阻止日本侵略，我也希望印度能在其中发挥合理和正确的作用。然而，我认为被奴役的印度却无法做到这一点。印度亲眼目睹马来亚、新加坡和缅甸的撤退却也无能为力。但我们必须从这些悲剧中吸取教训，用各种方式阻止降临在这些不幸国家身上的厄运在印度上演。但除非获得自由，否则我们无力阻止，而且同样的遭遇很可能会再一次出现，给印度和中国带来毁灭性的灾难。我不想重复这个悲惨的故事。

我们为贵国提供的帮助不断地受到英国政府的阻挠，克里普斯（Cripps）使团最近的失败给印度带来了重创，现在仍未恢复。出于此种重创之苦，印度爆发要求英军马上撤离的呼声。只有如此，印度才能自我恢复，并以最大能力去帮助中国。

我已经跟您谈过我对非暴力的信念，也给您谈过我相信如果整个国家能采用非暴力的方式，它的影响力与作用将是毋庸置疑的。我的信念跟以往一样坚定。但是我意识到，当今印度总体上还缺乏这个信念和信心；我也意识到，自由印度的政府将由国家的各种社会成分组成。

现在整个印度束手无策，倍感受挫。印度军队中有很多人是因为经济压力才参军的。他们没有为事业而战的意识，他们也绝对谈不上是一支国家军队。我们之中那些能为事业而战，为印度和中国而战的人，不管是使用武力或是非暴力，都不能处在外国人的践踏之下，听任外国人的摆布。而且，我们的人民清楚地知道，印度获得自由之后，不仅可以代表自己，也可以代表中国和世界的和平事业发挥决定性的作用。很多人像我一样认识到，一直维持这种无助的状态，并且让一切听之任之的做法是不合时宜的，也是缺乏男子气概的，因为我们面前就摆着一条有效解决之路。因此，他们认为，应尽所有努力确保独立和行动自由，这是我们迫切需要的。这是我呼吁英国政府马上结束英国与印度之间不合理关系的初衷。

除非我们做出努力，否则印度百姓的情绪会陷入错误和有害的宣泄渠道，这是极其危险的。为了削弱和取缔英国在印度的统治，民众对日本的同情可能暗中逐渐增长，那么，印度有能力不依靠外援赢得自由的坚定信心，可能会被这种思想取而代之。因此，我们不得不学会自立自强，发展自身的力量以寻求自救。只有下定决心从束缚中解放出来，自救才有可能实现。目前，这种自由对于想要立足于世界自由国家之林的印度是十分必要的。

为了非常明确地表明印度希望用各种方式阻止日本侵略，我个人同意在与我们签订条约的条件下，同盟国可以在印度保留军队，并将印度作为军事基地来抵抗威胁强大的日本攻击。

几乎无需向您保证，身为印度新运动的发起人，我决不会草率行动。而且不管建议什么行动，我都会考虑到不伤害中国，不助长日本对印度或中国的侵略。我在尝试争取世界舆论支持我的提议，该提议本身对我来说是不言自明的，且必定会增强印度与中国的防御。我也在印度引导公众思考，并同我的同事们协商。无需多言，与我相关的任何反对英国政府的运动在本质上都是非暴力的。我竭尽全力避免与英国当局发生冲突。但如果在追求迫切渴望的自由的过程中，冲突不可避免，那么我将毫不犹豫地甘冒任何风险，不管风险有多大。

很快你们将会结束持续了 5 年的抵抗日本侵略的战争，结束其带给中国的一切痛苦和不幸。我对中国人民怀着深切的同情，对他们历经千辛万苦，为国家自由和领土完整而英勇战斗、不畏牺牲的精神深感敬佩。我深信这种英雄主义和牺牲不会白费；它们一定会取得成功。在此，我向您、蒋夫人还有伟大的中国人民，送上诚挚的祝福，希望你们赢得战争的胜利。我期待有一天自由的印度和自由的中国能够友好互爱，为了两国利益以及亚洲利益，乃至世界的利益一起携手合作。

我想冒昧地将这封信发表①在《哈里真》上，并期待获得您的许可。

你忠诚的，

莫·卡·甘地

《在和平与战争中的非暴力》第 1 卷，第 424—427 页

---

① 这封信当时未发表。

83. 致每一位日本人

我从一开始必须坦白，尽管对你们没有恶意，但我仍非常反对贵国对中国的进攻。你们已然从高贵民族堕落到野心帝国。你们将不会实现这种野心抱负，而且贵国也许会成为瓜分亚洲的始作俑者，继而不经意地阻碍世界联盟和国家间的兄弟情谊，没有了整个世界的团结互爱，人类就没有希望可言。

50多年前，那时我18岁，正在伦敦求学。我从已逝的埃德温·阿诺德爵士的文章中逐渐学会了欣赏贵国诸多的优秀品格。我在南非时得知，你们在与俄国军队对抗中取得杰出胜利，我惊喜万分。1915年从南非回到印度后，我会不时与作为静修院成员的日本僧侣保持密切联系。他们中的一位现已成为塞瓦格拉姆静修院的重要成员，他尽职尽责，宽容忍耐，坚持每日祷告，和蔼可亲，在任何情况下都镇定自若，脸上挂着显示他内心平静的自然的微笑，这使他深受我们的喜爱。而现在，由于你们对大不列颠宣战，他被迫离开了，这让我们非常想念这位亲爱的工作伙伴。离开时，他留下他的日常祷文和小鼓作为纪念，每天的晨祷晚告，都是伴随着小鼓的鼓声开启的。

每当这些美好的回忆映入脑海，我就感到非常难过。因为我所看到的是，贵国正对中国进行无端挑衅，如果报道属实，是在对那片伟大而古老的土地进行无情的蹂躏。

跻身世界大国之林的雄心对贵国来说是十分有价值的。但加入轴心国、侵略中国这些行为，无疑是不正当的，是对此雄心的背离。

我本以为你们会为你们的邻居感到骄傲，它是一个伟大而古老的民族，你们接纳了他们古老的经典文献作为你们的经典。对于彼此的历史、传统、文学的互相理解，本应将你们两国连接起来成为朋友而不是变成今天的敌人。

如果我是一个自由人，如果你们允许我到你们国家去，尽管身体瘦弱，但我不介意冒着健康甚至生命危险去你们国家，请求你们停止正在对中国、对世界，以及对你们自己所做的错事。

但是我没有这种自由。而且我们正处于一个紧要关头，不得不抵抗一个不亚于你们和纳粹主义的帝国主义国家。我们对这个帝国主义国家的抵抗并不意味着对英国人民的伤害。我们采取的是对英国统治的非武装反抗，为的是改变他们的人心。我们国内的一个重要党派正忙于一场与外国统治者不共戴天但又友好融洽的抗争。

但是，在这方面他们并不需要外国列强的援助。我知道，你们误以为我们选择在这个特殊时刻使同盟国难堪，是因为你们即将发起对印度的进攻。如果我们想将自身的机会建立在英国的危难之上，那么3年前战争爆发伊始，我们早就这么做了。

我们要求英国军队撤离印度的运动，是绝不能被误解的。实际上，如果我们相信报道所说，你们对印度独立感到焦虑，那么英国对印度独立的承认将不能给你们任何进攻印度的理由。再者，报道中的声明与你们对中国残酷的侵略不太符合。

如果你们以为日本会受到印度发自肺腑的欢迎，那么这个幻想注定会破灭，对此我请你们不要误解。要求英国撤军的运动的目的，是通过获得自由，以抵抗所有军国主义和帝国主义的野心，不管它被称作英国帝国主义、德国纳粹主义还是你们的模式。如果不这样做，我们就是世界军国主义化的卑鄙旁观者，尽管你们相信通过非暴力我们仅有的只是对抗军国主义的精神和雄心。我个人认为，不宣布印度独立，同盟国就不能打败将暴力提升为宗教高度的轴心国。同盟国要打败你和你的搭档们，就必须在你们所精通的残忍战争中战胜你们。如若同盟国也仿照轴心国，那么他们保护世界民主和个人自由的宣言便将会付诸东流。我认为同盟国需要现在宣布并且承认印度的自由，同时，把印度的被迫合作转变为印度的自愿合作。只有这样，同盟国才能获得力量，以避免重蹈你们的覆辙，避免残忍行径。

对于英国和同盟国，我们已经以正义的名义发起呼吁，为了他们的宣言，也为了他们自身的利益。而对你们，我以人道的名义呼吁。对我来说，你们不明白残酷的战争并非任何人的专利，这实在是不可思议。即便不是同盟国，其他国家也会利用并改善你们的作战方法，并用你们的武器打败你们。即使你们赢了，也不会给你们的人民留下任何能让他们感到骄傲的遗产。他们并不能因逐一列举残忍行径而感到骄傲，不管你们干得多么巧妙。

即使你们最终获胜，也不能证明你们是正义的，那只能证明你们毁灭性的力量更为强大。这个对同盟国也同样适用，除非他们现在实施诚心正义的举动，给印度以自由，并承诺同样给亚洲和非洲所有其他附属民族以自由。

除了对英国的呼吁，我们同时还提出自由印度允许同盟国在印度继续保留部队的建议。这个建议的提出是为了证明我们绝不会损害同盟国的事业，也是为了防止你们误解，以为你们可以占领英国撤出后的印度。无需赘言，如果你们怀有任何此类的想法并采取行动，我们一定会用国家的全部力量予以反抗。我对你们发出呼吁，是希望我们的运动可以影响你们和你们的伙伴以走上正确的道路，并使你们远离注定要让你们道德毁灭，并将人类沦为冷血机器的这条不归路。

得到你们对我这份呼吁做出回应的希望，比得到英国人的回应要渺茫得多。因为我知道英国人并非缺乏正义感，而且他们了解我。我对你们不够了解，所以还不能做出判断。我所读到的东西告诉我，你们两耳不闻呼吁声，一心只听刀剑音。我多么希望你们是被严重误解了，而且希望我能够触动到你们的那根心弦！不管怎样，我对人性中的恻隐之心有着永恒的信念。在这个信念的支配之下，我构思了印度即将发生的运动。也正是基于这个信念，让我对你们发起这份呼吁。

你们的朋友和祝福者

莫·卡·甘地

塞瓦格拉姆，1942 年 7 月 18 日

《哈里真》，1942 年 7 月 26 日

84. 致美国朋友

去孟买的路上，

1942 年 8 月 3 日

亲爱的朋友：

　　印度国大党工作委员会通过的关于印度独立的决议一直以来都是热议的话题，同时也饱受恶意中伤，作为此项决议的精神领袖，我有必要向你们解释我的立场。你们对我也应该略有耳闻。我在美国拥有的朋友也许是西方国家中最多的，甚至包括英国在内。相比而言，与我有私交的英国人看起来比美国人更有辨别力。在美国人中，我饱受英雄崇拜这个人所共知的顽疾的困扰。热心的霍姆斯（Holmes）博士最近成为纽约统一教的一员，虽然他并不认识我，却似乎成了我的广告代理人。他所说的关于我所做的一些好事，连我自己都未曾知晓。因此，我经常收到来自美国的信件，期望我创造奇迹，这难免让我有些尴尬。继霍姆斯博士之后，就是已故的费舍尔主教（Bishop Fisher）。他和我在印度相识，他差点就把我拽到美国去了，但是命中注定未能成行，所以我没能参观你们广袤无垠的伟大祖国，也没能会见友好的美国人民。

　　另外，你们已赐予我一位良师——梭罗，他的文章《论公民不服从》武装了我，并使我确信自己在南非的所作所为是有科学根据的。英国让我知道了拉斯金（Ruskin），他的《给这最后来的》（*Unto This Last*）一书使我从一个律师和城市居民，一夜之间转变为一个乡下人，我住到了远离德班，离最近的火车站 3 英里的农场；俄国赐予我另一位良师——托尔斯泰，他为我的非暴力提供了一个合理的基础。当我在南非的运动还处于初创期的时候，我还不知道非暴力所蕴含的大好未来，他却对我的运动给予最美好的祝福。正是他在信中预言，我所领导的运动一定会给地球上遭受蹂躏的人带来希望。因此，你会看到，我在目前的行动中并未对英国和西方怀有敌意。在接受和吸收《给这最后来的》中所说的一切后，我忍不住对支持法西斯主义或纳粹主义感到羞愧，因为它们的宗旨就是镇压个人和禁锢个人自由。

在这种背景下，我请求你们阅读我拟定的撤退方案，它被普遍称为"退出印度"。你不能脱离上下文而对其进行过多的解读。

我从小就自称是真理的守护者，对我来说，这是最自然的事情。我的虔诚探索让我领略到一个发人深省的格言——"真理就是神"，而不是人们常说的"神就是真理"。这句格言让我能直接与神交流，仿佛他就在我的面前一样。我感到神已经注入了我身体的每一寸肌肤。以此真理作为你我之间的见证人，我断言，如若不是我醒悟到为了英国和同盟国的事业，英国必须勇敢地履行将印度从枷锁中解放出来的职责，我也不会要求我的国家请求英国撤回她对印度的统治。没有这个姗姗来迟又至关重要的正义之举，英国便不能在静默不言的世界良知亦即他们自己的良知面前证明其立场的合理性。新加坡、马来亚和缅甸的例子让我知道，灾难一定不能在印度重现。但我敢说这将会是不可避免的，除非英国相信解放印度人有助于同盟国的事业。通过这个至高的义举，英国将消除印度普遍的不满情绪。她会把日渐增

253

长的敌意变成积极的善意。我认为它比得上你们创造奇迹的工程师以及充沛的财力所能生产出来的所有战舰和飞船。我知道，那些充满成见的宣传已经让你们的所见所闻都充斥着对国大党立场的扭曲看法。我被描述成一个伪君子和伪善的英国敌人。我的显而易见的互谅互让精神被说成是反复无常，为的是证明我是一个彻头彻尾的不可信之人。我并不想在这封信中罗列证据证明我的断言。如果在美国享有的名声对我没有好处，那么任何自我辩解都无法与混淆美国人视听的强大但虚假的宣传相抗衡。

为了共同的事业，你们已经和英国联合起来。因此，你们不能推卸英国的代表们在印度所作所为的任何责任。如果你们不及时甄别真理与糟粕，那么你们将会给同盟国事业犯下严重的错误。请好好想想吧。难道国大党要求无条件承认印度独立有什么错吗？有人说"但是现在不是时候"。我们认为"这是承认独立最适当的时机"。只有这样，才能有效抵抗日本侵略。它对同盟国事业具有巨大价值，当然它对印度也具有同样的价值。国大党已经预测到在承认独立的道路上可能会遇到种种困难，并为此做好了准备。我希望你们把立即承认印度独立看成是头等重要的战时措施。

你的朋友

莫·卡·甘地

《哈里真》，1942 年 8 月 9 日

85. 致林利思戈爵士 [①]

阿迦汗宫，

耶罗伐达，

1942 年 8 月 14 日

亲爱的林利思戈（Linlithgow）爵士：

印度政府引发这次危机是错误的。在辩解政府行为的政府决议中，也到处充满了扭曲和误读。您得到印度"同僚"的支持，可能没有什么意义，除非您能够在印度一直得到这样的支持。这种合作只是给"退出印度"的要求又增加了一个理由而已，不管民众和各党派怎么说。

印度政府本应该等待，至少等到我采取大规模行动的时候。我

---

① 在 1942 年 8 月印度政治动荡期间，圣雄甘地给时任印度总督林利思戈写了一些信。印度政府在他们的国内外政治宣传中把 8 月动荡的全部责任归于国大党领导人，而国内各界则一致认为危机是由政府的政策导致的。全国上下处于前所未有的愤怒之中，印度国民仿佛一致决定要采取一个一劳永逸的行动来"决一死战"。政府方面决心要通过引诱或欺骗来镇压这次暴动。就是在这样一个危急的关头，圣雄甘地给印度总督林利思戈写了以上这封信，在信中他逐条批评了政府关于国大党斗争的决议。尽管此次动荡被谴责成国大党为国家制订的非暴力传统（政策）的一次不幸的倒退，但是没有迹象认为此次动荡是国大党领导人一手策划的。

255

曾公开声明，我已经充分考虑过要在采取具体行动之前给您写信。那也是呼吁你们能对国大党的情况进行不偏不倚的考察。正如您所知道的，国大党已经完善了其所发现的理念中每一个不足之处。如果您给了我机会，我也能解决每一个不足之处。但这突如其来的政府行动会让人看出政府的担忧，即担心国大党在直接行动过程中展现出的细心谨慎、循序渐进可能会使针对国大党的世界舆论再次发生转变，正如已经开始的转变一样，同时也会暴露出政府拒绝国大党要求的理由是站不住脚的。因此，他们本应该耐心等到全印国大党工作委员会通过决议之后，我在周五和周六晚发表的演讲的相关可靠报道出炉之后再有所行动。看了报道之后，您应该会发现我并不急于采取行动。您应该利用这两件事的时间间隔，尽可能地满足国大党的要求。

决议上说："印度政府耐心等待，希望能够制定更为理智的决策。然而他们却大失所望。"我认为，这里"更为理智的决策"指的是国大党抛弃自身的要求。为什么一个承诺要确保印度独立的政府总是希望拒绝合法正当的要求呢？难道它是一个唯有靠直接镇压而不靠与提出要求的一方耐心协商才能解决的挑战？恕我冒昧进言，如果要解释接受国大党的要求"会使印度陷入混乱"这个假设，那么将会是一个关于人类偏听偏信的漫长文案。总之，对这个要求的一概否决已经使国家和政府陷入了混乱。国大党一直竭尽全力使印度与同盟国事业保持一致。

政府决议称："过去一段时间以来总督也已经察觉到国大党的一些非法甚至是暴力活动的行动准备，其中包括指导中断通信和公共设施服务，组织罢工，损害政府职员的忠诚，干扰包含征兵在内的国防措施。"这是对事实的严重扭曲。在任何阶段，暴力都不在考虑范围之内。非暴力行动中可能包括的内容，被以一种凶险而狡猾的方式解读出来，好像国大党正准备暴力行动。所有事项都是在国大党圈子里开诚布公地讨论的，因为没有什么是要秘密操作的。另外，为什么我让您停止做对英国人有害的事情反而是在损坏您的忠诚？印度政府在得知所谓的"行动准备"时，应该通知参与行动准备的各方，而不是背着主要的国大党员发表引起误解的决议。这才算是正确的做法。政府在决议中无凭无据地断言，将自己置于处事不公的指控的风口浪尖。

整个国大党运动的目的在于唤起人们的牺牲精神以引发关注，在于展示国大党有多少民众支持。在这种情形下，公然镇压一个广受欢迎的政府赞成的非暴力运动是明智的吗？

政府决议还说："国大党不是印度的代言人。然而为了保障他们的支配地位以及追求他们的极权政策，国大党领导人一直阻挠使印度成为一个完整国家的努力。"这完全是不实的诽谤，意在中伤印度最古老的民族组织。此话出自政府之口显得多么无力，因为从政府记录中可以证明，印度政府阻挠每一个争取自由的全民奋斗运动的行径从未间断过，并企图通过引诱或欺骗的手段镇压国大党。国大党提议，如果印度宣布独立的同时，印度政府不信任国大党能组建一个稳定的临时政府，那么他们应该请穆斯林联盟组建临时政府，任何由穆斯林联盟组建的全国政府，国大党都会诚实地接受，然而印度政府没有屈尊去考虑国大党的提议。这个提议与对国大党极权主义的指控是南辕北辙的。

让我来分析一下政府的提议。"一旦敌对状态结束，印度会拥有完全自由的决定权，它会设计一个它认为最符合印度国情的政府形式，包含所有党派而不只是单独一个党派。"这个提议反映了现实情况吗？到目前为止，各党派尚未达成一致。战后达成一致的可能性会更大吗？如果各党派必须在独立前采取行动，它们能得到同意吗？党派如雨后春笋般发展，由于政府没能了解它们各自代表的立场，它们像过去一样受到欢迎，而如果各党派反对国大党及其活动，尽管它们可能口头上同意印度独立，政府提议本身就会遇到挫折。因此，首先要理性呼吁英国撤出印度。只有在结束英国政权、印度解除束缚获得自由、政治地位发生根本性改变之后，才有可能组建不管是临时还是永久的真正代议政府。对国大党要求的提出者实施赤裸的活埋手段并不能结束僵局，只会让形势更加严峻。

接着，决议还写道："国大党的建议指出，由于数百万印度民众对未来感到茫然，尽管有那么多沦陷国家的惨痛教训，但他们依旧时刻准备着投入侵略者的怀抱，印度政府认为这个建议不能真正代表这个伟大国家的人民的情绪。"我不认识那些所谓的数百万民众，但是，我可以提供自己的证据来支持国大党的声明。政府不信任国大党的证据，众人皆知。没有哪个帝国政权喜欢被告知，它正处于危险之中。正是因为国大党迫切希望英国避免重蹈其他帝国主义列强的覆辙，它才要求英国自愿抛弃帝国主义，宣布印度独立。国大党发动运动出于友好动机。国大党寻求消灭帝国主义，既为了印度，也为了英国和全人类。尽管与政府的言论相反，但我坚持认为，国大党并不是为了自身的利益，而是为了整个印度和世界的利益。

决议结束语的一段文字很有意思："但是他们（印度政府）肩负着保卫印度，维持印度参战能力，保护印度利益，公平地平衡印度不同阶层民众的任务。"我所能说的是，这是继马来亚、新加坡和缅甸的经验之后对真理的嘲弄。看到印度政府声称要维持不同党派间的"平衡"，实在令人感到悲伤，这些党派的创立和存在英国政府本身难辞其咎。

还有一件事。印度政府和我们所宣称的事业是一致的。具体地说，这个事业就是保护中国和俄国的自由。印度政府认为，为了赢得这个事业，没有必要强调印度的自由。我认为正好相反。我已经把贾瓦哈拉尔·尼赫鲁当作我的标杆。他的亲身经历使得他比我甚至比你们更能体会到中国和俄国沦陷的悲惨。在这种悲惨中，他试图忘记自己与帝国主义的争执。他比我更加担忧法西斯主义和纳粹主义的胜利。我跟他一起议论了好几天。他以一种我无法形容的激情反对我的立场。但是事实的逻辑让他无言以对。当他清楚如果印度不获得自由，中国和俄国的自由将会面临着巨大的威胁时，他心服口服了。毫无疑问，你们监禁了这样一位坚强的朋友和盟友，大错而特错。

如果撇开抵制共同事业不谈，政府对国大党的要求所作的回应就是草率的镇压，他们不会想到我是否会得出结论说，英国政府所看重的并不是同盟国的事业，而是坚持霸占印度作为其帝国主义政策中不可或缺的一部分的秘而不宣的决心。正是这种决心让他们拒绝国大党的要求，并施行了镇压。

目前进行的史无前例的相互屠杀已经是难以忍受之痛了。但是，伴随着屠杀的是对真理的屠戮，而决议中的虚伪之词更加强了对真理的践踏，这反而给国大党增加了力量。

给您写这封长信令我十分痛苦。但是不管我如何不喜欢您的所作所为，我仍然是您过去所认识的那位朋友。我仍然请求政府重新考虑对印度的整个政策。请不要忽视一位自视为英国人民虔诚的朋友的人的请求。上帝指引您！

您忠诚的

莫·卡·甘地

《甘地与政府的通信：1942—1944》，第 12—16 页

86. 致林利思戈爵士

拘留营，

1942 年新年前夕

亲爱的林利思戈爵士：

这是一封私人信件。我违背《圣经》的教诲，许多个日落都未能消除我对你怀有的怨恨。① 但如果想要卸下心头这个沉重的负担，我就不能让旧的一年这样过去。我一直认为我们是朋友，而且愿意继续这么认为。然而 8 月 9 日以来所发生的一切最终让我怀疑您是否依旧把我当作朋友。我跟在您这个职位上的任何一个人都没有过如此密切的联系。

您逮捕我，之后又发表的公报，您对拉贾吉（Rajaji）的答复及后来给出的原因，埃默里（Amery）先生对我的攻击，还有其他许多我可以列举的事实表明，您在一定程度上肯定怀疑我的善意。公报中也顺便提及了其他国大党成员。我就像是归咎于国大党的所有罪恶的根源。如果您依旧把我当成朋友，为什么您在采取激烈的行动之前没有告诉我您的怀疑，核实您所知道的事实？我有自知之明，像别人看

---

① "不可含怒到日落"（《圣经·新约·以弗所书》4:26）。——编者注

待我一样审视自己。但是在这件事上我错了，感到很失望。我发现政府季度公报中所有关于我在这件事中的论断，都包含着对事实明显的偏离。我感到非常落魄，甚至都不能跟一个垂死的朋友取得联系。我指的是班萨利[1]教授，他正因为吉穆尔[2]的事情而绝食！

人们期待我去谴责一些享有国大党成员声誉的人所施行的所谓暴力，不过除了那些严格审查的报道，我没有谴责的确凿证据。我必须声明，我完全不相信那些报道。我可以写更多，但是我不能再继续诉说我的苦衷，我肯定以上所讲的已经足以让您自己去了解事情的细节。

您知道，我在1914年年底从南非回到印度，带着1906年我就被赋予的使命，即向处于暴力和虚妄的各行各业人群宣传真理和非暴力。萨提亚格拉哈的法则战无不胜。监狱是传播这一理念的众多途径之一，但它有自身的局限性。您把我安置在一个能满足合理的物质享受的宫殿里，而且我可以免费享受，当然纯粹是出于责任，从来不作为一种乐趣，希望有一天那些有权力的人能够意识到他们错怪了无罪的人们。我给了自己6个月的时间，而这个期限日益临近。我的耐心也一样。我所知道的萨提亚格拉哈法则在这危急关头给我提供了一个解决方法。用一句话说，就是"通过绝食克制肉体"。萨提亚格拉哈法则禁止使用这个方法，除非是在别无选择的最后关头。如果可以避免，我并不想用这个方法。避免它的方法应该是这样：让我确信我是错的，以便我积极改正。您可以召唤我，或者派一个懂得您心思以及

---

① 班萨利（Bhansali），圣雄甘地的一位亲密同事，1942年与甘地一起投身"退出印度"运动。——译者注

② 吉穆尔（Chimur），印度西部马哈拉施特邦的一个乡镇，当地民众积极参与1942年"退出印度"运动。——译者注

令人信服的人来召唤。如果您愿意，还有很多其他的方法。我可以期待早点得到答复吗？但愿新年给我们所有人带来和平！

您忠诚的朋友

莫·卡·甘地

《甘地与政府的通信：1942—1944》，第 18—19 页

86A. 林利思戈的来信

新德里总督府，

1943 年 1 月 13 日

亲爱的甘地先生：

　　谢谢您 12 月 31 日的私人来信，我已经收到此信。我完全接受把它看作是一封私信，很欣赏您的坦诚。我的答复将如您所期待的同样坦诚，也像您的来信那样完全是私人的。

　　很高兴收到您的来信。秉持着一直以来的真诚，我坦白告诉您，我在近几个月来压力非常大，首先是因为 8 月份国大党采取的政策；接着，那个政策果然引起了全国性的暴力和犯罪（我这里并没有指印度遭受外来侵略的危险），尽管如此，您或者工作委员会却未对暴力与犯罪有半点指责。当您初到浦那的时候，我便知晓您不读报纸，而我接受这是您保持沉默的解释。当做出了您和工作委员会应该接收您所期望的报纸的安排后，我可以肯定，那些报纸所写的关于正在发生的事件的细节会让您震惊和失望，就像我们所有人的感受一样；我也可以肯定，您会急切地对此予以谴责，并广而告之。但情况并非如此；它让我真心地感到失望，每当想到这些谋杀、警官被活活烧死、火车发生事故、财产被破坏、这些年轻学生被误导等等，已经给印度的名声和国大党自身带来了巨大的破坏，我就感到尤其失望。您或许会反驳我，说我提到的那些新闻报道经过了精心安排——我只是希望它们不是的，因为那些故事本身就很蹩脚。我十分清楚您在国大党运动中巨大的权威与说话的分量，对那些遵从国大党领导的党派也影响巨大，我再一次很坦率地讲，我也希望我能够这么认为，重大责任不在您。（不幸的是，当领导人承担主要责任时，其他人则要承担后果，要么作为违法者，要么作为受害者。）

但是，如果我理解正确的话，您的意思是就所发生的事情而言，您现在想反悔，与去年夏天的政策脱离干系，那么您只需告诉我，我会马上进一步考虑这件事。如果我没能正确理解您的观点，您得毫不犹豫地及时告诉我错在哪里，并且告诉我您的积极建议。这么多年来，您对我有足够的了解，您要相信，我像以前一样认真地阅读您的每一封来信，并且十分重视这些来信，总是会以最焦急的心情解读它，希望可以从中理解您的感受和动机。

您忠诚的

林利思戈

《甘地与政府的通信：1924—1944》，第19—20页

87. 致林利思戈爵士

亲爱的林利思戈爵士：

　　我就在昨天下午 2 点 30 分收到您 13 日的亲切的回信。没收到您的信之前，我几乎要绝望了。请原谅我缺乏耐心。

　　您的回信让我欣喜地发现，我还没有被您这位朋友抛弃。

　　我在 12 月 31 日的信里对您咆哮一通，而您的信也是以牙还牙。这也就意味着您坚持认为逮捕我是正确的，您对我的失职感到抱歉，尽管您不直言我有罪。

　　您从我的信中得出的推论恐怕是不对的。我根据您的解释重新读了一遍我的信，并未找到您说的意思。我之前想绝食，而且如果我们的通信无果，我不得不成为一个无助的旁观者，眼睁睁地看着国家发生的一切，包括数百万民众因为普遍的土地贫瘠而陷入贫困与苦难中，那么我还想绝食。

　　如果我不接受您对我的去信之解读，您希望我能就此给出积极的建议。这一点，我倒是能做到，只要您把我当作国大党工作委员会的一员。

如果能够证实我的过失或者更糟糕的罪行，当然您显然认为是后者，我应该无需咨询任何人，就会对我自身的行动进行充分而公开的坦白，并予以彻底的改正。然而，我并没有犯任何错。我不知道您是否看了我 1942 年 9 月 23 日写给印度政府（内政部）秘书的信。我坚持我在那封信和 1942 年 8 月 14 日写给您的信中所说的话。

当然，我谴责了去年 8 月 9 日以来所发生的事情。但是难道我没有将所有责任归咎于印度政府吗？再者，对于我不能影响、无法控制的事件，或者只有单方面解释的事件，我是不会给出任何看法的。您接受了那可能是您的部长们提供的报道的准确性，这无疑是肤浅的做法。然而，您不应该期望我这么做，因为这种报道在此之前通常被证明是虚假的。这就是为什么我在 12 月 31 日的信中恳请您向我证明，您给我定罪是基于准确的信息。您也许会明白为何我很难像您期待的那样发出一份令您满意的声明。

但是，我可以坦白地说，现在的我跟过去一样坚定地相信非暴力。您可能不知道，我已经公开明确地谴责了针对国大党工作人员的暴力行为。我甚至不止一次做了公开忏悔。这种事例不胜枚举，我就不一一写出让您生厌了。我想要说的一点是，每一次，在这样的场合中，我都是一个自由的人。

这一次，正如我所主张的那样，应对政府予以追究。希望您可以原谅我提出这样一个挑战你们的意见。我能肯定，如果您不阻止并同意我接受此前一直想参加的 8 月 8 日的采访，结果将百利而无一弊。但是事实并非如此。

在这里，我想提醒您，印度政府在此之前曾犯过错误，例如，已故的戴尔将军在旁遮普受到谴责的时候，联合省康埔清真寺的一角得到重建的时候，以及孟加拉分治取消的时候。尽管之前出现极大的民

266

众暴动，所有这些还是发生了。

总之：

1. 如果您想让我单独行动，必须证明我是错的，并且我会就此改正。

2. 如果您想让我代表国大党制订任何提议，您应当把我看成国大党工作委员会的成员。

我真的恳求您能下定决心结束僵局。

如果我的信晦涩难懂或者没有完全回答您信中的问题，请指出遗漏之处，我定会努力给您满意的答复。

我已经毫无保留地表明了我的心声。

我知道我的所有信件都是通过孟买政府寄给您的。这个过程肯定浪费了不少时间。由于时间在这件事上至关重要，也许您可以下达指示，我给您寄的信能够由这个拘留营的警官直接送给您。

您忠诚的朋友

莫·卡·甘地

《甘地与政府的通信：1942—1944》，第 21—22 页

87A. 林利思戈爵士的来信

新德里总督府

1943 年 1 月 25 日

亲爱的甘地先生：

非常感谢您 1 月 19 日的私人来信，我只是刚刚收到，我已非常仔细认真地拜读了您的来信。但是，我害怕自己仍然被蒙在鼓里。在上一封信中，我清楚地向您说明，不管我有多么不情愿，事态的发展进程和我对所发生的事情的知悉都让我别无选择，只好把您视为去年 8 月决议时期最具权威的发言人，把国大党运动和您视为去年 8 月以来导致暴力和犯罪的惨痛运动、给印度名声带来诸多伤害的革命活动的责任人。我注意到您关于非暴力的说法。我非常乐意看到您对暴力的公开谴责，我也充分意识到，您在之前陈述自身信条的那篇文章中提到过非暴力的重要性。但是，过去这几个月里发生的事件，甚至在今天发生的事件，都表明非暴力在您的追随者中，无论如何都没有得到完全肯定的支持。他们已然放弃了您所提倡的理想，无颜面对那些由于国大党及其支持者的暴力活动而失去生命的人的亲属，也无颜面对那些失去财产或受到严重伤害的人。我恐怕不能接受您所说的，您自己一个人把"所有责任"归咎于印度政府，以此作为对上述

268

事件的一种回应。我在这件事上处理的都是事实，而且我们必须面对这些事实。正如在上一封信中所澄清的那样，尽管我非常渴望听到您的观点，听到您可能必须提出的任何具体的议题，但我的立场仍然不变，我认为在这件事上并非印度政府，而是国大党和您自己在为自己辩护。

因此，如果您急于告诉我您否认自己在 8 月 9 日的决议，欲与该决议所代表的政策撇清关系，如果您能够给我关于未来的合理保证，不用说，我必定非常愿意重新进一步考虑这件事。当然，在这点上讲清楚非常有必要，我知道您并不会介意我用最简洁直接的语言表达我的看法。

我会让孟买总督安排，您的任何信件都由他寄送，我相信这样会在传送过程中减少延误。

您忠诚的

林利思戈

《甘地与政府的通信：1942—1944》，第 23—24 页

88．致林利思戈爵士

亲爱的林利思戈爵士：

我必须真心感谢您对我 19 日信件的迅速回复。

我也希望我能同意您的来信是清楚明了的。我肯定您并不想只用清楚明了来暗示您坚定地持有一个观点。我一直以来，并且以后都会继续请求您，直到用尽最后一丝力气，请求您应该至少试着让我相信您所持观点是准确的，让我相信国大党的 8 月决议对 8 月 9 日及其以后突发的普遍暴力事件负有责任，即使它们发生在所有主要的国大党工作人员被捕之后。难道不是政府言辞激烈而又毫无根据的行为要对所报道的暴力行径承担责任吗？您甚至还没有讲出 8 月决议中不好的或者在您看来是挑衅的部分。决议绝对不是对国大党非暴力政策的一种撤销。它明确地反对任何形式的法西斯主义。这个决议提供了战争期间的合作可能，这本身就使得有效的全国性合作成为可能。

政府明显地忽视了一个重要事实，那就是，在 8 月决议中，国大党并没有为自己争取什么。它所有的要求都是为了全体人民。您应该意识到国大党非常乐意并已经准备好，让政府邀请伟大领袖真纳组建一个服从这些调整的全国政府，这些一致通过的调整在战争期间来说是必要的，这个政府对选举产生的议会负责。

由于与工作委员会相隔离，除了沙罗珍尼·蒂维（Sarojini Devi）夫人之外，我不知道委员会现在的想法，但他们不大可能改变想法。所有这些应当公开指责吗？

决议中主张文明不服从的条款或许会招致反对。但是，这本身不能构成反对，因为文明不服从原则是隐含在《甘地-欧文协议》中的。即使这个文明不服从在会议结果揭晓之前也不会开始，而我正打算寻求您的指派去参加该会议。

那么，身为责任如此重大的一位部长——印度国务秘书，请收回针对国大党和我的那些并未证实，而在我看来是无法证实的指控吧。

当然我可以肯定的是，政府应当根据有力的证据来评判政府的行为，而不是根据完全武断的意见。

但是，您把那些据说是国大党员犯下的杀人事件抛给我。跟您一样，我希望我清楚地明白杀人的事实。我的回答是，是政府把人民刺激到了疯狂的极点。他们使用之前用过的逮捕形式，像头狮子般行使暴力。这种暴力并不比谋杀好到哪里去，因为它的组织规模非常宏大，用以万祭一取代了以牙还牙的摩西律法——更不用说摩西律法的必然结果，也就是耶稣基督宣布的非抵抗。除此之外，我不能用另外其他的方式来解读权力无比强大的印度政府的镇压措施。

除了这个悲惨的故事，我忍不住想，如果有一个善意的国家政府，对普选产生的议会负责，那么整个印度范围内因资源不足而导致数百万穷人的贫困状况即使没能完全消除，也许能得到大大地减轻。

如果那时，我仍不能为我的痛苦找到缓解的渠道，那么我必须诉诸为萨提亚格拉哈人士制定的法则，即视能力而定进行绝食。我必须在 2 月 9 日的早餐之后开始绝食，一共维持 21 天直到 3 月 2 日早晨结束。通常在我绝食期间，我只喝盐水。但是现在，我的生理系统不适合喝水了。于是，我转而往水中加入柑橘汁调成适合我喝的水。我的愿望不是绝食至死，而是经历痛苦的考验，如果神灵这么希望的话。如果政府能为我的痛苦给予必要的舒缓，那我的绝食就可以尽快结束。

我没有像前面两封信一样把这封信标为私人信件。不管怎样它们都不是机密之信。它们只不过是个人的呼吁而已。

您忠诚的朋友

莫·卡·甘地

《甘地与政府的通信：1942—1944》，第 24—25 页

88A. 林利思戈爵士的来信

新德里总督府

1943 年 2 月 5 日

亲爱的甘地先生：

　　刚刚收到您 1 月 29 日的来信，非常感谢您。像往常一样，我已经仔细认真地怀着迫切想知道您想法的心情读完这封信，以期公正评论您的论点。但是，在国大党和您自己对去年秋天一系列可悲的骚乱事件的责任问题上，我的观点恐怕依旧没有改变。

　　我在上一封信中说过，凭借我对事实的了解，我别无选择，只能把您视为去年 8 月决议时期最具权威的发言人，把国大党运动和您视为后来导致暴力和犯罪运动的责任人。在回信中您重申了您的请求，我应当向您证明我的观点是对的。如果不是您的信中并没有表明您以开放的心态寻求信息，我早就会对这个请求做出回应，这本来就是我所期待的。但是，在您的每封信中，您都表现出了您对近来事件的新闻报道所持有的完全不信任态度，尽管在您的上一封信中，在同样的信息基础上，您毫不犹豫地把所有的责任归咎于印度政府。在同一封信中，您宣称我不能指望您去接受我所相信的官方报道的准确性。因此，我不清楚您到底期望甚至想要我如何给您证明？然而，印度政府实际上从没有隐瞒他们为何要让国大党及其领导人为近期所发生的暴力行径、破坏活动及恐怖主义负责，这些悲惨事件都是 8 月 8 日国大党决议为了支持国大党的要求而宣布进行"群众斗争"以来所发生的，决议任命您为这场斗争的领导人，并授权所有国大党员在运动的领导层受到干涉时自由行动。用这种词语通过决议的机构，几乎很难有资格推卸由此引发的任何事件的责任。有证据证明，您跟您的朋友期望这项政策能招致暴力，然后准备好去宽恕它，随之发生的暴力事件都是商议好的计划的一部分，此计划早在国大党领导人被捕之前就已经开始蓄谋了。霍姆（Home）议员已经在去年 9 月 15 日的中央立法议会的发言中公开概括阐述了这一事件应归咎于国大党，如果您需要进一步的信息，我会告诉您。我已经随信附了一份完整的副本，以防您所看到的媒体版本不充分。我要补充的是，所有已曝光的大量证据证实了当时得出的结论。我有足够的情报证明那些蓄意的破坏行动是有秘密指示的，那些指示以全印国大党委员会的名义传达；著名的国大党员蓄意组织，并肆无忌惮地参与了暴力和谋杀行动；现在甚至还有一个地下国大党组织的存在，有个国大党工作委员会成员的妻子在其中担任重要职务，该地下组织积极致力于策划爆炸和其他备受全国唾弃的恐怖行动。如果说我们不对这些情报采取行动，或者不让它公之于众，只是因为时机尚未成熟；但是您尽管放心，对国大党的控告迟早会到来，那时您和您的同事们可以在世人面前尽你们所能地澄清自己。如果届时您自己想通过您似乎现在就在思考的任何行动，试图找到一条容易的解决途径，那么对您的审判自然将会对您不利。

当我读到，您认为文明不服从法则暗含在 1931 年 3 月 5 日的德里协议里，也就是您所谓的《甘地–欧文协议》时，我感到非常吃惊。

我已经重读了这份协议，它的原话是将会"有效地停止"文明不服从，而且政府将采取"相应的行动"。这个文件所内含的意思是，应该注意到文明不服从的存在。但是，我从中却找不到任何暗示表明文明不服从的存在是在合法的环境下被认可的。我的政府也不这么认为，我讲得再怎么直白都不过分。

接受您提出的观点，无异于承认肩负着维持和平及良好秩序重任的国家合法政府，会任由那些被您本人称之为颠覆性的、革命性的公开起义不受挑战地发生；也无异于承认政府要放纵蓄谋暴力、中断通讯、攻击无辜百姓、谋杀警官等其他事情。我的政府和我确实遭到指责，说我们本来应该早点采取果断行动来对付您和国大党的领导人。但是，我和我的政府一直渴望给您和国大党每一个可能的机会，让你们收回决意要坚持的立场。即使没有您"决一死战"的告诫，您于去年6月和7月所发表的声明，7月14日工作委员会的决议原件，以及在当天表示已没有协商余地，表示那终究是一场公开起义的断言，这些所作所为也都非常危险，也事关重大。怀着也许不合时宜的耐心，我们最终决定一直等到全印国大党委员会发表声明，如果政府为了印度人民履行自身责任，国大党将不再有异议。

请允许我在结论部分说明一点，考虑到您的健康状况与年纪，当您告诉我您现在所坚持的决定时，我是多么痛惜。我希望并祈祷您信中所说只是因为还没想到更为理智的建议。但是，是否决定采取绝食，以及绝食可能带来的危险，很明显都是您自己必须去承受的，您必须独自承担绝食的责任及其后果。我虔诚地希望，鉴于我所说的，您会对您的决定慎重考量，如果您能重新考虑，我也欣然赞赏，不仅仅是因为我内心并不愿意看到您过分地拿生命冒险，还因为，我觉得把绝食用于政治目的实际上是一种政治勒索（暴力），是缺乏道德上的正当理由的，从您自己之前的信中看出您也是这样认为的。

您真诚的

林利思戈

《甘地与政府的通信：1942—1944》，第 26—28 页

89. 致林利思戈爵士 [①]

拘留营

1943 年 2 月 7 日

亲爱的林利思戈爵士：

我必须感谢您在 5 日对我 1 月 29 日去信的回复，既详尽又快速。我先要讲讲您在信的最后提到的观点，也就是我在 9 日即将开始的经过深思熟虑的绝食。从萨提亚格拉哈战士的立场来看，您的信正是在欢迎绝食。毫无疑问，绝食的责任及其后果只由我个人承担。您的笔下流露出一种我并未意料到的腔调，也就是第二段的最后一句话，您把绝食形容为一种"容易的解决途径"。身为朋友，您把这样一个低级和胆怯的动机归咎于我，令我心忧。您也把它称为"一种政治勒索"，还引用我之前写的关于这个话题的文章反对我。我为我所写的东西负责。我坚持认为，我的文章跟我正在考虑的步骤没有不一致的地方。我想知道您自己是否有看过我写的那些文章。

我确实承认，当我让您证明我的错误时，我是怀着开放的心态

---

① 总督对甘地绝食要挟的回复不仅是不积极的，而且还具有威胁意味。他将甘地绝食的决定描述成是一种政治勒索。甘地给当时的印度总督写了以上这封信。

对待您的。报道中刊登的"完全的不信任"跟我开放的心态是不相矛盾的。

　　您说有证据证明我（在此我把我的朋友除外）"期望这项政策能招致暴力"，我"准备好去宽恕它"，以及"随之发生的暴力事件都是商议好的计划的一部分，此计划早在国大党领导人被捕之前就已经开始蓄谋了"。我还没有看到支撑这个严重控告的任何证据。您承认，部分证据尚未发表。霍姆议员的发言（您给了我一个副本）或许可以看成原告律师的开场白，除此之外别无其他。该发言包含了未被证实的对国大党员的指控。当然，他用生动的语言描述了暴动，但是暴动真正发生的时候他没有说明为何发生。我已经提出了暴动发生的原因。您没有经过审问及听取他们的辩词就逮捕他们。我让您提供您认为他们有罪的证据无疑是理所当然的。您在您的信中所说的没有一点说服力。证据应该跟英国法律的标准一致。

　　如果一个工作委员会成员的妻子积极投身"策划爆炸及其他恐怖活动"，她应当在法庭上受到审讯，如果她有罪就得给她判刑。您提到的那位女士或许可能只是在去年 8 月 9 日大规模逮捕后以个人名义做了一些事，也就是我所说的野蛮暴行。

　　您说发布对国大党的控告时机尚未成熟。您有没有想过，当他们在公正的法庭上被审判的时候，那些政府的控告可能被发现是毫无依据的？或者有没有想过，与此同时那些被判刑的人中有些可能已经死去？或者还活着的人能够提供的一些证据已经没用了？

　　我重申，文明不服从的法则隐含在 1931 年 3 月 5 日的协议中，该协议由当时代表印度政府的总督和代表国大党的我本人达成。我希望您明白，甚至在协议的想法产生之前，主要的国大党成员就已经被释放了。照此协议规定，国大党成员得到了一定的赔偿。文明不服从只有在政府履行了条件的前提下才可停止。在我看来，协议本身承认了文明不服从的合法性，当然是在特定的情形下。因此，您坚持说对于文明不服从"您的政府无论如何也不能承认它的合法性"多少有点奇怪。您忽略了英国政府已经以"消极抵抗"的名义承认了它的合法性。

最后一点，您对我的信的理解包含了一些与我的主张完全相反的意思，主张的其中一条是遵守纯粹的非暴力。因为，您在您的回信中说，"接受我提出的观点，无异于承认肩负着维持和平及良好秩序重任的国家合法政府，会任由那些被您本人称之为颠覆性的、革命性的公开起义不受挑战地发生；也无异于承认政府要放纵蓄谋暴力、中断通讯、攻击无辜百姓、谋杀警官等其他事情。"我一定是一个奇怪的朋友，居然能够请求您承认这类事情的合法性。

我并没有试图详尽地对那些被认为是我所写的观点和声明做出回应，这不是合适的时机，也不是合适的场合。我只挑选出了在我看来需要立即回复的事情。您让我在之前为自己设下的考验前面无路可退。怀着可能是最清白的良心，在即将到来的 9 日，我将开始进行绝食。尽管您把它称为"一种政治勒索"，就我个人而言，这是为了正义而对最高判官——神的呼吁，因为我无法从您那里得到正义。如果我熬不过这场考验，我要带着认为自己清白的十足信念前往神的审判台。后人会在您和我之间做出判断——您身为一个叱咤风云的政府代表，而我是一个卑微的、想通过绝食来服务国家和人类的平民。

我上一封信是争分夺秒写的，因此我现在补上重要的一段①。随同这封信，我寄给您一份由皮阿雷拉尔打印好的副本，他现在取代

---

① 该段已经还原到第 88 封信的第 3 段。

了马哈德夫·德赛的秘书岗位。您可以在原文的具体位置找到附加的段落。

您忠诚的朋友

莫·卡·甘地

《甘地与政府的通信：1942—1944》，第 30—32 页

90. 致阿加莎·哈里森 ①

迪尔库萨

潘奇加尼

1944 年 7 月 13 日

我亲爱的阿加莎：

我已收到您 6 月 14 日的来信。我所做的每一件事都化为泡影。这是必定的，只要我是"不值得信任的"人。如果我有错，我会马上改正。相反，我知道我并未做错什么，也没有什么能使我失去曾经在官场享有的信任。

您知道我为了会见工作委员会成员所做出的努力，得不到允许后又去求见总督。我遇到的主要困难也许还是报道中所写的丘吉尔先生一直以来对我的看法。您知道他写的文章经常被引用。听说他想"打倒"我这个"赤身裸体的托钵僧"。肉体可以被打倒，精神从来不会

---

① 阿加莎·哈里森（Agatha Harrison）小姐，第一次世界大战期间，在工厂从事社会工作；1921—1924 年间在中国上海童工委员会工作；1925—1928 年在美国处理工业及国际问题；1929 年跟随皇家劳动委员会前往印度；1931 年起与 C.F. 安德鲁斯工作；在甘地的建议下，致力于在英国准确传播印度事务的信息；当时多次访问印度。

倒下。但如果报道属实——未曾有人否认过——它所提供的线索都指向我所谓的失败。

我可以向您保证我并没有对什么事情感到惊讶或者失望。如果我代表了真理，而且按照神吩咐的去做，我相信人们对我的所有曲解和怀疑终会倒塌。只需对我有耐心，我的心与您和像您一样的朋友在一起。

最近，我收到一封亨利（·波拉克）在美国报纸上写给我的信[1]。如果您见到他，告诉他这封信让我非常苦恼。我从来没想过他居然未经我证实，便相信了关于我的那些谣言。

在收到这封信之前，您一定从报纸上已经得知我与拉贾吉一道努力解决教派骚乱，这些天他一直跟我在一起。

向所有的朋友转达我的爱意。我给缪丽尔（Muriel）寄了一封信。

您的，

巴布

阿加莎·哈里森小姐，

克兰博街 2 号，

艾伯特桥路，

伦敦西南 11 区

《圣雄甘地与政府的通信（1944—1947）》，第 33—34 页

---

[1] 在这封信中，亨利·波拉克（Henry Polak）评论了甘地对战争的态度和他在英国处于困境时所发动的"退出印度"斗争中的作用，甘地认为这是诽谤。

91. 致温斯顿·丘吉尔

迪尔库萨

潘奇加尼

1944 年 7 月 17 日

尊敬的首相先生：

　　新闻报道说您想要打倒"赤身裸体的托钵僧"，听说您是用此来形容我的。我一直以来都尝试着做一个托钵僧，以及赤身裸体——这是更为艰难的任务。因此我把这个表述看作是一种赞美，虽然并非您的本意。那么我建议您，为了您的人民、我的人民和天下所有的人民，请您相信我并任用我。

您忠诚的朋友

莫·卡·甘地

温斯顿·丘吉尔先生

《圣雄甘地与政府的通信（1944—1947）》，第 11 页

92. 致什里曼·纳拉扬

前往加尔各答的火车上

1945 年 12 月 1 日

什里曼兄弟：

我今天给您寄出您的手稿[①]和我的前言[②]。

我昨天晚上 9 点半完成了上述工作。在此期间，我只能挤出一点时间用来吃饭和纺纱。如果我的前言中需要哪些改动，请告诉我。

我在手稿中有两处改动。如果您不同意，我们一起讨论。

您会注意到我保留着区和乡和潘查雅特（Panchayats）[③]没有进行详细说明，因为它们只能是咨询性的。我们为何要在我们的宪法系统中给它们一个明确的地位呢？我对这样做的必要性表示怀疑。当农村真正变得活跃而又充满生命力的时候，对咨询机构的需求应该会自动减少。省级潘查雅特可以履行这些责任，并在任何有必要的时候，支持区和乡的合作。如果这个想法有什么错的话，请告诉我。我相当匆

---

① 什里曼·纳拉扬的手稿名叫《自由印度甘地宪法》(*The Gandhian Constitution for Free India*)，1946 年由阿拉哈巴的凯达比斯坦出版社出版。

② 参见 318 页附录 III。

③ 潘查雅特，又称印度的乡村行政委员会、五人长老会。——译者注

忙地浏览了手稿。

巴基斯坦和印度土邦（the Princely States）^①是否在我的构想中占有一席之地还有待考虑。记住，只有通过非暴力手段，甘地宪法才有可行性。

巴布

承蒙恩典

---

① 英国统治下的"印度帝国"包括两个领土组成部分，分别是英属印度和印度各土邦。——译者注

93. 致佩西克—劳伦斯勋爵

蚁垤寺

雷丁路

新德里

1946 年 4 月 2 日

亲爱的佩西克—劳伦斯（Pethick-Lawrence）勋爵：

我们共同的朋友苏希尔·戈什（Sudhir Ghosh）先生告诉我，您希望我写下我让他私下跟您和斯塔福德（Stafford）爵士所讨论的观点。

其中一个观点是所有独立思考的人都会认同的，不管是国大党成员还是其他人，他们有别于数百万沉默的人。那就是马上释放政治犯，不管是被指控为暴力犯罪还是非暴力犯罪。既然独立之必要已然成为一个共同的事业，那他们就不会成为国家的危险。那么，关押贾亚普拉卡什·纳拉扬（Jayaprakash Narayan）先生和洛希亚（Lohia）博士就是荒唐的，他们两个是任何社会都会引以为豪的博学又有教养的人，也没有任何理由殴打那些被视为地下工作者的人。如果即将组成的国家政府不解决释放他们的问题，我想没有人能够理解或赞同这一做法。如此一来，独立将失去它的荣光。

286

另一个观点与群众息息相关。我指的是盐税。作为提高税收的工具，盐税微不足道。但作为一个扰乱群众的手段，它的危害是无法描述的。如果盐垄断的负担持续折磨他们，群众很难赞许独立。当然我不会继续跟您举例，以免劳烦到您。我提到这两种措施是想让印度人对独立做好心理准备，因为这两种措施会产生心理效应。

顺便提一句，我在不同的场合跟凯西（Casey）先生讨论过这两种措施，现在我正与当今的孟加拉总督互通信件。我要补充的是，今天我收到阿贝尔（Abell）先生关于盐税的来信，信中说"政府无法接受这个建议"。

您忠诚的

莫·卡·甘地

佩西克—劳伦斯勋爵，

印度事务大臣，

新德里

《圣雄甘地与政府的通信（1944—1947）》，第 156—157 页

287

94. 致萨达尔·瓦拉拜·帕特尔

什里兰布尔

1946 年 12 月 25 日

亲爱的瓦拉拜：

你给皮阿雷拉尔的信我昨日已经收到。皮阿雷拉尔和其他人正全身心投入工作，用自己的生命在冒险……所以他并不知道这封信。他偶尔会过来看我，他下次来的时候，我再把这封信给他。

现在是凌晨 3 点，我在口授这封回信。凌晨 4 点我洗澡，然后祷告。这是我目前每日必做的事情。只要符合神的旨意，我都会继续这样下去。当然我的健康状况你无需担心。我的身体能够适应绝食需求，但对我来说这真是一种痛苦的体验。我所坚持的真理和非暴力的天平正在达到平衡，比任何珠宝商用的天平还要准确。真理和非暴力的平衡实在是太敏感了，就像是要衡量一根头发的几百个不同部分一样需要小心翼翼。它们自身永远不会发现有瑕疵，如果说有何不足，那就是我，我是它们的代表。如果真是如此，我真心希望神能够将我带走，并委派另一位更加有资格的人做他的代言人。很抱歉，我自己做不了皮阿雷拉尔之前替我所做的工作，我也没能让身边的两个助手准备好担当此任。但是，他们两个都聪明能干。因此，我希望能

288

够好好安排一下。在这一点上，你的来信给了我鼓励。贾伊苏克拉尔（Jaisukhlal）三四天前就已经自顾自地离开曼奴（Manu）了。我允许她过来，因为她准备好了与我待在一起，而且如有必要，甚至死在一起。现在我正在将这封信口述给她，让她代笔，自己闭目养神以期消耗最少的精力。苏彻塔·克里帕兰尼（Sucheta Kripalani）也在这个房间里，她还在睡着。

你发给我的那份电报只配得上扔进废纸篓。在这里人们对夸大其词没有节制，并非是人们故意夸大其词，他们只是不懂夸张背后的真正含义。人们浮想联翩，他们的想象力就像当地的植物一样向四面八方蔓延。在我们生活的周边生长着大量的椰子树和槟榔树，树荫下长满了各种各样的绿色植物。这里的河流看上去就像是印度河、恒河、亚穆纳河和雅鲁藏布江，它们在孟加拉湾交汇。我给你的建议是，如果你还没有回复那个给你发电报的人，那么就让他拿出证据来证明他的声明，这样"根据宪法规定，尽管中央政府没有权力干涉此事，但可以为此做点什么"。除此之外，还要写上："甘地就在你们中间，他不可能听不到你所讲的话。但他是真理和非暴力的信徒，因此他很可能让你们失望。如果他让你们失望，我们这些由他训练出来的人又怎么能让你满意？不过我们会做好自己的事情。"不要告诉任何人：既然甘地在这里，他就不会把自己的问题牵扯到你们身上。就让他写信给你，按照我之前教你的，你的责任在于为他排忧解难，甚至违背我都可以。局势不容乐观，真理渐渐湮没。暴力伪装成非暴力，无宗教伪装成有宗教。但是，我知道，只有在这种情况下，真理和非暴力才能得到检验，这正是我留在这里的原因。不要让我离开这里。如果我恐惧地落荒而逃，那将是我自己的不幸；但印度定然不会如此不幸。我会在这里与之共存亡。昨天收到电台消息，贾瓦哈拉尔、克里帕兰尼和德奥（Deo）将前来和我共同磋商。这就足够了。我会见每个人有何用处呢？不过，你们任何人想问我任何问题，都可以问。

我所写的关于阿萨姆邦的内容不适合立刻出版，不过请放心我所写的是正确的。

你即将会看到关于比哈尔（穆斯林）联盟（Bihar League）的报告。我已写信将此事告诉拉金德拉（Rajendra）先生，并且要求他向你们所有人介绍我的主张。同时，我也给比尔哈邦首席部长写了信。即使报告中的内容一半是正确的，它也是糟糕的。毫无疑问，我认为应该及时地建立一个公平公正、又无过失的调查委员会，一天都不能拖延。所有正确的指控必须直接接受，剩下的提交给委员会处理。你也应该与内阁中穆斯林联盟的同事就此事共同商讨。我一直与苏拉瓦底（Suhrawardy）保持通信联系。当报告完成后，我会把全部内容寄给你。贾瓦哈拉尔将会见证我们一路至今的共同经历。如果你还没开始这么做，那么请先看一下我祷告后的演讲（post-prayer speech）概要，已经送到报社发表了。或者，仔细阅读一下简报，曼尼（Mani）会提供给你的。我知道你现在工作压力很大，尽管如此，你依然必须完成许多事情，其中之一就是要及时跟进我刚才所说的最新情况。

我想我还不能期待你的身体状况已经处于最佳状态，但相信你已经可以投入到工作中去了。我想，你的身体状况可以得到很大的改善。我仍然希望你打电话给丁沙阿（Dinshah）（·梅赫达）继续治疗。他是一个善良真诚的人，乐善好施，这一点我十分确定。如果找他也解决不了呢？那就去问苏希拉（Sushila）。我不确定她的身体状况很好，但她在荒凉的村庄里坚守自己的岗位，工作十分出色。在那些地方，几乎没有一个庸医。自然而然地，当地人民十分尊重像她一样的医生。因此，不要为我们这里任何人而倍感焦虑。每个人终有一死，生病不应带来过多的忧虑。如果他们离开，要为他们祝贺。正因为如此，他们必须纯洁地死去。

谨此祝福
甘地

萨达尔·瓦拉拜·帕特尔
奥朗则布路，新德里

《给萨达尔·瓦拉拜·帕特尔的书信集》，第 201—204 页

95. 致总督 ①

写于前往巴特那的火车上

1947 年 5 月 8 日

亲爱的朋友：

我突然想到，由于上周日会议时间不够充分，我觉得我应该总结一下我说过的、想要说的和还未说的话。

一

1. 无论怎么说，与之相反，英国不管以任何方式参与印度分治，都是大错而特错的。如果不得不分治，那就等到英国撤走后，要么通过各党派相互谅解而分治，要么通过暴力冲突而分治，在伟大领袖真纳看来，这是禁忌。在互不相让的党派观点不一致时，可以通过设立仲裁法庭来保障少数群体的利益。

2. 同时，临时政府应该由国大党人和国大党选择的人组成，或者是由穆斯林联盟中的成员和穆斯林联盟选择的人组成。如今的这种双重统治缺少团队合作和团队精神，这对国家是有害的。为了努力保住

---

① 指蒙巴顿勋爵。

他们现有的地位，也为了宽慰您，双方都已经精疲力竭。缺乏团队精神使得政府士气低落，并且破坏了一个有效率的好政府所必需的完整服务。

3. 现阶段边境地区（或与此相关的任何省份）的公民投票本身就是一件危险的事。您不得不处理摆在您面前的大量材料。在任何情况下，不应该越过首席部长汗（Khan）医生阁下来做任何事。注意这段内容只有在分治获得赞成的情况下才有效。

4. 我认为，旁遮普和孟加拉的分裂无论如何都是错误的，而且对联盟造成了不必要的刺激。除非能达成共识，这件事还有其他后续的改革，都应该在英国撤离之后进行，而不是在撤离之前。当英国仍在印度掌权的时候，它就必须为整个国家的和平负责。伴随着各种无法满足，或者绝对不能满足的期望而出现的紧张感似乎正在压垮这架机器。在剩下的 13 个月里，这些期望不会有立足之地。如果我们大家的心思都专注在撤退这个任务上，那么完成任务所需的时间将有效地缩短。只要英国还占领着印度，您，也只有您才能排除所有其他活动。

5. 作为海军绝对的统帅，尽管您的任务很重大，但是跟现在要求您做的相比，都不值一提。专注和决断是您赖以成功的秘诀，在这项工作上更加需要您的专注和决断。

6. 如果您不想在身后留下一片混乱，就必须做出选择，将包括所有邦在内的整个印度交给一个政党。制宪会议必须提供政务管理，即使是那些穆斯林联盟并不代表的地区和缺席会议的土邦。

7. 旁遮普省和孟加拉省不分裂，并不代表这两个省中的少数派可以被忽略。在这两个省中，他们都足够强大到引起关注，并要求得到关注。如果民选政府不能让他们和解，那么在政权过渡时期，总督应该主动介入。

8. 如果主权不可转移这种学说意味着每个省都可以主权独立，从而威胁独立印度的成立，那它就是一个邪恶的学说。英国在印度行使的所有权力都必须自动地传递给继承者。因此，诸省的人民和英属印度的人民都是独立印度的一部分。现在的这些土邦王公，只是英国政府为了维持其地位和威望而扶持的傀儡而已。他们对人民群众滥用权力是英国王冠上最大的污点。新政权下的土邦王公只能行使受托人的权力，和选举大会赋予他们的权力。正因为如此，他们不能保留私人武装和兵工厂。只有共和国才能支配他们的这些权力和政治才能，而且必须用于他们省的人民或全印度人民。我仅仅阐述了应该对这些省做什么，而如何做则不是我在这封信里要说的。

9. 行政官僚的问题同样困难，但并非让人如此困惑。它们的工作人员应该从现在开始学习如何融入新政权。他们可能保持中立，不追随任何一个党派。对于他们中出现的任何轻微的教派主义，都应该严肃对待。他们中的英国人应该明白，他们应该对新政权保持忠诚，而不是大英帝国代表的旧政权。将自己视为统治者从而感觉高人一等的惯性思维，必须要转变成真正为人民服务的精神。

二

10. 上个星期二，我和伟大领袖真纳度过了愉快的两小时四十五分钟。期间我们讨论了非暴力的联合声明。他着重强调了自己对非暴力的信仰，并在其亲自起草的媒体声明中也强调了这一点。

11. 我们也讨论了巴基斯坦分裂的问题。我告诉他，我还是一如既往地反对巴基斯坦分裂，并向他建议，鉴于他对非暴力信仰的宣言，他应该试着用道理来转变反对者，而不是依靠武力示威。然而，他仍然坚定地认为巴基斯坦问题是不能拿来公开讨论的。从逻辑上来看，对于一个非暴力的信仰者，任何问题都不会超出讨论范围，包括神是否存在的问题。

———

拉吉库玛瑞·阿姆里特·考尔看过了前 8 段的内容，她准备将信交给博学者尼赫鲁总理，同时我也一并将此封信寄给您。但我在新德里没有写完，最终是在前往巴特那的火车上完成了这封信。

希望您和您夫人尽情享受来之不易的闲暇时光。

您真诚的

莫·卡·甘地

致

总督勋爵，西姆拉

《圣雄甘地与政府的通信（1944—1947）》，第 247—250 页

96. 致总督

新德里

1947 年 6 月 10 日—11 日

亲爱的朋友：

拉吉库玛瑞已经把您与她谈话的主旨告诉了我。

虽然您非常善良地告诉我，如果愿意我可以随时去见您，但是我不能滥用您的善良。不过，为了正确而有效率地展开计划，我想归纳一下我认为必须要做的事情。

1. 对于边境省公民投票的问题，我承认，我的建议没有被博学者尼赫鲁和他的同僚们所接受。就像我告诉您的那样，如果我的建议没有被他们接受，我无心再继续下去。

2. 然而，这对我的提议没有任何影响，即在公民投票开始之前，您应该邀请伟大领袖真纳前去边境省，争取各部长的支持，包括巴德沙阿·卡恩（Badshah Khan）和他的"神的仆人"（Khudai Khidmatgars）[①]，是他们左右着边境省现状的好坏。毫无疑问，在他去

[①] "神的仆人"是 20 世纪 30 年代兴起的以普什图人为主的非暴力抵抗组织。——编者注

296

之前，他应该确保收到他们的礼貌回复。

3. 不管真纳是否赞同这个想法，都应该请他提供一份公正的巴基斯坦计划，以便简单纯朴的帕坦人（Pathan）[1]在印度斯坦和巴基斯坦二者之间做出选择。我猜想，帕坦人应该知道他们在印度斯坦的地位。如果他不这样做，那么应该召集国大党或正在运行的制宪会议来完成这个计划。在不了解印度斯坦和巴基斯坦为何物的情况下就在二者之间做出选择，我认为是不公平的。他们至少应该知道，他们选择的国家在哪些方面可以得到充分保护。

4. 边境省尚未实现和平。在冲突没有彻底减弱时，会有真正的公民投票吗？人们头脑发热，无法清晰地思考问题。不论是国大党还是联盟，都无法撇清自身的责任，是他们的追随者引起了这些骚乱。如果这片土地没有和平，所有的上层建筑都会化为碎片，不管国家分裂与否，都会有许多遗留问题让您无法引以为傲。

5. 越早建立统一政府越好。在任何情况下，联盟候选人都不可能独立于内阁而行事。个体成员的任何行为都没有连带责任，这是一种错误的做法。

6. 确保您提出的完美的时间表顺利执行的唯一方法就是，提前为未来做准备，请您的专员不用咨询内阁直接制定您提出的所有议程，然后在时机成熟时，把报告提交给相关党派，由他们决定是否接受、修订或者是拒绝。

7. 我了解越多，就越坚信，土邦问题涉及各种各样的困难，要求您非常认真而勇敢地对待。

8. 行政部门和军事部门的问题在某种程度上没有土邦问题那

---

① 帕坦人，住在印度西北边境的阿富汗人，多讲普什图语。

样难，但也需要像土邦问题那样严格处理。在这点上，古尔冈冲突（Gurgaon strife）就是一个例子。就我所知，某个军官在为这接连不断的麻烦负责任。

9. 最后我想说的是，试图让所有党派满意是一件徒劳的、吃力不讨好的任务。在我们谈话的过程中，我曾说过给双方政党同样的赞美是没有意义的。正确的做法是对双方都不称赞。"当欠债转为捐献，责任就成了美德。"亡羊补牢，为时未晚。您作为一个战士的无可置疑的才能，从未像今天这样不可或缺。设想一个失去舰船的水手，剩下的就只有他与生俱来的智慧。

10. 我已经尽力写得言简意赅，不能再简洁了。如果这里所提出的任何一个要点需要私下交流，您只要指定合适的时间就行。请不要仅仅出于礼节而邀请我。

11. 就在我即将写完这封信时，我收到了您10号的来信。信里并没有说要单独回复。

我完成这封信已是晚上9点25分了，明天再打印出来。

您真诚的

莫·卡·甘地

总督阁下

新德里

《圣雄甘地与政府的通信（1944—1947）》，第256—258页

96A. 蒙巴顿勋爵的来信

新德里总督官邸

1947 年 6 月 12 日

亲爱的甘地先生：

感谢您 6 月 10—11 日的来信，很感激您对时事做出的评论，我一定会牢记于心。

让我的专员解决印度政府各部门分裂的所有细节问题，同时完成对印度资产和债务的份额分配，我怀疑此办法是否行得通，但是，他们一定会尽全力提供帮助。这是一项巨大的任务，在权力移交之前，只能完成一小部分。相关党派之间必须进行谈判磋商，这才是最本质的问题。

我非常感激您一直坚持的提议，以及对我一如既往的支持和善意，在这个困难重重的任务中，是它们一直支撑着我。

您真诚的

位于缅甸的蒙巴顿

《圣雄甘地与政府的通信（1944—1947）》，第 258—259 页

97. 致阿卜杜勒·加法尔·汗

"贱民"聚居区

新德里

1947年7月5日

亲爱的巴德沙阿（Badshah）：

"神的仆人"成员阿拉姆·卡恩（Alam Khan）在 12 点之前会见了我，他说他今晚将要前往白沙瓦（Peshawar）①。我没有让他带信。但是我告诉他，那里应该不会有针对穆斯林联盟的游行示威；在目前紧张不安和谣言四起的状态下，"神的仆人"不应该进行投票表决，这就可以了；他们在内政方面有权获得完全的自治，不受巴基斯坦或联邦的干涉；当这两个政体颁布宪法，边境省开始施行自治宪法时，他们可以在联盟和巴基斯坦之间做出选择。最重要的是，要避免与穆斯林联盟成员之间的一切冲突。帕坦人真正的勇气正在经受考验，它要通过下面的方式显示出来：即使对方大打出手，也心甘情愿地面对，甚至死在对方手里，也没有丝毫的报复。联合抵制肯定会导致巴基斯坦人在法律上的胜利，但如果你这一方没有任何的暴力恐惧，大

---

① 白沙瓦，巴基斯坦北部城市。——译者注

300

多数帕坦人以一种有尊严的方式不参与公民投票，那么巴基斯坦人将会在道德上失败。那里不会有大惊小怪，不会有游行，不会有对官方任何命令的不服从。

一收到你的来信，我就立刻行动起来。我给总督写了一封长信，是关于建议他如何采取措施的。你一定也看到了，我是如何在祷告结束后的一次演讲中论述边境省问题的。在这里，我把我给总督所写的信的副本和祷告结束后的演讲的副本一并寄给你。这封信也回答了总督所收到的一封投诉信，据报道，"神的仆人"运动引起的骚乱已造成一定程度的恐慌。

我希望你现在工作所承受的压力不会影响到你的身体健康。[①]

你亲爱的

甘地

《阿卜杜勒·加法尔·汗》，第445页

---

① 两天之后，甘地再次写信给阿卜杜勒·加法尔·汗："没有收到你的回信。我希望你已经收到我的长信，并且按照信上所说的去做。在我们的思想、言语和行动上严格遵守非暴力关系到你和我的荣誉。至今，报纸上还没有任何消息。"

97A. 阿卜杜勒·加法尔·汗的来信

1947 年 7 月 12 日

我和我的工作人员一直四处奔波，走村串户，要求人们，即使在穆斯林联盟成员挑衅下，也一定要保持绝对的非暴力。穆斯林联盟成员每天示威游行，提出强烈的反对口号。他们叫我们卡菲尔人[①]，并辱骂我们，对我公然叫嚣。我感觉到在穆斯林联盟成员、政府官员和负责公民投票的官员三者之间隐藏着有组织有计划的阴谋。投票站的官员积极放行了数百张伪造选票。在一些地方，80% 至 90% 的选票已经被调查，这是在任何大选上闻所未闻的事情，此外，选民名册还是在两年前准备的。

虽然我们一直在艰难困苦的环境中工作，但我们从思想、言语到行动上一直遵守非暴力原则。这样的事态能够持续多久，我不好说。总之，由政府官员支持的穆斯林联盟成员一直企图制造骚乱。为避免冲突，我们在力所能及的范围内已经采取了一切措施。

另一个引起我们严重关切的问题是，我们省有一大批旁遮普人，他们公开煽动人们使用暴力。不仅如此，他们甚至在公众集会上提

[①] 卡菲尔（kafir），是穆斯林对异教徒的称呼。——译者注

出，应该清除红衫军（Red Shirts）①的最高领导人。他们还公开表明，在巴基斯坦建立后，要举行一场类似纽伦堡大审判的审判大会，所有被叫作叛国者的人都将被绞死。贾拉鲁丁（Jalal-ud-din）先生（哈扎拉立法议会成员），在公众集会上已表明，如果任何穆斯林部长拜访哈扎拉，都会被处死。

你亲爱的朋友

《阿卜杜勒·加法尔·汗》，第 445—446 页

---

① 即"神的仆人"，因为他们穿红色衣服。——编者注

98. 致一位朋友 ①

"贱民"聚居区，新德里

1947 年 7 月 26 日

亲爱的朋友：

你 19 日的来信让我感动不已。我完全同意你的看法，人活一世，不管是多少年，对他自身和这个世界都微不足道；但哪怕他用一天的时间真正为人类服务，那这一天就具有至高无上的意义。我也同意你所说的，希望和信仰通常不是同义词。当然，善是永恒的，恶是短暂的。

我必须遵守我的声明。在这个充满冲突的社会，热爱和平的人几乎没有容身之地。请忽略我不完美的英语表达，着重思量我的核心思想。我相信你会同意我的说法，热爱和平的人与充满冲突的社会格格不入。他必须清楚这个事实，并仍在这个社会中工作和行动。我不知道我是否把我的想法表达清楚，对我来讲，屈服于邪恶精神这样的事情是永远不会发生的。

真诚希望你的病情得到控制。

---

① 可能是指卡尔·希思。

爱你们所有人。

你亲爱的朋友

源自照片复制件: S.N.22666

99. 致埃德蒙·普里瓦夫人 ①

比尔拉寓所（Birla House），新德里

1947 年 11 月 29 日

亲爱的巴克蒂（Bhakti）：

我很高兴在 8 月 27 日收到您据理力争的回信。我想您已经了解了消极抵抗和非暴力抵抗之间的根本区别。虽然这两种方式都是抵抗，但是如果您的抵抗是消极的，也就是说是软弱意义上的抵抗，那么您就不得不付出非常沉重的代价。欧洲把拿撒勒的耶稣充满智慧的、勇敢顽强的抵抗，误认为是消极抵抗，把它看成是软弱的抵抗。当我第一次读《新约》时，我发现四部福音书中所描述的耶稣并不消极和软弱；当我后来阅读了托尔斯泰的《论福音的和谐》和他的其他作品之后，我对《新约》的意义更加清晰明了。难道西方国家没有因为将耶稣看作消极抵抗者而付出沉重的代价吗？基督教世界应该为有些战争负责，这些战争甚至使那些在《旧约》和其他历史的或半历史的记载中所描述的人物蒙羞。我知道我所说的不一定正确，因为我的

---

① 埃德蒙·普里瓦（Edmond Privat）夫人是埃德蒙·普里瓦博士的妻子，是瑞士纳沙泰尔大学教授。

历史知识，不管是古代还是现代，都很浅薄。

谈到我自己的个人经历，一方面，我们毋庸置疑地通过消极抵抗争取政治自由，像您和您的丈夫这样来自西方的热爱和平的人士也热情地投身其中，另一方面，我们每天都在为我们或者更确切地说为我误把消极抵抗当作非暴力抵抗这个不经意的错误而付出沉重的代价。如果我没有犯这个错误，我们就不会遭遇如此屈辱的一幕——软弱的兄弟不假思索、惨无人道地杀死自己软弱的兄弟。

我只是希望和祈祷，同时我也期冀印度和世界其他各地的朋友与我一起希望和祈祷，这一血腥残杀快点结束。虽然这场血腥残杀会招致不可避免的屠戮，但是一个全新而强大的印度将由此浴火重生——不好战、不卑鄙地模仿西方的一切丑恶，而是以全新的姿态学习西方的精华之处，不仅成为亚洲和非洲的希望，而且成为陷入痛苦中的全世界的希望。

我必须承认，这一希望与现实中的希望相悖，因为今天我们倚重于军事以及所有赤裸裸的武力。我们的两代政治家们一直反对英国殖民统治下的沉重军费开支，但如今我们摆脱了这一政治农奴的处境，军费开支却有增无减，而且仍然有恃无恐地在增长，我们竟以此为傲！我们的立法机构对此没有一丝反对的声音。然而，尽管印度疯狂而徒劳地模仿西方，但是我和其他许多人依旧怀有希望，虽然自从1915年以来到现在的32年间从未间断的非暴力训练并不完美，但是经过32年的非暴力训练，印度一定能够从这次的死亡之舞中幸免于难，并达到应该属于她的道德高度。

读到您来信的最后一段，我必须承认我在心理分析方面的无知。美国的理查德·格雷格（Richard Gregg）也提出了这一问题，他比您提得更具体。您一定见过他的来信和我在《哈里真》^①上给他的答复。

我希望您二位能依旧保持精气神，如之前与我在印度共度美好时光时一样。我不知道您是否还会来印度，那时的印度将不再疯狂，而是一幅生活各个方面充满智慧、欣欣向荣的景象。

爱你们。

甘地

埃德蒙·普里瓦夫人

火车站大街 1 号

瑞士纳沙泰尔

源自照片复制件：S.N.23961

---

① 详见附录 II，第 315 页。

100. 致古吉拉特邦人民

古吉拉特邦的女士们和先生们：

现在是星期三凌晨，我躺在床上口授这封信。尽管自开始绝食到现在还没过 24 小时，但这已经是第二天了。今天是最后一天投递本周的《哈里真》，因此，我决定用古吉拉特语对古吉拉邦人民说几句话。

我认为此次绝食并不是一般意义上的绝食。我是在经过慎重思考之后，才开始绝食的。不过，这不是源自理智，而是源自神的旨意——神支配着人的理智。这些话不是讲给特定人群或个人听的，而是讲给所有人。这里面没有丝毫的愤怒，也没有丝毫的不耐烦。然而，在这些话里有一种领悟，即每一件事情、每一次机会都有它的最佳时机，一旦错过便永不再来。因此，对于每一个印度人，现在唯一要做的就是思考自己在这个时刻所要承担的责任。古吉拉特人是印度人，因此，我用古吉拉特语所写的一切同样也送给所有印度人民。

德里是印度的首都。因此，如果我们真的打心底里不同意两个民族理论，换句话说，如果我们认为印度教徒和穆斯林不是两个截然不同的民族，那么我们就不得不承认，今日德里所呈现出来的景象并非是我们之前所设想的印度首都。德里是永恒之城，正如其前身因陀罗普拉沙（Indraprastha）和哈斯蒂纳普尔（Hastinapur）的遗迹展示的那样。它是印度的心脏。只有愚蠢之人才认为德里只属于印度教徒或锡克教徒。也许听起来很刺耳，但这是千真万确的事实。从坎亚古马里（Kanya Kumari）到克什米尔，从卡拉奇到阿萨姆邦的迪布鲁格尔（Dibrugarh），在这个广阔的次大陆上，所有印度教徒、穆斯林、锡克教徒、拜火教徒、基督徒和犹太教徒都把它看作自己亲爱的祖国，在这里他们拥有平等的权利。没有人有权利说印度只属于多数群体，而少数群体只能以弱势群体的身份居住在这里。不论是谁，只要纯粹地衷心为国家服务，一定拥有优先权。因此，想要赶走德里所有穆斯林的人就是与德里为敌，同样也是与整个印度为敌。目前我们正奔向这场灾难，共同承担，避免灾难的发生，这是所有印度儿女义不容辞的责任。

那么，我们该怎么做？如果我们能目睹潘查雅特制度，即真正的民主梦想实现，那么，我们会对身份卑微的印度人和身份高贵的印度人一视同仁，他们都是印度的统治者。这是以假定所有的人都是纯洁的，或者即将变得纯洁为前提的。另外，纯洁必须与智慧同行。在群体与群体之间，种姓与种姓之间，将不再有隔阂。每个人都应平等对待他人，每个人都能被柔软的大爱之网所包围，相敬相爱。不再有人把他人看成身份卑微的贱民，我们要对辛苦的劳工和富有的资本家一视同仁。每个人都知道如何诚实生活、辛勤劳动，智力和体力劳动之间不再存有区别。为了早日实现这一愿景，我们自愿成为清道夫。任何有智慧的人都不会触碰鸦片、酒精以及任何使人迷醉的东西。我们都要把司瓦德西作为生活规则，根据年龄，把每一个女人当作母亲、姐妹，而不是妻子，不再心生欲念。在需要的时候，他从未想要牺牲别人的生命，而是准备放弃自己的生命。如果他是一个锡克教徒，根据宗师古鲁（Guru）的戒律，他会独自一人英勇地面对，丝毫不会屈

服，来抵制强权政令。无需多言，这样的印度之子绝不需要别人告知
他此刻的责任所在。

你们的朋友

莫·卡·甘地

新德里

桑格拉提节（Makar Sankranti）。

1948 年 1 月 14 日

《哈里真》，1948 年 1 月 18 日，第 517 页

附录 I　谁应该成为省督？

以下是什里曼·纳拉扬·阿加瓦尔校长写的一封信的英译版［该信寄自瓦尔达（Wardha），用印度斯坦语写成，这里是意译］：

"制宪会议正在制定宪法，其中将会有关于选举省督的条款，规定省督根据成人选举制由多数投票选举产生。由此，人们有权做出推断，按照惯例，国大党议会委员会（Congress Parliamentary Board）的提名者将据此选举产生。如此一来，该省的首席部长也将是国大党人士。从常识来看，省督必须超越该省政党政治，或者避免过多地受到首席部长的影响，或者避免与首席部长意见相左，产生摩擦。

"以我之见，没有必要设立一个省督职位。因为省首席部长有能力接管省长之位。此举能节省下省督这份闲职的收入，每月共计5500卢比的人民钱财。不过虽然如此，任何一个省督都不可由本省人担任。

"另外，如此还可以节省选举所需要的花费，消除大多数成年选民因选举而产生的焦虑情绪。由联邦总统精挑细选出那些符合以上标准的省督，这样做难道不是更好、更恰当吗？如此选出的省督们将必定致力于提高其所管辖省邦的公共生活水平。值得注意的是，目前的省督是由联邦中央内阁（Central Cabinet of the Union）按照上述标准任命的，因此他们对各自所管省份的影响力是有益的。因此，我很担忧，如果遵循这部正在制定的宪法规定，那么即将选出的省督们之影响力可能是有害的。

"还有，像以上预测的那样，这部宪法并未提到乡村潘查雅特，它是进步的地方分权基础，以取代昔日对中央集权管理的渴望。除此之外，此宪法还有其他不足之处有待指出，这将会很有益处。但是，我没有权利，也并不想对我们经验丰富的领袖们展开全面详尽的批评。我只是斗胆以我个人之见提请您注意，期许得到您的指导。"

阿加瓦尔校长在省督任命方面的见解，还有诸多值得赞同之处。

我必须坦白地说，我未能实时跟进制宪会议的议程，也并不清楚正在讨论的提案产生的背景。单独来看，上述评论听起来不容反驳，但我还是有几句话要说：虽然我很愿意节约国库的每一分钱财，但如果取消省督，或将其完全等同于省首席部长，这也并不是划算的买卖。而且，尽管我反对赋予省督过多的干预权，但我也不认为他们是挂名任职而已。他们应该有足够的权力，能够促使首席部长的政策向更好的方向发展。作为公正的职位，他们要能以其应有的视角合理地看待事物，这样可以防止他们的内阁做出错误的决定。他们必须在他们的省份里发挥全面的道德影响力。

阿加瓦尔校长指出，即将出台的宪法并未提及乡村潘查雅特以及地方分权。这的确是一个疏忽，如果印度的独立是为了反映人民的心声，就必须引起注意。潘查雅特的权力越大，越能为民谋利益。此外，要想建立一个高效可行的潘查雅特体制，必须大幅度提高人民的教育水平。我认为人民应增强其在道德层面，而非军事方面的力量。

当然，在这方面，我坚信基础教育^①原则。

《哈里真》，1947 年 12 月 21 日，第 473 页

---

① 基础教育（Nayee Talim，又为 Nai Talim），是甘地教育思想的精神原则，意为知识与工作不是分离的，而是密不可分的。——译者注

附录 Ⅱ　心理上的解释

以下文章出自理查德·B.格雷格之手，他是《哈里真》的诸多读者所熟知的美国朋友，曾在圣提尼克坦居住过，几年前也和我一起在萨巴玛蒂共度时光。文章如下：

"由于天性愚钝，我曾犹豫再三，但最终还是斗胆写信向您献上自己的愚见。对我来说，此举不仅能够部分解释近来发生的教派暴力事件，同时也许能够不背负过多的道德谴责，而且还能为未来燃起希望。

"以我之见，也许这次教派暴力事件很大程度上表现出来的，并不只是教派之间的猜疑与仇恨，而在更根本和深入的层次上，说明长期以来，群众面对压迫内心郁结的不满情绪。此种压迫不仅来自外国的政治统治，而且来自外国的现代、社会、经济和金融方式。这些方式与印度古老的达摩法则不同，后者正是人民大众本性的一部分。我这里所提到的外国方式，是指英国的土地所有制，高利贷货币借贷，不按税种而按金钱征收的重税，以及其他干涉整个印度社会长久以来的乡村生活的种种行为。

"心理学研究明确显示，个人童年时期遭受的严重挫折将会产生被压抑的心理怨恨，当引起严重挫折的始作俑者死后，这些怨恨情绪在很长时间内继续在其内心压抑着。一旦日后被某种情景触发，可以说在某种程度上，受挫人会释放出之前被压抑的愤恨，继而在一些完全不相干的人身上实施暴力行为。这个研究解释了很多暴力犯罪事件，其中包括欧洲地区残忍的反犹暴力事件。在印度，宗教选区的建立为负面情绪的疏通提供了渠道，但我认为愤怒的爆发所产生的可怕力量来自于前面我提过的原因。这种观点有助于解释当历史上所有国家发生政治巨变的时候，为什么通常都会导致或多或少的暴力行为与骚乱事件。人民大众总是遭受某种压迫，所以，当面对权力机关更迭或者被自私领导剥削时，就会突然怒火中烧，继而发泄愤恨。

"如果这个猜测是真的，那一个社会群体对另一个群体的猜疑与仇恨程度并不像看上去的那么深。同时也意味着，如果领导们可以将管理重点放在宗教与村庄小组织潘查雅特，以及建立社区家庭系统方面，以此来引导群众回归到之前的生活方式，那么他们的负面情绪将会在多种有创造力的渠道中得以疏通。我也期待在难民中推行印度土布纺织的举措能够有助于将其内心情绪转移到健康良性的渠道中。正是在这样的发展举措中，我看到了希望。

"原谅我的冒昧。我写此信的目的只是期望，作为一位卑微的局外人，正是因为身处事外，也许能为您提供一丝鼓励，这对事件当事人以及正在挣扎的人们来说并不容易看到。不管怎样，我都热爱印度并敬重您。"

尽管很多心理学家都推荐心理学研究，但是很抱歉，因时间关系，我并未潜心研究这门学科。然而，格雷格先生的信也并未对我有帮助，也并未让我对此类学科燃起研究热情。相反，格雷格先生给出的解释，非但没有使之清晰，反而令人迷惑。关于"未来的希望"，我从未失去过，也不会失去，因为它深深植根于非暴力这个永恒不朽的信念之中。但对我个人而言，此次暴力事件确实令我发现，我的非暴力方式很可能存在一个致命的缺陷。可见，在与英属印度抗争的30 年间，非暴力并未获得真正的认同。因此，拥有模范耐心的一代人和平抗争，并未真正在国内实现。英属印度时代结束了，积聚已久的怒火找到了发泄口。这股怨恨很自然地演变成教派暴力事件，而这种暴力由来已久，在英国刺刀的压迫下就已然暗涌着。在我看来，这种解释才是站得住脚并且令人信服的，这其中绝不缺乏希望。此外，我个人非暴力方式的缺陷也并未动摇任何非暴力自身的信念。相反，这种信念，恰恰因为此种方式可能存在的缺陷被及时发现，而愈发坚定。

《哈里真》，1947 年 11 月 23 日

附录Ⅲ 《自由印度甘地宪法》前言

　　也许，"甘地宪法"这个词语用于阿加瓦尔校长的文章并不是一个贴切的标题。但也许不失为一个简洁实用的标题。基本框架确是来自阿加瓦尔校长，那是基于他对我著作的研究得来的。他已研读我的著作好几个年头了，而且生怕对我的著作有丝毫的误读，因此他的作品出版之前定必让我过目。此举有利有弊。利是显而易见的，不必赘述。而弊端在于，读者会将他给我过目的文章误解为完全是我个人的观点。在此，我来提醒他如何避免这类错误。如果我打算致力于将个人见解写成文章，我倒不如自己下笔。尽管已经读了两遍宪法，我还是未能一字不落地核查每一处论点与每一处措辞。而且，我自有分寸，考虑到礼节和个人自由，我也不愿意做出如此不义之事。所以，我可以说，校长的小册子包含的是他本人付出的心血，论据充足，尽力准确表达他的观点。其中并不存在因为和我观点不一致而令我不快的内容。

　　他本人非常优秀，有能力做出必要的调整。

　　谈到"宪法"这个词，我认为在这里，读者不能将其误解为阿加瓦尔校长已经宣称这是一部完整的宪法。在前几页里已经非常清晰地说明，他只是制定了一个大概的框架，来表明以我的观念为基础构建出的宪法将会是什么样子。我认为阿加瓦尔校长此举考虑十分周到，多次努力为印度呈现不同框架的宪法。此举的价值在于他现在的努力，正是我一直因缺乏时间未能做到的。

莫·卡·甘地

在开往加尔各答的列车上，
1945 年 11 月 30 日

第二部分　信件摘录

1. 信仰神

　　世间万物瞬息万变。所以，倘若我离开这个世界，人们为何要因此而忧愁？只是希望在有生之年未行什么不妥之事，我也便知足了。当然，我们应倍加小心，不要做错事，哪怕是无心之过。诚然，我还没有达到可以获得解放的境界，但我坚定地相信，如果离开这副躯体，沿着思想之路奔跑，我必将重生，也将在生命的尽头立马获得解脱（moksha）①。

《圣雄甘地选集》第 8 卷，第 254 页，1908 年 5 月 21 日

　　躯体不应比灵魂宝贵。一个人如若了解灵魂，知晓灵魂同躯体的区别，他就绝不会通过暴力的方式来保护他的躯体。这一切确实很难，但具有崇高理念的人能够轻易理解，并能依此行事。认为灵魂只有被装在躯体里才能为善为恶的想法是完全错误的，一直以来，可怕的罪恶正是由此诞生。并没有一条法则规定人只有活到高龄时才能认识灵魂。因为很多老人直到去世，对自己的灵魂也是一无所知，而像已故的赖昌德巴伊（Raichandbhai）这样的人，在年仅 8 岁时就能够

---

① 摆脱轮回。

认识自己，但尽管如此，犯错和犯罪仍不可避免；但这些错与罪是可以凭借深思熟虑得以消除的。我们被赋予身体躯壳，就是要对它加以限制。

《圣雄甘地选集》第 9 卷，第 418 页，1908 年 9 月 17 日

如有人问没有神怎么会有解脱，那他便没有懂得解脱的真正含义。人们只能领会解脱的部分含义；剩下的部分必须要亲身体验，不可言传。我们身体的每一部分都不足以来描述它。目前我们所理解的解脱意味着不再假设芸芸众生之间都有着无穷无尽的联系，也不再受对结果执着的折磨，自身得到释放。然而，也没有必要否认神的存在。我们可以用自己有限的认知来认识神。

无论如何，神都不是赏罚的支配者，也不是一位积极的行为人。如果以肉体形式存在的自我（atman）[1] 获得了完全的解脱，那么纯粹的自我就能够得以呈现——他就是神了。他不是物质，而是纯粹的意识。这也是不二论者（the advaitavadins）[2] 的观点。无论何时，在何种情况下，我们都不需要君王式的神。我们思索自己的行为，从而对自我——这个无限的力量进行限制。

《圣雄甘地选集》第 12 卷，第 92 页，1913 年 5 月 30 日

我们自身只关心有助于达成精神成就的行为，其他所有的一切，甚至健康，都应从属于它。努力实现自我的人，无疑会得到他应得的

---

[1]　这个自我不能等同于人类个性的任何一个方面。

[2]　他们认为 atman，即人的自我，同梵，即绝对纯粹之间是没有区别的。

一切。

《圣雄甘地选集》第 12 卷，第 125 页，1913 年 7 月 2 日

神既存在，又不存在。他不以字面意义存在。获得解脱的自我即是神，所以他无所不知。虔敬（bhakti）的真意就是寻求自我。当自我获得实现时，虔敬便转化成为智慧（jnana）。

纳尔新哈·梅塔（Narsimha Mehta）[1]等人便孜孜以求地追寻着自我。

克里希纳神，罗摩神等神都是肉身神，但如果我们也累积了无上的功德（punya），我们就也能像他们一样。能获得解脱的自我就能成为肉身神。只要我们还活着，就不必相信他们已然完美无缺。

《圣雄甘地选集》第 12 卷，第 126 页，1913 年 7 月 2 日

在克里希纳神、罗摩神、佛陀和基督等神中，很难说谁最伟大。他们的功绩各有不同，又拥有迥异的时代背景与生活环境。如仅从品行来说，或许佛陀是最伟大的。但是谁来判定呢？诸神的形象是由其各自的信众根据自己不同的偏好来描述的。毗湿奴派（Vaishanavas）[2]信徒认为克里希纳神是完美的，他们当然理应如此，否则不可能实现一心一意的虔诚。基督徒对耶稣也是如此。在印度，克里希纳神（在化身中）排位最末，而他的形象也被赋予了一层十分

---

[1] 古吉拉特诗圣。

[2] 崇拜毗湿奴的印度教派。毗湿奴是三主神中的第二位神（三主神分别为梵天、毗湿奴和湿婆）。

特别的伟大色彩。

《圣雄甘地选集》第 12 卷，第 126 页，1913 年 7 月 2 日

否认神之存在的人终将走入歧途，因为他们继而也会否认自我的存在。神的化身（avatar）[1]现在是，也将永远是必要的存在。只有当人们深陷彻底绝望，道德败坏之行肆意横行，对神之化身的信仰才会流传开来。少数遵守底线道德的人身处邪恶之中，正在寻求帮助。在此种情况下，一个具有强大道德力量的人，不仅无惧邪恶，还会为邪恶所畏惧，而在他死后，甚至他在世之时，就被视为神之化身。在大多数情况下，此人是不太可能从一开始就尊自己为神之化身的。

《圣雄甘地选集》第 12 卷，第 126 页，1913 年 7 月 2 日

除了暗性（tamas），世间还有忧性（rajas）和纯性（sattava）[2]，它们具有不同的特性：暗性使人变得盲目、无知及懒惰。忧性让人在追求世俗道路上鲁莽、大胆而精力充沛，此种特性在欧洲各国占主导地位。我们印度的大部分行为也都与此类似。纯性的人安静、自制、具辨别力。他们不会为世俗之事所烦恼，而是一心系于神。纯性的性情已被恰当地描述为"soothfastness"（沉稳）。"soothfast"即"沉稳的"，加上"ness"，变成名词，意为"平和"。只有当人心境平和之时，他才能够感受到神的存在，而这种心境就是平和的状态。神超乎

---

[1] 即 incarnation，天神的化身。

[2] 纯性，衍生于人的生理器官的心理倾向［参见《薄伽梵歌》（第 14 卷），第 5—8 页］。

这三种特性之上，不存在具体的善行或恶举之说，而是（通过）空幻之境（maya）[1]，以"彩丹雅"（chaitanya）[2]的形式而存在。他凌驾于三种特性之上。但当他具体行事时，比如对阿周那（Arjuna）进行指导，其背后的推动力则是纯性的。此种具体行事是一种资格的标准，所以神（克里希纳神）也因具有纯性而被称作是（神）。

《圣雄甘地选集》第 12 卷，第 188—189 页，1913 年 9 月 17 日

肉体终将毁灭，那天终将到来。因此，我们想到补救的方法。

此外，自我是永生不朽的，虽然我们似乎只在意躯体，但真正应关心的是自我。因为事实上，当灵魂离开躯体，我们便无法再保留躯体，无论时间长短。

《圣雄甘地选集》第 12 卷，第 373 页，1914 年 3 月 5 日

离开了真理，神就不存在了。人的美德并非死物，而是生机勃勃富有活力的。

《圣雄甘地选集》第 14 卷，第 385 页，1918 年 5 月 1 日

神的方式无法预测。因缘报应永不会消除。所有的因皆会产生果，或好或坏，而我们称之为偶然的实则绝非偶然，只是看似如此而

---

[1] 吠檀多学派的概念之一，寻求表象存在（phenomenal existence）的解释。（也译作幻力、空幻境界。——译者注）

[2] 生命与意识的原则。

已。没有人会提前死去。死亡只不过是同一个实体的最终转化形式，而非完全的消亡。自我是不朽的。即便转化，也只是躯体的转化。状态改变了，而自我并未改变。

《圣雄甘地选集》第 14 卷，第 502 页，1918 年 7 月 24 日

我们从旧房子搬到新房子会满怀欣喜，同理，若有一位朋友本身具备自我，当他放弃陈旧躯体而获得崭新躯体时，我们也自然没理由感到悲痛。这确实是实情，无论这个人去世时是年老还是年轻。一具躯体会在何时停止服侍神，这只有它的创造者知道，人是无法知晓的。

《圣雄甘地选集》第 15 卷，第 313 页，1919 年 5 月 19 日

我并无私心，也不追求世俗的欲望。生命唯一的目的就是面对面看见神，而我对生命及其经历理解越深，就越发感觉到，每个人对阳光的接受程度都是不一样的，虽然太阳是同一个太阳，但从赤道、温带和寒带的不同地区去感受，阳光自然是不同的。

《圣雄甘地选集》第 23 卷，第 267 页，1924 年 3 月 18 日

在我看来，神之名（God's name）和神之迹（God's work）二者必须紧密相连。这两者没有谁优先的问题，因为他们是不可分割的。对神之名进行鹦鹉学舌般的重复是毫无意义的，而如若自身的服侍或行动并非以神之名，或并不是因为神而有意识去做，那此种服侍与

328

行动也是没有价值的。如果我们时不时地，像是必须如此一样，仅靠口中重复念诵神的名字来度日，那这无疑是一个准备自我奉献的过程，也就是全心为神，并以神之名对神奉献自己。如若人们完全理解这点，便会认识到在这种精神指导下，不断服侍神也就等同于不断重复神之名。但在大多数情况下，对我们的祷告时间进行划分是极其必要的。据我所知，对所有的经文来说，当然，这里指的是印度经文，安排一位导师（guru）^①都是绝对必不可少的。但如果我们找不到真正的导师，那找位南郭先生不仅毫无用处，还可能伤到我们自身。我之所以称建立了锡克教圣典的第十位导师为最后一位导师，这正是原因之一。

我虽没有精神导师，但我相信精神导师这种制度。在过去的 30年中我一直追寻它，因为于我来说，这份追寻便是最大的安慰。

《圣雄甘地选集》第 23 卷，第 289 页，1924 年 3 月 1 日

为什么人们会害怕别人知道神是所有人的保护者？我说神是我们的保护者，并非指没有人能抢劫我们，或者没有动物能攻击我们。即便发生这样的事，也只是因为我们缺乏对神的信仰，而不会给神的这种保护带来任何污点。河流中的水总向所有人敞开，但如果一个人不走近它，不用罐子取水，或者认为河水有毒而远离它，那这怎么会是河流的错呢？所有的恐惧都是缺乏信仰的表现。但是，信仰无法通过推理的方式来培养。通过静思、冥想和实践，从而逐渐培养信仰。为了培养这种信仰，我们向神祈祷，阅读有益的书籍，寻求良友，并在

---

① 精神导师。

纺车旁进行牺牲祭祀式的纺织。没有信仰的人根本不会去碰纺车。

《巴布致静修院姐妹们的信》，第 28 页，1927 年 5 月 16 日

事实是，只要他仍需要我这副躯体，神就会来拯救我。一旦他的需要得以满足，那便没有任何预防措施能拯救我了。

《巴布致米拉的信》，第 91 页，1929 年 4 月 8 日

相信神之指引的人总是尽全力做事，从不担忧。太阳从未遭受过度劳累之苦，可又有谁像他那样绝无仅有、一成不变地拼命工作呢！那我们为何应将太阳看成是无生命的？因为他和我们之间的区别可能在于，他别无选择，而我们有讨价还价的余地，无论这余地或多或少。但是，我们不要再从这方面来思考问题。只需记着太阳是人类无与伦比的范例，因其具有无穷无尽的能量。倘若能完全屈从于神的愿望，真正完全抹去自己的价值，那么我们也就自愿放弃了选择的权利，也就不会再觉得疲劳。

《巴布致米拉的信》，第 171 页，1932 年 2 月 11 日

如果我们相信神，则无需再担忧，就像有一个可靠的看门人或守卫一样放心。谁又能成为比神更好的看门人或守卫呢？因为他永不会让我们失望。我们歌颂他，领悟他，但这还不够，我们还必须从灵魂深处感受他，就像感受痛苦或者愉悦一样自然。这是不容许辩驳，或不需要争论的事实。谁能说服我们不去相信自己的经验？我给你写这

些，是因为我希望你能完全摆脱所有担心与焦虑。

《我心爱的小孩》，第 89 页，1932 年 4 月 13 日

没有任何证据——能为人类理性所接受的——能够证明神的存在，因为神高于理性。如果我们认为，理性就是一切，没有什么能高于理性，这就是将自己置于为难之地。因为人类自身的灵魂就是高于理性的。人们一直试图推理出自己的存在和神的存在，但是靠理性来了解灵魂和神的人，其实是一无所知。有时理性对于学习知识是有用的，但人如果仅仅依赖于理性，则永远不会了解他自身，这就像是人能通过知识了解到吃粮食的好处，但只有亲自吃下粮食，才能获得真正的益处。灵魂和神并非认知的对象，他们本身就是认识者，所以无法通过理性来理解。对神的认知分为两个阶段：（1）信仰；（2）源于信仰的经验。人类伟大的导师们通过自己的经验真实目睹了神的存在。而那些被世界当作傻瓜摒弃的人通过信仰来目睹神的存在。如果与之分享他们的信仰，我们就将在神赐的恰当时光里，拥有实实在在的经验。假如一个人眼睛看得到别人，但因为聋了，听不到别人的声音，他就断定那人无法发声，这自然错了。同样，说无法通过理性来认识神，则暴露了我们的无知。因此，人们不能通过感觉来感知神，也不能通过理性来理解神，就如同不能通过眼睛来听声音一样。要想意识到神的存在，需要一种特别的能力，这种能力便是坚定不移的信仰。正如我们亲身体验到的那般，理性会随时误导我们，但真正的信仰永远不会使我们迷途。

《甘地书信集 II》，第 11—12 页，1932 年 5 月 5 日

虽说生死具有两面性，我们在面对死亡时也应像活着那般心情愉悦，但唯有生命才能赋予身躯以活力。这是神赐予我们的额外奖赏，我们应该好好地照顾它。

《马哈德夫·德赛日记》第 1 卷，第 124 页，1932 年 5 月 22 日

我起初缺乏信仰，但后来通过沉思和研究宗教而获得信仰。当我愈发认识到神在我的心中与我同在这一事实的时候，心中的信仰也就愈发强烈。……但是……在这方面，一个人的经验对其他人来说是无用的。唯有通过源于信仰的不懈努力，才能进一步强化信仰。

《马哈德夫·德赛日记》第 1 卷，第 125 页，1932 年 5 月 23 日

神即真理。在过去的几年中，我一直说的是"真理即神"，而不是"神即真理"。前面一种说法更符合事实，因为在这个世界上，除了真理，别无他物。这里的真理应理解为一种广义的概念。它充满了智慧。神作为真理和准则而存在，这并非两种不同的事物，而是同一事物。所以他也充满了智慧。事实上，无论我们说宇宙是真理的产物，还是说宇宙是准则的产物，都是一样的。这种真理充满了无穷的力量。在《薄伽梵歌》（第十章）中，宇宙仅靠其自身的一小部分来维持。所以，如果你在任何出现"神"的地方都用"真理"来替换，你也会产生和我同样的想法。

倘若神即真理，则我们有义务崇拜神，即使我们将其视作真理。我们倾向于变成我们自身所崇拜的事物。这就是"祷告"一词全面而综合的含义。真理与人心同在。但是我们在认识真理时满不在乎，甚

至根本无法认识到它。真诚的祷告是开启这种认知的钥匙。

《马哈德夫·德赛日记》第 1 卷，第 160 页，1932 年 6 月 13 日

毫无疑问，生命的意义在于自我认知。除非我们学会如何将自身同其他所有生命区分开来，否则便无法实现自我认知。所有生命的总和即为神。所以我们有必要认识到，神存在于我们每一个生命之内。通往认知的方法就是无限制地自我服务。

《马哈德夫·德赛日记》第 1 卷，第 184 页，1932 年 6 月 21 日

内心的声音难以表述，但有时我们又确实感到自己获得了来自内心的灵感……

《马哈德夫·德赛日记》第 1 卷，第 275 页，1932 年 8 月 7 日

就像我们的头发生长一样，我精神上的成长一直没有引起注意。

《马哈德夫·德赛日记》第 1 卷，第 275 页，1932 年 8 月 7 日

对神的仆人来说，痛苦即欢乐。神通过痛苦的烈焰来考验他们，净化他们。世俗中纯粹的欢乐终将散发出臭气，我们渴望的应是痛苦的氧气。

《甘地书信集Ⅱ》，第 34 页，1932 年 10 月 9 日

如果神是所有人的照看者，那我们为何还要背负包袱？我们要担负的应该是完成自己的分内之事。

《甘地书信集Ⅱ》，第 35 页，1932 年 10 月 22 日

如果我们存在，那么，神也存在。因为生命的总和即为神，就如阳光的总和即为太阳一样。想要信仰神，你必须先对自己怀有信仰。对自身的信仰可以通过无私为人类服务来获得。如若不是这样，我们相信神，可能只是因为全世界其他人也都相信他罢了。

《甘地书信集Ⅱ》，第 32 页，1932 年 12 月 19 日

感官对象只能通过面见神来消除，也就是指去信仰神。对神怀有完全的信仰，即见到了神。即便假定第四维度的存在，消除感官对象也不会变得更容易。所有这些最终指向同一件事。

"你们要先寻求神的国度，其他一切自会到来。"当遇到神之时，我们会欢欣地在他面前舞蹈，到那时，面对蛇，或是爱人的死亡也毫不畏惧。因为神所在之处，没有死亡，也没有毒蛇咬伤。事实上，最真实的信仰也不能尽善尽美。所以，我们不可能完全克服对被囚禁的灵魂，也就是肉身的恐惧。拥有肉身这副躯体自身便注定拥有局限性，因为它像是一道隔墙。所以，我们只有努力驱除恐惧，增强信仰。

《巴布致米拉的信》，第 231 页，1932 年 12 月 22 日

我们即为宇宙。宇宙中有我们，我们中有宇宙。神也在我们之中。我们的眼睛不见我们体内的气，但有能力感知它。因此，我们可以培养感知神的能力，如果成功的话，我们也可以有能力认知神。

《致一位甘地主义资本家》，第 150 页，1933 年 1 月 11 日

如果你对鲜活的神具有真实的信仰，你将能感到神无所不在，正保护着你。在达到这种状态之前，对一个有血有肉的人的信仰是毫无益处的，因为这个信仰是靠不住的。你应先思考清楚这个问题，再用心同你的理智结合。

《巴布致米拉的信》，第 260 页，1933 年 5 月 4 日

既然知道神本身就是谜中之谜，我们为何还为他的行为感到困惑呢？如果他如我们要求的那样行事，或他的行事方式同我们并无二致，我们就不会是他的创造物，而是反过来了。围绕在我们周围的那无法穿透的黑暗并非一种诅咒，而是神佑。神已赐予我们力量，去看清前方该如何迈出下一步，如果来自天堂的光向我们指明方向，我们就应该知足。那时，我们可以和纽曼（Newman）一同歌唱"一步已足够"。我们可能会由过去的经验而确信，继第一步之后，第二步也近在眼前。换句话说，那无法穿透的黑暗并非我们所想象的那样顽固，只是当我们在寻找那一步时早已失去耐心，这会让黑暗看上去不可穿透。既然神就是爱，那么，我们可以确定地说，即使是他偶尔降于我们肉体上的灾祸，也一定是乔装打扮过的福祉。这一点，唯有对

那些将灾祸视作内省和自我净化时机的人才能领悟到。

《我心爱的小孩》，第104—105页，1934年3月31日

神注视着我们，他的目光不是为了惩罚，而是磨炼。

《甘地书信集I》，第17页

推动我们前行的力量即是神。就像如果发条坏了，手表就会停走，当弹簧坏了，我们这辆马车也将停下来。只要它仍在运行，我们就感到自己被许以某种行动上的自由。让我们用这份自由来学习，去实现那位伟大造物主，亦即神的愿望。

《甘地书信集I》，第23页

我将神仅当作真理。曾经我对神的存在表示过怀疑，但从未质疑过真理的存在。这里的真理并非指物质上的东西，而是指纯粹的理性，它掌控着这个宇宙。因此，它就是神（Ishvara）……对我来说，对这个问题的认识几乎只是经验多少的问题。

《甘地书信集I》，第38页

只要人的生命是有限的，就无法实现对至上的完美追求。他可能到了门口，但却无法进去，因为他为自己的躯体所累，就像戴着锁链

一样。

《甘地书信集 I》，第 39 页

我说真理即神，并非因为神和真理都没有固定的形式，而是因为真理是神唯一的理性特征。其他的特征都只是对现实，即神的部分表达。

《甘地书信集 I》，第 55 页

通过将真理视为神，我们避开了许多危险。我们对目睹或听说神迹丧失了所有兴趣。看见神很难理解，但看见真理却没这么难。其实，看见真理是一件十分艰难的事情，但是随着距离真理越来越近，我们也就能瞥见真理的神，所以我们希望能完整地见到神的好时，我们的信仰也就照耀得愈发明亮。

《甘地书信集 I》，第 56 页

我们也许有些合作者，但唯有神才是我们的朋友。根据我的经验，人与人之间的友谊源于我们和神之间的友谊。

《甘地书信集 I》，第 43 页

人只有通过完全摆脱自身的喜好，才能实现至上的境界，别无他路。我认为那些声称自己已经实现至上的人，其实距离自己的目标仍然相当遥远。实现目标事关经验，但它并不适合于用言语来描述。

我之所以活着，全是依靠我对神的信仰。在我看来，没有和真理不同的神。真理即是神。

《甘地书信集 I》，第 51 页

我们必须相信神的存在，就像我们相信自身的存在一样。既然生命存在，则神也存在，因为神是所有生命的总和。

如果不信神，我们就伤害了自身，就如同我们不信自己一样。也就是说，不信神就如同自杀。但是信神是一回事，拥有真正的信仰、注重自己的举止表现则是另一回事。事实上，这世上并没有无神论者；无神论者只是一种空洞的存在。

《甘地书信集 I》，第 51 页

2. 宗教和经典

在整部《薄伽梵歌》①里，我并未发现任何证据表明，一个人只能控制好"行动的器官"，但又总会不自觉地"将心放在感官体验上"，如此一来，人便不能很好地运用这些器官，除非他能控制住思想，否则没法做出更好的行动。人们通常将其称为纵欲。我们之前当然总是希望精神可以永远同样强大，如能管住肉体的欲望，甚至在精神最脆弱的时候也能坚守，那么我们就肯定能做出正确的回应。

《圣雄甘地选集》第 10 卷，第 248 页，1910 年 5 月 10 日

依我之见，世界作为一个整体永远不会有，也不必只是一种单一的宗教。

《圣雄甘地选集》第 12 卷，第 99 页，1913 年 5 月 30 日

将不同宗教进行比较是毫无必要的。一个人必须深刻了解自己

---

① 文学上称为《圣歌》（*Divine Song*）。这是印度宗教和哲学的典范，首神克里希纳神曾在俱卢之野（Kurukshetra）的战场上以此为阿周那讲经。

的宗教之后再学其他的宗教。一般来说，对于比较的目的而言，其标准就是把恻隐之心作为生活的准则。恻隐之情越多的生活方式，它所包含的宗教性就越多。"道德方式植根于同情"是必须教会别人的第一原则。"婆罗门是真实的，而现象世界是不真实的"则是第二原则。没有任何一个原则能够吸引所有人，然而对于寻找灵魂自我的人而言，似乎总是能适时地顿悟正确的原则。

事实上，有多少人就会有多少种方法。性情不同，方法也不同。能看见自己和他人灵魂共同点的人，也就能看到宗教间的相同之处。

当灵魂脱离肉体的束缚，即人们所说的获得解脱。这种状态的特性无法描述，只能切身体会。鬼魂是生命的邪恶之态。犯下恶行之人便生于此种状态之中。

《圣雄甘地选集》第 12 卷，第 127 页，1913 年 7 月 2 日

大卫的诗篇有一种值得理解的意义。诗里充满着对消除罪恶的渴望，其意义在于他不能容忍邪恶。这一点在《罗摩衍那》^①中同样有所记载，那就是，神和人类共同祈祷罗刹们（Rakshasas）^②能被清除。"胜利归于罗摩"（Jaya Rama Rama）的祈祷正是出于同样的渴望。大卫诗篇的重大精神意义在于，大卫（阿周那——代表倾向于神）渴望消灭难敌（Duryodhana）和其他人（具有魔性）。这是纯性的（sattvic）冲动，一个人在虔诚的祷告中就会做到。人一旦获得智慧^③，冲动就会消退，剩下的只有纯粹的意识，也就是绝对知识。你

---

① 以罗摩为神圣英雄的民族史诗。

② 魔鬼。

③ 启示。

在《圣经》中或许找不到这种状态。虽然大卫并不完美，但他是巴克塔（bhakta）[1]。他的诗篇用一种简单的语言描述了他的情感。尽管他很伟大，但在上帝面前他却谦卑地将自己视作一片草叶。

《圣雄甘地选集》第 12 卷，第 407 页，1914 年 4 月 12 日

我们的经书将父母置于神般的高度。但世间父母并不总能担此重任。他们毕竟生于尘世，把遗产传给下一代；同样，自私也随之一代代流传了下来。

《圣雄甘地选集》第 14 卷，第 221 页，1918 年 2 月 27 日

此生所有努力的最终目的是控制本性的冲动，那就是达摩。

《圣雄甘地选集》第 14 卷，第 385 页，1918 年 5 月 1 日

我所热衷的是宗教，而非政治。之所以参与政治是因为我认为生活不可能脱离宗教而存在，而政治几乎在每一点都触及印度至关重要的存在。

《圣雄甘地选集》第 14 卷，第 5 页，1919 年 8 月 4 日

我认为自己是印度教徒中的教徒，并且自认对印度教的真理有很

---

[1] 奉献者。

深的认识。我从中学到的宝贵知识就是，不应希望其他人都成为印度教徒，而应该希望他们成为自身信仰的模范信徒。

《圣雄甘地选集》第 16 卷，第 477 页，1920 年 1 月 13 日

每天或偶尔用无规律的时间背诵苦修（Gayatri）[①]，永远不如每天用一个小时的固定时间潜心诵读那么管用。只有让生活变得有规律才可能取得进步。

《圣雄甘地选集》第 17 卷，第 526 页，1920 年 2 月 13 日

苦修（Tapascharya）[②] 的圣人告诉我们，虽学习《吠陀经》但行为上不遵循教规的人仅是空谈而已。他们自己无法得道，也无法普度众生。所以我从不理会那些只会整天把《吠陀经》挂在嘴边，或者靠记忆力背下其注释的人。他们从不摸索学习，也认识不到我所拥有的那点知识的重大价值。

《圣雄甘地选集》第 19 卷，第 98 页，1920 年 12 月 11 日

真正的宗教是人生中和世界上最重要的事情，对它的利用无所不用其极。目睹那些人如何利用宗教，但自己却错过了宗教本质的人自然会厌恶宗教本身。然而宗教毕竟是个人的事，也是每个人内心的事，因此你可以按照自己的喜好给它命名，而只有上帝能够在熊熊烈

[①] 最有可能清除魔鬼的吠陀咒语。

[②] 苦行，禁欲。

火的磨炼中给予我们最大的安慰。

《一沓旧信》，第 43 页，1925 年 4 月 25 日

宗教宣称只要心怀邪念就不纯洁，就不配站在神面前。所以你们中任何有这种邪念想法的人首要的任务就是忏悔，然后，再与邪恶划清界限。

《巴布致静修院姐妹们的信》，第 47 页，1927 年 9 月 26 日

我们不能因自认为真理在握、动机纯洁而杀人。我们必须准备着为真理献出生命，时机一到，就将献出生命，将我们的鲜血印在真理上。我认为这是所有宗教的精髓。

《致拉吉库玛瑞·阿姆里特·考尔的书信集》，第 223 页

你所说的关于轮回的话是很合理的。自然的仁慈之处就是让我们不记得前生的事。记得无数次生命所经历的事对我们又有何好处呢？负载如此多的回忆，生命就变成了沉重的负担。聪明人总是有意地忘掉许多事，即使是律师也会在审判之后就将案件和细节都忘掉。是的，"死亡就是熟睡和遗忘"。

《巴布致米拉的信》，第 154 页，1931 年 1 月 25 日

谷米（Pinda）是我们的身体，而梵卵（Brahmanda）则是宇宙。

如今身体里能找到的东西也存在于宇宙之中。身体里缺失的东西也将在天地间荡然无存。我们的躯体由地球上的泥土制作而成。如此，地球上的五种元素（土、水、火、气和以太）在我们体内也同样存在。另外，地球上生活着各种各样的人，而我们体内则活跃着各种鲜活细胞。肉体死亡再重生，而地球也在不断演变。从这种观点出发，我们可以断定，倘若足够了解自己的身体，便等于了解宇宙，不必对它做进一步的探索。身体触手可及，如果了解自身躯体，我们也就达到了目的。如果我们只是试图了解宇宙，那么这种认识必定是不完整的。因此，智者曾告诉我们，存在于天地间的事物也必然存在于躯体里。如果了解自我，便了解一切。同时，我们在了解自我的过程中也认识了其他事物。我们有权利从这种外在的知识中获得乐趣，因为这也是自我认识的一部分。

我们不应该把历史上的克里希纳和《薄伽梵歌》中的他混为一谈，后者并未讨论过暴力和非暴力的问题。阿周那通常不反对杀戮，而只是反对杀害他自己的亲人。就此，克里希纳认为负责任的人不会将亲友及其他人区别对待。《薄伽梵歌》时代的重要人物不会提出是否发动战争这样的问题，实际上，类似问题是近些年来提出的。那时候所有的印度教徒都信奉非暴力主义，然而当时像现在一样，对于招致暴力的因素一直有诸多争论。许多我们看起来并不暴力的事物对于后代来说可能是暴力的。当我们以牛奶与谷物为食，实际上我们也杀害了生命。因此，子孙后代可能会放弃生产牛奶以及种植谷物。正如尽管以食用牛奶和谷物为生，却认为自己是非暴力人士一样，《薄伽梵歌》时代的人们认为战争是再平常不过的事，没人会认为这跟非暴力是相违背的。如此说来，《薄伽梵歌》以战争为例，我并不认为有何不妥。然而，如若研究整部《薄伽梵歌》，并查看描述希塔普拉亚

344

娜（Sthitaprajana）①、梵境者（brahmabhuta）②、虔敬者（bhakta）③和信奉瑜伽者（yoji）④的话，我们只能看出，《梵歌》中的克里希纳就是非暴力的化身，他告诫阿周那要战斗到底，并不损其伟大之处。另外，如果他给予的是别的忠告，那就证明他的认识不全面，那么他也就不会被人尊称为瑜伽之主（Yogeshvara）和完美化身（Purna Avatara）。

《马哈德夫·德赛日记》第1卷，第93—94页，1932年4月28日

图尔西达斯认为罗摩的名字比罗摩本人更具威力，他认为罗摩这个词和它的意义之间没有联系，因为其意义会由奉献者根据他所奉献的本质来实现。这是伽薄（japa）⑤的美好之处。否则就无法证明罗摩之名能使人获得重生，即使是傻瓜。奉献者只需满足这一个条件。重复念诵（神灵）的名字不是为了卖弄或意欲欺骗别人，而是对其有坚定的意志和信念。一个人如果持之以恒念诵名字，我万分肯定这将能为他带来一切。每一个有足够耐心的人都能实现这一点。几十日如一日，有时甚至数年的时间里，我们的思绪四处遨游而变得焦躁不安。默念神灵之名时，身体却渴望酣睡，实际上期间还会经历更多的痛苦。倘若如此，追随者依然坚持重复神灵之名，就必然会有所收获。纺纱是重大的物质收获，只有耐心尝试才能获得。比纺纱更难的事，则是要求我们做出更大的努力。所以，想要获得至高的成就，一个人

---

① 认识坚定不移的人。
② 受圣灵接纳的人。
③ 奉献者。
④ 通过呼吸得到身体和内在净化的练习瑜伽者。
⑤ 意为召唤神灵。——译者注

必须在很长时间里经受必要的训练与考验，并且绝不能灰心丧气。

《马哈德夫·德赛日记》第 1 卷，第 120—121 页，1932 年 5 月 20 日

正如第 6 章向我们阐明的那样，在精神修行（sadhana）的过程中，哪怕只是一丁点的努力也不会白费。修行之人以此生为基础，继续在下一个轮回中修行。同样地，如果一个人此生有此意愿，但却没有能力提高精神境界，那么他的下辈子环境就会增强这种意愿。但这不应该成为当前松懈的借口。拿这当借口就意味着这意愿仅仅来源于理智，而非内心的感触。智力上的意愿没有实际用处，因为人死之后它也将不复存在。而如若是发自内心的意愿，此生必须为此意愿努力奋斗。然而，体力的虚弱以及环境可能会对此形成阻碍。即使如此，当灵魂离开肉体时，它也将美善随身带走。当来生环境条件更好时，此灵魂成人必有所成就。因此，行善之人必将稳步前进。

杰纳内斯瓦拉（Jnaneshvar）[①]可能在尼维瑞缇（Nivritti）[②]有生之年就对他进行冥想。我们不应该效仿这一点。我们所沉思冥想的对象必须是完美的。有人认为这种完美能在活着的人身上得到体现，这既是不恰当的，又是没有必要的。杰纳内斯瓦拉所冥想的其实不是现实中的尼维瑞缇，而是想象中的。然而这种改良过的冥想方式并不适用于我们。当我们提出如何对活着的人沉思冥想时，脑中便无暇顾及想象中的形象。假如回答这问题时心中想着他，这只会让提问的人精神错乱。

[①] 中世纪马哈拉斯特拉的圣人，16 岁时写下关于《薄伽梵歌》的最受瞩目的专论，其作品被称为《蒂娜尼斯瓦里》（*Dnaneshwari*）。

[②] 杰纳内斯瓦拉的长兄和精神导师。

所以，在我看来，《薄伽梵歌》第一章记载的人名都不是专有名词，而是品性的名称。在对神圣和邪恶的永恒争斗的描述中，诗人以《摩诃婆罗多》中的角色将它们拟人化。这并不是质疑般度族（Pandavas）军队和俱卢族人（Kauravas）是否曾在哈斯蒂纳普尔（Hastinapur）爆发战争。我认为诗人将几个此类真实事件当作线索，以此将他的诗篇串起来。当然我的说法也可能是错的。再说，如果所有的人物都以真实的历史人物命名，那么诗人在基于历史的开头处交代这些角色的名单也绝没有什么不妥。由于第一章是《薄伽梵歌》主题至关重要的一部分，它也应该作为《薄伽梵歌》的一部分加以朗诵。

《马哈德夫·德赛日记》第 1 卷，第 171—172 页，1932 年 6 月 18 日

重复圣名（Nama-japa）[1]有助于我们克服原罪。满怀纯洁之心重复圣名是信仰虔诚的体现，谁如此行事必能助谁克服原罪。克服原罪的另一种说法是自我净化。满怀信仰地重复圣名不会让人产生厌倦之心，圣名由口舌传入心中，然后得到净化。这是众生的经历，无一例外。即使是心理学家也认为人因思考而改变。这一原则也适用于罗摩那摩（Ramanama）。我自己就对重复圣名满怀信仰，重复圣名的发现者是阅历丰富之人，而且我深信这是极其重要的发现。另外，不识字的人也同样可以得到净化。重复圣名来自《薄伽梵歌》第 9 章第 22 节和第 10 章第 10 节。细数诵经的念珠有助于精神集中。

《马哈德夫·德赛日记》第 1 卷，第 275 页，1932 年 8 月 7 日

---

[1] 不断地重复神的名字。

沉默对于我们而言至关重要。入定（Samadhi）就是沉默的意思。牟尼（Muni，圣人）和摩纳（mauna，指沉默）都源于同一个词根。当我们沉默修行时，万念入心，这时我们确实会瞌睡起来。沉默修行便可避免这些情况的发生。我们都习惯了侃侃而谈，以及听见一些嘈杂的声音。因此，沉默似乎十分困难。不管我们为什么喜欢沉默修行，什么时候开始喜欢它，它给我们带来的都是无与伦比的平静。因此，作为真理的探索者，我们必须知道沉默意味着什么，并且审视它。我们当然能在沉默中念罗摩那摩。事实是我们必须为此做好心灵上的准备。只要稍作思考，我们就将会发现它的价值。

《马哈德夫·德赛日记》第 1 卷，第 313 页，1932 年 8 月 28 日

关于秘术[①]，你曾问过我对此秉持什么观点。我对此并不热衷。即使对头脑最简单的人来说，生命之书也毫不复杂，而且其本应如此。神的计划中没有安排任何秘术。无论如何，神秘和超自然的事物都不能吸引我。真理没有秘密，真理即是神。

《甘地书信集 II》，第 27 页，1932 年 10 月 30 日

因为并未发现某件特别的事会对自己有帮助，我可能既不会对别人漠不关心，也不会忧心事物是否对他们有帮助。我知道偶像崇拜这种特殊形式对百万众生有用，不是因为他们比我笨，而是因为他们接受的教育不同。别忘了我不仅认为偶像崇拜是一种罪过，而且我知

---

① 神秘科学，例如通神学、超自然现象论等。——译者注

道它只是人类的某种形式或状态。不同的礼拜形式之间的差异在于程度而不在于形式。去清真寺还是教堂做礼拜都是偶像崇拜的形式。对《圣经》《古兰经》《薄伽梵歌》等的膜拜都是偶像崇拜。即使不使用经书，不去教堂寺庙，在脑海中画一张神像并赋予其价值也同样是偶像崇拜。我不认为在石像面前做礼拜是一种粗陋的崇拜。博学的法官家里都经常藏有这样的神像。博学者马拉维亚吉这样的哲人不会还没向家中供奉的神祷告就开始吃饭。贬低这样的祷告，将其视为迷信，这是傲慢而又无知的表现。同样在信徒的想象中，眼前的神圣石像才是神，其他石头刻的雕像都不是。尽管如此，教堂里的圣坛还是比其他地方要更神圣一些。这些例子比比皆是。所有这些例子都不是为思想上或崇拜中的懈怠辩护，而是恳求大家彻底认识到这样一个事实，那就是所有诚实的崇拜形式对每一位的信徒都同样有好处，也同样有效。单独个人或者群体享有特权的时代已经一去不复返了。神在乎的不是形式和语言，因为神可透过我们的言行了解我们的思想，就连当我们自身都不能理解它们的时候，神却能理解它们。对神而言，重要的是我们的思想。

《甘地书信集 II》，第 29—30 页，1932 年 11 月 29 日

涅槃（Nirvan）是所有自我主义也就是自我的彻底消逝。它的正面意义只可意会，不可言传。我们由推断可知，它是人生在世所能体会到的最大福佑。

《巴布致米拉的信》，第 233 页，（大概日期是）1932 年 12 月 29 日

世上再没有比这更糟糕的事了。但我是离不开宗教的，因此便无法与印度教分离开来。如果印度教不接纳我，我的生命将成为一种负累。透过印度教我也热爱基督教、伊斯兰教和其他信仰。若把印度教拿走，我将身无一物。但信仰无论高低都遥不可及，这让我无法忍受。幸运的是，印度教是铲除邪恶的灵药，这一点我已有体验。

《一沓旧信》，第 113 页，1933 年 5 月 2 日

《摩诃婆罗多》是一部诗集，而非历史书籍。诗人努力阐明如果与暴力为伍，就无法获得真理，即使克里希纳神也无法避免。错了就错了，不管犯错的是谁。

《甘地书信集 I》，第 41 页

3. 祈祷的价值

秉持傲慢的姿态，便无法祈求得到神的帮助，只有承认自身是无助之人，方可获得神的帮助。每天躺在床上的时候，我就认识到我们是何等渺小，然而，我们又满是负荷，满是厌烦之事，各种恶念都在支配着我们。我时常因自身思想粗浅而感到羞愧。多少次因为身体渴望得到关注而使我陷入绝望，而且希望这种绝望感能够消逝。基于我自身的情况，我对其他人的情况也能做出很好的判断。

《圣雄甘地选集》第 15 卷，第 65 页，1918 年 11 月 26 日

你经常阅读吗？你起床后会祷告吗？如果没有，请允许我提醒你，因为我确信祈祷会给我们带来一个美好的世界。在遇到麻烦时，甚至每天在脑海中想着它时，你都能认识到它的价值。祈祷是灵魂的养料，正如身体缺乏营养会萎靡不振一样，灵魂缺少了适当的养料也会凋零。

《甘地书信集 II 》，第 19 页，1919 年 6 月 2 日

要参加礼拜，即使这可能会让你走神。我们通过祷告把精神集中

351

在需要的事情上。能集中精神的人可去也可不去做礼拜，对他而言，这都一样。我们所能做的是克制自己，不要故意浮想联翩。通过这样做，我们就能期待，也能意识到神随时随地就在我们的面前，就像圣人和诗人图尔西达斯那样。

《甘地书信集Ⅱ》，第 9 页

承诺每天参加礼拜的人们要说到做到，除非发生超出你的控制范围的突发事件。

《甘地书信集Ⅰ》，第 4 页，1926 年 12 月 6 日

我们可以错过其他事，却不能错过祷告，这是我们和神一起共同完成的事情。祈祷能净化人类的灵魂。如果不洗澡，健康就会受损。同样，如果不通过祈祷净化心灵，灵魂就会遭受苦难。所以祈祷时，请别心不在焉。

《甘地书信集Ⅰ》，第 5 页，1926 年 12 月 31 日

忠于职守本身即是祷告。我们去教堂或寺庙祷告为的是更能胜任自身的职责。但是当我们实际履行职责的时候，履行职责本身便与祷告融合在一起了。如果一个人正沉浸在更深层次的祷告中，忽然听到有人被蝎子叮咬而发出喊叫，她定会马上停止祷告，去帮助他。祷告

的作用正是在服务不幸者的过程中得以实现。

《巴布致静修院姐妹们的信》，第 79 页，1929 年 9 月 23 日

"清晨时分，我会回味内心关于生命（Being）的感受，回味存在（sat）、智慧（chit）和福佑（sukham），体会完美之人达到的状态，以及超然状态（superstate）。我是完美无瑕的梵，曾注意到梦、清醒和沉睡的状态，不是这具由各元素（土、水、空间、光和气）组成之物形成的躯体。"而这一节是从第 6 节的末尾开始，如果你有兴趣想知道的话。

很抱歉以上的第一节还需要纠正。我越思考，它的意义就越清楚。所以我不介意经常删减译文。以前我念这一节祷文时经常颤抖不已，因为其中的话语非常傲慢。但是当我清楚地理解其中的含义，便立刻认识到以这一思想开始一天的生活是再好不过了。这是神圣的宣言，即我们自身并不是那么变化莫测、只管睡眠的皮囊，等等。实际上，我们就是生命存在，是遍布于无数皮囊之中的生灵。第一部分是让人认识到至关重要的原则所在，而第二部分确定了我们本身正是那至关重要的原则。关于生命存在的描述，梵天就很贴切。因为它是永生，是智慧，是光，因此，它自然也是福佑，或者用通常使用的词来说，是阿南德（anand）。

《巴布致米拉的信》，第 143 页，1930 年 12 月 20 日

"早晨我向神祷告，他的思想和话语不可触及，但神的恩典让所有话语变成可能。我向他祈祷，《吠陀经》将他描述为非此亦非彼

353

（这不是，那也不是）。他们（圣人）称他为神中之神，说他不生，不灭，是万物之源。"

《巴布致米拉的信》，第 145 页，1930 年 12 月 30 日

"早晨我向他鞠躬，他身处黑暗之外，像太阳，完美而古老，他叫普鲁肖塔姆（Purushottam），是最好的人。透过他、透过黑暗的薄纱，我们幻想着整个宇宙的模样，黑暗中我们甚至把绳子幻想成为一条蛇。"

从永恒的角度来看，宇宙并非真实事物。人们既不追捧它，也不惧怕它，因为它是由神创造的。事实上，它是由我们的想象创造的，就像我们想象那条绳子是蛇一样。真实的宇宙就在那儿，像真实的绳子一样。拨开薄纱，让黑暗消失，我们就能认识宇宙或者绳子——对比一下，"早晨，天使脸上泛着微笑，我一直都深爱着这笑容，不禁地看得出神了"。在我看来，这 3 节要一起祷告，而且都是出自商卡尔（Shankar）之手。

《巴布致米拉的信》，第 146 页，1931 年 1 月 3 日

"噢，神圣的地球，汪洋大海是你的衣裳，峻峭的高山是你的胸膛，毗湿奴的伙伴（保护者），我向你鞠躬，宽恕我双脚的触碰。"向大地致敬，在它面前我们要学会且必须学会谦卑，即使大地本身也很谦卑。她供养着栖息在其之上的人类。因此她无疑是毗湿奴的伙伴。在我看来，这种认识并不违背真理。相反，这种认识很恰当，与神无处不在的观点完全一致。对神而言，没有任何事物是无生命的。我们

354

人类正是由大地上的泥土制成的。如果大地没有生命，我们也无生命可言。透过地球感知神的存在让我觉得与他更亲近了。

向大地致敬时，我立刻意识到自身正享受着神的恩惠。如果我是大地母亲的宝贝孩子，我便立刻把自己降卑为尘埃，不仅欣喜地与人类最底层的劳苦大众建立亲密关系，还与最低级的生命形式为伍，慷慨与之分享，因为它们的生命分分钟都会面临着土崩瓦解的危险。倘若我并没有泥土般皮囊包裹着，而是纯粹的生命，那么我自己会是永恒不朽的，就连最低级的生命形式也会像我的灵魂一样，永恒不朽。

《巴布致米拉的信》，第 147 页，1931 年 1 月 12 日

"愿（知识）女神萨拉斯瓦蒂（Saraswati）——全然无知的毁灭者，能保护我。她如茉莉，似月亮，如白雪花环般洁白。身着白色长袍，双手抱着漂亮的竹制七弦琴（小提琴的一种），端坐在白莲花之上，接受着梵天、毗湿奴、湿婆（Mahadeo）和其他诸神的爱意。"

对我来说，这是非常优美的意境。学习当然意味着获得智慧。重视三重白色——雪、月、花之白，衣裳之白和白色座位之白，是为了展示极度的纯洁在智慧和知识中不可或缺。当你研习这些，以及探讨其他类似章节的深层意义时，你会发现，每一种美德都已被拟人化，这让它们变得真实生动，而不只是写在词典里的一个静止的词。比起我们五官所感受到的真实事物，这些想象中的神灵更加真实。例如正当诵读这节时，我从未想过正在描绘一张想象中的图像。诵读是一种神秘的行为。在经过理性分析之后，我知道那女神是想象中的人物，

而这完全不影响在礼拜过程中诵读经文的价值。

《巴布致米拉的信》，第 151 页，1931 年 1 月 14 日

"我的导师是梵天，是毗湿奴，是湿婆，是伟大的梵本身。我向导师鞠躬致敬。"这里所说的导师当然指的是精神导师，导师与我的这种关系并非机械的或人为的关系。但实际上，导师并不全是这样，但导师之于弟子，就是完全无可挑剔，被弟子赋予完美形象的人，另外，导师还能让他对鲜活的神怀有永生的信念。至少在今天，这样的导师确实弥足珍贵。因此，最好的事情莫过于想象着神就是自己的导师，或者等待着信仰之光的降临。

《巴布致米拉的信》，第 153 页，1931 年 1 月 25 日

我们真的可能只有一种祷告："你将会达成所愿"（Thy will be done）。有人会问，这一祷告语意义何在。答案是：在粗浅的意义层面上是无法懂得祷告的意义的。我们意识到神就在心中，为了摆脱附庸，此刻要认识到神与我们本身的不同之处，并向他祷告。

这就是说，我们不希望跟着反复无常的意愿走，而是希望神能带领着我们前进，而我们自身并不知晓生与死哪个是更好的选择。因此，生又何欢，死又何惧？我们应同等地看待生死。这是理想的境界。我们可能要很长时间才能达到这一境界，而能做到这一点的人更是凤毛麟角。即使如此，我们也要考虑，它越难获得，我们就越要付

出更大的努力。

《马哈德夫·德赛日记》第 1 卷，第 118—119 页，1932 年 5 月 19 日

我本人并不反对人们在祈祷时使用肖像，只是与之相比，我更喜欢向无形的神祷告。我的这一偏好或许不太适当。当然，此物适合你，彼物适合他，两者之间并无可比之处。关于商羯罗（Shankara）和罗摩努周（Ramanuja）这二者的看法，我认为你是错误的。相比环境感受而言，精神体验对一个人的影响更大。真理探索者不应该受环境的影响而应该超脱于环境之上。基于身边环境得出的观点通常都被证明是错误的。这里以肉体和灵魂为例。现在，灵魂和肉体紧密相连，我们不能马上从它的躯壳中识别出灵魂的存在。因此，谁要是说此物（灵魂）并非彼物（肉体），那他确实是一个能超脱于环境关口的伟人。像图卡拉姆（Tukaram）这样的圣人们所说的话不能按照字面意思来理解。我建议你读他的《泥做的神之肖像》（*abhang-kela maticha pashupati*）等等。其中的寓意就是我们必须意识到圣人的言下之意。他们向无形之神祷告，即使其脑中正以某种特定的形式想象神的模样，这对他们来说是有可能的。但对我等凡人而言，这是不可能的。因此，如若不进一步深入了解他们言论之意的话，我们将会陷入悲惨的困境。

《马哈德夫·德赛日记》第 1 卷，第 168—169 页，1932 年 6 月 17 日

毫无疑问，这个有情众生的世界遵循着一个法则。倘若你能脱离其制订者来看待法则，那么，我认为，这法则的制订者就是神。当

向法则祈祷的时候，我们只是渴望了解它，并服从它。我们会变成我们所渴望的事物。所以，祈祷就变成了必做之事。虽然现在的生活受过去支配，但由于因果法则支配，我们的未来肯定受当前所做之事的影响。因此，当面临两条或者多条道路要选择时，我们必须要做出选择。

《马哈德夫·德赛日记》第 1 卷，第 227 页，1932 年 7 月 13 日

一个人在做祷告之前必须消除所有杂念。当他为曾在众目睽睽之下所做的不道德之事感到羞愧时，他才可以感到神的存在。然而，神知道我们每一个动作和每一个念想。我们无论何时做过的、想过的何事都逃不过他的法眼。谁发自内心深处进行祷告，就能及时沐浴神之灵，洗脱罪过，获得圣洁清白之身。

《马哈德夫·德赛日记》第 1 卷，第 232 页，1932 年 7 月 17 日

祷告可以与某人某物有关，甚至可能得偿所愿。但如果没有特定目的，它将为世界和我们自身带来更多益处。祷告影响着我们，使我们的灵魂变得更加警觉。而灵魂越警觉，它的影响也就越广泛。祷告是心灵的功能。我们大声说话是为了唤醒我们的心灵。宇宙的力量也存在于人类心中，身体并未成为它的羁绊。有羁绊也是我们自己造成的，它通过祷告消除。我们从不知道祷告是否能带来我们所渴望的结果，但祈祷永不会落空，只是我们并不了解它将给我们带来什么。我们也不能臆断，如果它能结出我们渴望的果实来，它就是好事。每当这时，就必须践行《薄伽梵歌》的教条。我们可能为得到某物而祷

告，却又不想有所牵绊。我们祈祷某人获得救赎，却不应担心结果是否会如我们所愿。即使结果正好和我们所希望的恰恰相反，也没有理由下结论说祷告毫无用处。

《马哈德夫·德赛日记》第 1 卷，第 233 页，1932 年 7 月 17 日

缺乏食物在所难免，但不是（生命）最主要的部分。最主要的事情是祷告——与神交流。没有什么比用与神的交流代替食物更恰当的方式了。

《巴布致米拉的信》，第 263 页，1933 年 5 月 8 日

4．真理和非暴力

非真理不会因为动机纯洁就变成真理。正如有钱人只用一只眼睛看事物，那么他的真理只有一条道路。同样的，正如人们所言，非真理有很多条路，有人传说小偷有四只眼睛之多。如果在这错综复杂的道路上迷失自己，这个人就毁了，如果他恰好是监护人或委托人，那么受他监护的人的利益也被毁了。

《圣雄甘地选集》第 15 卷，第 23 页，1918 年 9 月 17 日

无知也是一种黑暗，是非真理的一种，不能与知识和真理相提并论。

《圣雄甘地选集》第 16 卷，第 87 页，1918 年 9 月 3 日

我的愿望是用一生的时光来追寻真理、践行真理和思考真理，舍此之外，别无他求。我祈求，上天将降福祉于印度，如此一来，我的愿望就有可能实现。

《圣雄甘地选集》第 16 卷，第 175 页，1919 年 9 月 28 日

真理没有具体的形式。因此每个人都会有吸引自己的真理形象或看法。有一千人就有一千种形象或看法，只要能持久的就是真实的，因为它促使人类得到想要的东西。事实上，诸如梵、毗湿奴、自在天、薄伽梵等这些名字都是没有意义的，或者至少意义不深刻，而萨提亚（Satya）[1]是神最好的名字。如果一个人说他将为神而牺牲，他很难向别人解释清楚他的意思，听到的人也很难理解。而如果有人说为真理而牺牲，别人一般都会理解他的意思。

《马哈德夫·德赛日记》第 1 卷，第 120 页，1932 年 5 月 20 日

我认为就算应当宽恕作恶者，也绝不能放弃谴责罪恶。只要人一直坚持这种认识，知晓何为恶事，那么绝对的温顺不见得不是一种对所行恶事的谴责；如此一来，如果后来发现过去所坚持的认识是极大的判断错误，我们也没有理由后悔。在不断探索绝对真理的道路上，我们也要满足于不时会发现的相对真理，在不同的阶段，相对真理也像绝对真理一样使我们受益匪浅。显而易见的是，如果我们不相信别人就无法获得进步。当然，如果对自身立场的正确性有丝毫顾虑，我们都要小心说话，三思而行。

《马哈德夫·德赛日记》第 1 卷，第 129 页，1932 年 5 月 25 日

那些为了目的诉诸非真理、满怀好恶的人永远都不能成为圣人。

《马哈德夫·德赛日记》第 1 卷，第 250 页，1932 年 7 月 24 日

---

① Satya，即真理。——译者注

探寻真理给人类带来积极的意义。如果没有探寻真理，也就没有追求真理与违背真理之说。《薄伽梵歌》清晰地阐明了一个事实：人类连一秒钟静止都无法做到。神的信徒和非信徒的差异就在于，前者活跃在为别人服务的事业中，不放弃真理，逐渐克服自己的好恶，而后者为了自私的目的做事，为了达到目的不择手段。世界本不是邪恶的，只有积极的人生才能帮助我们实现目标。这种追求必须以为其他人谋利益为方向。自私的活动只会受人谴责、遭人唾弃。

《马哈德夫·德赛日记》第 1 卷，第 251 页，1932 年 7 月 24 日

必须不惜任何代价在恰当的场合宣传真理。

《甘地书信集 I》，第 45 页

热爱真理的人只会怀有正义的愿望，而且愿望注定能够实现。我们的祈祷为世界带来福祉，到那时，我们的灵魂将会建立在真理的基础之上。宇宙就是我们，我们与宇宙无异。

《甘地书信集 I》，第 55 页

非暴力和真理是两个可以相互转换的词。这正是"人必须说真话，无异议的真话"。这句话背后隐藏的意思就是，真正的真理不会带来痛苦，因为真理本身即是非暴力的。真理也许听起来严厉，但绝不会带来痛苦。运用真理也许会触犯别人，但他的良心会告诉他，对他说的话都是真实的，并且是善意的。我们在此是从最广义的角度

来解释真理。真理不只是表现在语言要诚实。"真理"这个词和箴言集中"唯梵为真"的意思一样。在英语中，"truth"也蕴含着同样的意思。

《圣雄甘地选集》第 14 卷，第 97 页，1917 年 11 月 22 日

真理和非暴力意义相通，相辅相成。如果发誓致力于非暴力的人言辞行为虚假，他就违背了自身的誓言；如果一个致力于践行真理的人诉诸暴力，他将失去真理。就算因为害怕而拒绝回答，他也将会违背非暴力的誓言。

《圣雄甘地选集》第 14 卷，第 157 页，1918 年 2 月 17 日

你不能把不杀生的教义即非暴力教给那些本性就不杀生的人，也无法教哑巴去欣赏一言不发的美与价值。尽管深知这种沉默是极好的，我还是会想尽办法让这个哑巴重获话语权。我不相信任何政府——但是议会政府或许比其他反复无常、政策多变的政府要好一些。

《圣雄甘地选集》第 14 卷，第 444 页，1918 年 6 月 23 日

是我令我的子民理解了非暴力主义的首要原则，这让他们发现所有杀戮未必都是暴力（himsa），有时非暴力行为甚至会使杀戮成为必行之事；另外，他们发现，我们这个国家早已丧失了杀戮的真正力量。能让他们看到这些，是我奉行非暴力主义原则的表现，也是我的

失败所在。很明显，丧失杀戮能力的人是无法践行不杀生的。非暴力是最高层次的放弃。一个柔弱的民族无法做到"放弃"这一伟大的举措，就像说一只老鼠放弃了杀死一只猫的能力一样，这是不合适的。通过持续不断的、有意识的努力重新获得这种力量，到时，如果我们能做到，通过慢慢放弃这种杀生能力，将世界从暴力的苦难中解救出来。这也许会看起来很糟糕，但却千真万确。当我未能将非暴力的信念传递给静修院的成员时，我内心的悲伤竟无法用语言形容。现在看来，不是因为他们不愿意听，而是因为他们没有能力理解这个真理，就像在不懂音乐的人面前唱最好的歌一样，都是徒劳无功之举。但是现在，静修院的每个人都理解非暴力这个真理，并且认识到这种对暴力的放弃恰恰来源于一种力量，而非软弱。个个容光焕发，满心期待。想要区分有组织的战争和个人斗争是不太可能的事。有组织的抵抗乃至杀戮必然存在，例如在面对土匪的情况下。最崇高的战士无惧失败，他感受到的不是杀生的力量，是不怕死的勇气，当他转身时可以拯救他的生命。能够做到这一点，他就成功了。我相信我们要教会下一代自我保护的艺术。

《圣雄甘地选集》第 16 卷，第 485 页，1918 年 7 月 17 日

我越来越相信非暴力的信念是正确的。强力者占有得越多，也就越可能变成懦夫。

《圣雄甘地选集》第 16 卷，第 58 页，1919 年 8 月 22 日

我们要坚持非暴力，不管在我们的事业中能否取得成功。这是呈

现非暴力原则最自然的方法。更准确地说，非暴力的结果总是非常好的。只要坚信这一点，我们不关心努力是马上或者是在未来才能得到好的回报。

《圣雄甘地选集》第 24 卷，第 273 页，1924 年 6 月 21 日

通过艰苦辛勤的探索之后，人们有责任指出自认为是真理的东西，即使世界认为它是错误的。除此之外，没有其他方法可以使人变得无所畏惧。在我看来，没有什么比解脱更宝贵，但是如果它与真理和非暴力相冲突，我也会摒弃它。

《圣雄甘地选集》第 25 卷，第 127 页，1924 年 8 月 2 日

征服暴力的唯一途径是通过纯粹的非暴力。我也曾说过，每个暴力行为、言辞和思想都会妨碍非暴力行动的进步。如若对这些警示视而不见，人类依旧会诉诸暴力的话，除了必然会为了他人的利益与每一个人团结在一起，我必须承担起责任。但除此之外，无论有什么理由，我都不敢推迟采取行动，如果非暴力确实是预言家所说的那种力量，如果我并未对自己在非暴力方面的丰富经验失望的话。

《圣雄甘地名信集》，第 74 页

普通人希望上帝惩罚作恶者，这一点无可厚非。非暴力是新生事物，而非暴力者如若激怒神或者其他人也将是错误的。但是一个非暴力主义者不能认为受迫害的人不能采取报复手段或者寻求他人的

帮助。

《致拉吉库玛瑞·阿姆里特·考尔的书信集》，第 247 页

5. 萨提亚格拉哈的科学

我一直认为消极抵抗运动值得受到所有有信仰之人、真正的爱国主义者、有识之人或正直之人的认同。这场运动的力量非常强大，以至于通过非暴力反抗和甘愿为信仰受苦的意志力，使敌人也对我们肃然起敬。我们非常坚定地与暴力抗争，因为我们相信在这片殖民地上，从小范围上说，不管成功与否，作为一个更加可靠、更为光荣的手段，非暴力反抗可以被其他受压迫的民族和个人采用，保证错误行径能够得以纠正。

《圣雄甘地选集》第 7 卷，第 333—334 页，1907 年 11 月 4 日

谁应被称作是真正的萨提亚格拉哈主义者？当然是那些拥有诸如热忱品格之人。受苦是必须经历的。那么受苦到底意味着什么？《薄伽梵歌》里说，思想可以束缚我们，也可以让我们自由。苏丹瓦（Sudhanva）被丢进滚烫的油锅里，将其丢进油锅的人认为自己让他吃尽了苦头，但是对于苏丹瓦本人来说，这正是展现他满腔热忱的绝佳机会。

《圣雄甘地选集》第 10 卷，第 206 页，1910 年 4 月 2 日

暴力是利用外在的途径进行改革，而消极抵抗，也就是灵魂的力量（soul-force），让我们从内心获得成长，反过来说，这种成长也要通过饱受磨难和自我净化才能获得。暴力注定失败，消极抵抗总会成功。消极抵抗者的斗争是精神上的，因为他是为胜利而战。诚然，他必须赢得战斗，也就是为了赢得自我而战。消极抵抗是符合道德准则的，它绝不会残酷无情；不管是精神上的或者是其他活动，如果不符合这个特点，它就绝不会是消极抵抗。

《圣雄甘地选集》第 10 卷，第 48 页，1910 年 5 月 10 日

消极抵抗寻求政治与宗教的结合，力图借助道德准则检验我们的所有行为。耶稣拒绝运用灵魂的力量将石头变为面包的例子，恰恰证明了我的观点。目前现代文明已经参与到此项不可能完成的壮举之中。直到现在，运用灵魂的力量将石头变为面包都被认为是一种黑暗的魔法。

《圣雄甘地选集》第 5 卷，第 248 页，1910 年 5 月 10 日

尽管出于最纯洁的动机，一个无知的母亲也可能会给她的孩子鸦片。她的动机不能净化她的无知；而且精神世界也不能洗清其谋杀亲子的过错。意识到这个原则的消极抵抗者，了解到尽管动机是纯粹的，行为也可能是完全错误的，因此他会将判断留给至高无上的神，在与他认定的错误做斗争时选择自己承受苦难。

《圣雄甘地选集》第 10 卷，第 248 页，1910 年 5 月 10 日

真正的消极抵抗者不会允许自己被称作烈士，也不抱怨监狱等的任何艰辛，不会从不公平和遭受虐待的经历中谋取政治资本，更不允许广告宣传消极抵抗的任何相关事宜。

《圣雄甘地选集》第 10 卷，第 249 页，1910 年 5 月 10 日

在古吉拉特语中，消极抵抗就是真理的力量。我将它定义成不同的意思，如真理的力量、爱的力量、灵魂的力量。但文字没有任何意义。我们能做的是在仇恨横行的世界中，努力过着充满爱的生活。在这种努力中，倘若没有坚不可摧的信念支撑，我们也无法做到。二三百年前，米拉拜女王离开了她的丈夫和所有的一切，追寻绝对的爱。最终，她的丈夫成了她的信徒。

《我心爱的小孩》，第 13 页，1917 年 6 月 11 日

我已经虔诚地向年轻人和印度人展现了一种更好更有效的方法，这种方法就是灵魂的力量、真理的力量或者爱的力量，由于没有更好的描述，我将它描述为消极抵抗。在这个关键的时刻，我希望领袖们可以积极地采用这一方法。它本身只包括自我受苦，并一以贯之。世界上没有一个政府能够经得起持续不断地关押或者骚扰无辜的人，英国政府就承担不起。消极抵抗的秘诀和特点就是，即使有时候它的做法错了，它也会争取在全世界面前，在道德基础上寻求公平正义。

《圣雄甘地选集》第 13 卷，第 465 页，1917 年 7 月 7 日

非暴力不合作就是通过自我甘愿受苦来与不正义抗争。

《圣雄甘地选集》第 14 卷，第 172 页，1918 年 1 月 24 日

萨提亚格拉哈运动的目的不是为了挽回面子，而是为了给人们带来勇气，让他们获得精神独立。如果因为恐惧以及对我们的不信任，人们就丧失信心并付出代价，那他们也应当付出（必要的）代价。而我们也应该多发挥我们的影响以赢得他们的信任。这是非暴力不合作的秘诀所在。

《圣雄甘地选集》第 14 卷，第 179 页，1918 年 1 月 31 日

哪里有威慑，哪里就有压迫。就算是懦夫在极端的压力下也能表现出巨大的勇气。我这里所提倡的是自我受苦的治疗方法，它是非暴力不合作的含义之一。在遵循印度文明的同时，我给年轻人奉上他们所需要的、永远不会让他们陷入绝望的补救方法。

《圣雄甘地选集》第 15 卷，第 106 页，1919 年 2 月 25 日

消极抵抗未能很好地传达非暴力不合作所传递的意义。

《圣雄甘地选集》第 15 卷，第 96 页，1919 年 2 月 23 日

政治领域的萨提亚格拉哈运动是对管理家庭成员法则的一种

延伸。

《圣雄甘地选集》第 15 卷，第 176 页，1919 年 4 月 3 日

很明显，《薄伽梵歌》的目的是人应该不计结果地工作。我从这句话中推出非暴力不合作的原则。不执着于结果的人是不会杀害敌人的，反而他会选择自我牺牲。杀人是源于缺乏耐心，而缺乏耐心正是因为有所计较。

《圣雄甘地选集》第 15 卷，第 312 页，1919 年 5 月 19 日

早在 1889 年，我初次阅读《薄伽梵歌》时就得到些许领悟。读得越深，非暴力不合作思想就越发逐渐完整成型。如果一个拥有克里希纳神的智慧的人，为了血肉之躯的阿周那的利益，而随意使用《薄伽梵歌》的智慧，那么他将会为了得到一根皮带而杀害一头水牛。如果他真的是至高的神，他要是做出这种事情的话，那就是玷污他的名声，而且也是对阿周那不公平，如果他也是一名经验丰富和有判断力的战士的话。

《圣雄甘地选集》第 15 卷，第 313 页，1919 年 5 月 19 日

萨提亚格拉哈运动一旦开始就不会停止，直到达到目的为止。有时看起来也许结束了，但事实上却没有结束。当它有可能与"固执"

（duragraha）①混为一谈时，不妨暂停休整，这也是真正践行萨提亚格拉哈运动的一种方法。它是一件如此微妙之事，即只有通过经验的积累和持续不断的反省，我们才能达到对其冰山一角的理解。

《圣雄甘地选集》第 15 卷，第 314 页，1919 年 5 月 20 日

萨提亚格拉哈勇士永远是自己的主人……

一个组织提倡非暴力不合作时，个人应当服从组织的这一原则，这一点毫无疑问。但是，一旦一个人变成非暴力不合作主义者，他总会找机会来践行非暴力不合作。

成为一个萨提亚格拉哈勇士就像在刀尖上行走一样。

《圣雄甘地选集》第 15 卷，第 315 页，1919 年 5 月 20 日

我经常说："一个真正的萨提亚格拉哈勇士就足以取得胜利。"随着时间的推移，这个道理我越发清楚。正如一枚真的硬币能实现其全部价值一样，一个真正的萨提亚格拉哈勇士也能实现其全部价值，那就是，达到其预期的目标。但总有假币或者更少价值的硬币混迹在真硬币之中，这样就难免会暂时损坏真币的价值。同样地，从纯粹的角度看，萨提亚格拉哈运动协会里鱼龙混杂的情况正是其弱点所在。

《圣雄甘地选集》第 15 卷，第 389 页，1919 年 6 月 25 日

---

① 坚持邪恶。

文明不服从持续了下来。它是生命永恒的教条，我们在生活的方方面面都有意无意地遵循着它。

《圣雄甘地选集》第16卷，第6页，1919年8月4日

政府军库里没有一件武器能够征服或摧毁这种永恒的力量。事实上，这个时代必须到来，那时组织文明不服从运动将被认为是最有效的、也是最无害的方法，用来保证所有因不公引起的不满情绪能够得到治愈而平复。

《圣雄甘地选集》第16卷，第6页，1919年8月4日

我们必须成为受人尊敬的朋友，或者同样值得尊敬的敌人。只有我们变得强大、勇敢和独立，才能够做到这点。不惧怕后果，该说"不"的时候就说"不"。这就是纯粹的文明不服从。这是通向友好和友谊的道路。与之相反的方法是由来已久的公开暴力，以至于暴力也被看成是光荣的。在我看来暴力的根是羞耻的。因此，我大胆向印度宣传前一条道路，全称是非暴力不合作，它的根永远都是光荣的。

《圣雄甘地选集》第16卷，第7页，1919年8月4日

萨提亚格拉哈运动给予成长的下一代的是新的希望，开放的大道，以及摆脱种种生活苦难的可靠方法。它赋予下一代不可摧毁、不可比拟的力量，每个人都可放心大胆地使用。它告诉印度的下一代，自我受苦是经济、政治和精神解脱的唯一出路。

在很大程度上，非暴力不合作是"不受欢迎的抵抗"（evil resistance）和"公民救济"（civil assistance）。但有时它"不得不"是"公民抵抗"（civil resistance）。

《圣雄甘地选集》第16卷，第50页，1919年8月20日

梭罗在其不朽的文章里指出，文明不服从，而不是暴力，才是正确的解救方法。文明不服从中，抵抗者承受不服从的后果。这就是丹尼尔在违背米堤亚人（Medes）和波斯法律时的做法。另有约翰·班扬（John Bunyan），远古时代印度的佃农们，他们都是如此行事。这是我们人类的法则。暴力是人性中兽性的一面，自我受苦，即文明不服从才是人性中人的一面。在秩序井然的国家里，文明不服从很少出现。一旦发生了，它便成为一种使命，任何重视个人荣誉的人都不能逃避责任，也就是说，要遵守良心至上。

《圣雄甘地选集》第26卷，第51页，1919年8月20日

我觉得我的真诚是专属于自己的，我感受到的非暴力（Ahimsa）是强烈的。这二者结合而形成的非暴力不合作是难以言表的。

《圣雄甘地选集》第26卷，第147页，1919年9月15日

在他人看来，萨提亚格拉哈勇士表现出软弱的时候恰恰是其最强

大的时候。

《圣雄甘地选集》第 26 卷，第 249 页，1919 年 10 月 20 日

在未赋予萨提亚格拉哈运动的逻辑延伸和精神向度之前，我已描述了消极抵抗和萨提亚格拉哈运动的区别，这些区别已经被西方理解并实践。我过去经常认为消极抵抗和萨提亚格拉哈运动是同义词，但随着后者内涵的发展，两者的意思完全不一样。因为消极抵抗承认允许在妇女参政运动中使用暴力，并被广泛认为是弱者的武器。再者，消极抵抗并不要求在所有情况下完全坚持真理。因此，它在以下三种情况下不同于萨提亚格拉哈运动：第一，萨提亚格拉哈运动是强者的武器；第二，在任何情况下都不允许使用武力；第三，推崇真理。现在我已经将两者的区别描述得很清楚了。

《圣雄甘地选集》第 26 卷，第 509 页，1920 年 1 月 25 日

如果我们不采取暴力便可组织不合作运动，我们有权这样做，事实上这也是我们的义务。

《圣雄甘地选集》第 27 卷，第 368—369 页，1920 年 5 月 1 日

当暴力无法唤起它的追随者的认同时，它的生命力就会逐渐衰落，非暴力是不合作运动这座大厦的基石。

《圣雄甘地名信集》，第 42 页，1921 年 1 月

不宽容是一种暴力，因此，也就与我们的信条相违背。非暴力不合作是民主的示范课。当我们能确保在任何情况下都能坚持非暴力，这个时候，我们就可以说我们的目标实现了，因为那时我们践行的是真正彻底的不合作。

《圣雄甘地名信集》，第 42 页，1921 年 1 月

巴多利的文明不服从运动对全国局势并未带来什么影响，因为与此同时，带有犯罪性质的抵抗运动也为了同样的目的在国家的其他地区进行着。文明不服从的概念是建立在以下设想上的，即它通过非暴力性质发挥作用。兴许是我不太了解人性，我认为在印度这样一个土地辽阔的国家，在目前这种氛围中很难实现文明不服从。但我的这种论断可能会引起一场谴责我判断能力的讨论，而不是讨论是否要坚持那种必定不成功的运动。我个人绝不会参加半暴力、半非暴力的运动，就算它可以得到所谓的独立自治，因为在我看来，那不是真正的自治。

《圣雄甘地选集》第 22 卷，第 350—351 页，1922 年 2 月 8 日

方法和结果有着紧密的联系，很难说两者之中哪个更重要。或者，我们可以说方法是身体，结果是灵魂。结果是隐形的，方法是看得见的。现在我们很乐意证明这个伟大的真理。

《圣雄甘地选集》第 23 卷，第 69 页，1922 年 3 月 9 日

萨提亚格拉哈运动没有既定的标准。如果您发现在某个阶段犯了错，回头永远不会太晚。在特拉凡科（Travancore），如果公众不赞成，您不能从外界用游行示威来威慑公众。必须耐心地等待和受罪，把自己降卑到受压迫阶层的地位，与他们一起生活并忍受他们的侮辱。您是第一个告诉我如下事实的人：在特拉凡科，公众不与您站同一战线。

　　如果您以一个开明的印度教徒的姿态与顽固的印度教徒斗争，那么就不要去寻求，甚至要礼貌地拒绝非印度教徒的帮忙，这是你理所当然的责任。当然，我不需要证明这样一个简单命题的真理性。我已经详细看完了您手稿里提出的所有问题。并且已经以谦卑的姿态向您奉上了我所知道的非暴力不合作的观点。既然是我发明了这个词，您必须允许我赋予它以内涵，如果您不接受此内涵，您可以再找另外一个词，由您赋予其意义。但是，当然这是从技术的角度来探讨。就算是作者本人也不能独占其发明的词或由他所赋予的内涵。一旦它们被说出口或写出来，那便不是作者的财产了。

　　《圣雄甘地选集》第 23 卷，第 544—545 页，1924 年 5 月 6 日

　　萨提亚格拉哈勇士经常目睹真理被践踏的事实，决心开展萨提亚格拉哈运动。在这场与邪恶的较量中，只有神与其并肩作战。他从不寻求其他的帮助。倘若是合法的、及时的帮助，他也会接受。萨提亚格拉哈勇士誓要单枪匹马地与饥饿或者更糟糕的情况做斗争。

　　《圣雄甘地选集》第 23 卷，第 544—545 页，1924 年 5 月 6 日

我对萨提亚格拉哈运动和非暴力的信仰就像生命之树一样常青。

《圣雄甘地选集》第 26 卷，第 208 页，1925 年 2 月 28 日

6. 为萨提亚格拉哈而绝食

在我这个时代，我没有发现有人和我一样，可以将绝食和祈祷变为一门科学，并且取得如此丰硕的成果。我希望可以用我的经验影响整个民族，用智慧、真诚、热情诉诸绝食和祈祷。尽管没有精心建立的组织和财务审核，我们也要为国家做应做的事情，虽然这看似难以置信。我的经验表明，绝食和祈祷是有效的，而且它们不是机械的行为，而是具有精神动力的活动。绝食是肉体上痛苦，而精神上自由；祈祷是对灵魂净化的绝对渴望——纯洁与实现某个特定目标相关，因为这个特定目标本身就是纯洁的。

《圣雄甘地选集》第 17 卷，第 104 页，1920 年 3 月 20 日

为萨提亚格拉哈而绝食有一定的限制性。你不能因反对暴君而绝食，那在暴君看来，这是一种针对他的暴力反抗。你想要用主动违反他的命令而领受惩罚，但如果他拒绝惩罚你，而且认为你不可能违反他的命令来迫使他加罚于你，这样你的甘愿受罚也不会奏效。绝食只能用于爱你的人，这不是强迫而是改造，比如针对父母酗酒，儿子会绝食抵制。在孟买和巴多利，我的绝食就扮演着这种角色。我绝食是要改变那些爱我的人。但是我不会用绝食去改变像戴尔将军那样不爱

我、以我为敌的人。

《圣雄甘地选集》第 18 卷，第 420 页，1924 年 4 月 12 日

您所说的关于绝食的观点是正确的。绝食没有绝对的价值，特别是背后动机不虔诚的话，便不会产生精神上的影响。如果绝食动机不纯，那只能以获得物质结果收场。但是我认为，展现精神力量的绝食在个人发展的某些阶段是必要的。一直以来，我都觉得清教徒在这方面有所缺失。每个具有重要意义的宗教都会欣赏绝食的精神价值。折磨肉体毫无意义，除非一个人自愿承受饥饿的痛苦。如果没有背后的经验，绝食便与贫苦大众的饥饿无异，变得毫无意义。我也明白，就算绝食八十天也有可能无法磨灭一个人的自负、自私、野心，等等。绝食只是支柱。但是对于一个摇摇欲坠的建筑结构来说，这一支柱的重要性不言而喻的话，那么对于奋斗抗争的灵魂来说，绝食作为支柱的价值也会是不可估量的。

《我心爱的小孩》，第 85 页，1926 年 8 月 20 日

绝食应该源自完美的真理与完美的非暴力。实行绝食应是发自内心的，而不是跟风模仿。此外，绝食只能是为了他人的利益，而非源于自私。因为憎恨他人而发起的绝食是不值得考虑的。但是内心的声音是什么呢？每个人都听得到吗？这是一个大问题。内心的声音在每个人心中，而那些没有侧耳倾听的人是听不到的，就好像耳聋的人听不到美妙的音乐一样。自我克制是非常有必要的，因为它能让我们听

到神的声音。

《甘地书信集Ⅱ》，第46—47页，1932年10月30日

绝食已经成为我日常生活的常规内容。它一直以来都是一些疾病的精神灵药，这些疾病总会采取特别的治疗方法。不是每个人都可以瞬间获得这种能力，我也是在经过长期训练后才获得的。

《巴布致米拉的信》，第228页，1932年12月8日

7. 致那后来者

我曾经深刻地体会到印度的贫穷，当我感到钱总是花在无用之处时，我发觉穷人被掠走的东西实在太多了。如果把给我发电报的钱用于给那些衣不蔽体的人买印度土布，或是给无助的人买食物，他们难道不会对捐赠者心生感激吗？报应性的正义①是冷酷无情的。穷人的诅咒会摧毁国家，让国王下台，掠夺富人的财富。而穷人的祝福也会令国家繁荣兴旺。

《圣雄甘地选集》第 16 卷，第 174 页，1919 年 9 月 28 日

如果我对全人类负有责任，我就必须在意那些骨瘦如柴的人们脸上写着什么。有仁慈、怜悯和爱心三种品质兼具的事物吗？如果有，我又凭什么对这些几近饿死、衣不蔽体的人说这是他们前世的因果报应，我对他们没有责任？每个人的轮回都是向他们传达的信息。当我冷血地写着这些话，我感到痛苦。如果这就是生死轮回的含义，那么我将成为它的反对者。幸运的是，它给我上了截然不同的一课。一方

---

① retributive justice，意为报应性正义或报应性司法，采用形而上的哲学方法分析犯罪原因，在"以怨抱怨"观念支配下，认为犯罪是罪犯自由人的选择，犯罪人承担刑罚。它与恢复性司法相对。——译者注

面它让我继续忍耐，另一方面却要我重新调整现在，做出改变，用以撤销前世所行之事。

《圣雄甘地选集》第 23 卷，第 422 页，1924 年 4 月 12 日

我很开心您可以意识到数以百万计的人民都处在贫困之中。向克里希纳神祈祷的真正的方式就是以他的名义为那些没有我们幸运的人服务；如果我们在日常生活中都能体现服务精神，那么，那些不相信神的邻居也会开始信奉神。

《甘地书信集 II》，第 25 页，1932 年 11 月 14 日

8. 印度土布和乡村工业

我认为抵制英国货运动主要在于生产足够的布以满足印度人民的需求，同时还能分销这些布匹；这可以实现刺激国内生产的目的，另外还在于引导人们只使用印度土布，运动支持者手中现有的外国布也可以继续使用。抵制英国货运动只能被理解为基于宗教和经济必要性而采取的行动；尽管它可能源于一场高尚、具有道德性的政治运动的结果，而这场政治运动是为了保证全民参与，但抵制英国货运动的宣传仍然仅限在宗教和经济方面。

《圣雄甘地选集》第 16 卷，第 60 页，1919 年 8 月 25 日

100 年前，印度大部分女性纺纱是为了赚钱或是消遣，而且成千上万的织工所织的布足以满足国内消费。不论今天是否还能做到这一点，都没有必要去追究。毫无疑问，如果数以百万计的农民可以被引导继续纺纱织布，那么，将会极大地降低经济耗费，也将会提高他们的收入。

《圣雄甘地选集》第 16 卷，第 60—61 页，1919 年 8 月 25 日

没有纺纱，贫苦民众将没有利益可言，而且缺乏宗教信仰。我们必须帮助穷人自给自足。除非再次开始纺纱，否则我们永远不会成功。没有别的行业可以解决印度大众贫困的问题。

《圣雄甘地选集》第 19 卷，第 395 页，1920 年 3 月 2 日

200 年前，印度妇女的纺纱不仅能够满足国内需要，而且能够满足国外需求。她们的纺纱技术是世界上最好的，这并不是一个粗浅的看法。没有一台纺纱机可以达到我们祖先纺纱机的水平。

《圣雄甘地选集》第 20 卷，第 496 页，1921 年 8 月 11 日

我们必须满足印度人民所织的布，甚至要像我们对待神赐予我们子孙一样感恩满足。据我所知，没有一个母亲会扔掉自己的孩子，即使这个孩子在外人看来很丑陋。因此，热爱祖国的印度女性与印度制造业确实是息息相关的。

《圣雄甘地选集》第 20 卷，第 496 页，1921 年 8 月 11 日

在我看来，因为我们自己不会再用外国布匹就把它丢给穷人，这种行为是可耻的，外国布匹给整个国家带来了贫穷，也让成千上万的妇女感到羞耻。穷人们自己甚至都无法理解那些突然间收到的怜悯，丢给他们丝绸手绢，浅薄的莎丽，更单薄的衬衫，还有成千上万顶发臭的帽子。这里争论的核心是我们会非常厌恶自己，因为我们为了达到自己的目标却以穷人为代价。穿着象征着印度耻辱和奴役的布料所

做的衣服是一种罪恶，我赞成这一观点。我正在努力用绝不动摇的手做一场外科手术。

《圣雄甘地选集》第 20 卷，第 499 页，1921 年 8 月 13 日

印度不需要现代意义上的被工业化。在长 1900 英里、宽 1500 英里广阔的国土上分布着 75 万个村庄。人们靠土地为生，大部分人都过着勉强糊口的生活。不管你听到的情况是不是与此相反，请睁开双眼，走遍全国，与大家融为一体，你就会发现贫困在进一步加深，也不难发现，农民一年中至少有 4 个月都无所事事。农业不需要革命性的改变。印度农民需要一个辅助行业。最自然的就是引入纺纱车，而非手摇纺织机。后者不是每一个家庭都能买得起，而前者却可以，甚至一个世纪以前就是这样。它不是因为经济压力而是被迫退出历史舞台，真实的记录可以证明这一点。因此，纺纱车的复兴可以一举解决印度的经济问题。

《圣雄甘地选集》第 22 卷，第 401 页，1922 年 2 月 15 日

在所有公开的活动中，我都认为纺纱是最稳定也是最有收益的事。目前，我有足够的证据支撑这一论断，即纺纱会解决成百万家庭的经济压力，也可以有效抑制饥荒。

《圣雄甘地选集》第 22 卷，第 401 页，1922 年 2 月 15 日

我不反对通过运用机械促进其他行业的发展，但是，我必须说，

不管是通过国内还是通过国外的大型工厂为印度供应布匹，这种做法都是最严重的经济错误。就好像在印度主要中心地带建立大型面包店供应廉价面包，最终会挤垮家庭作坊。

《圣雄甘地选集》第 22 卷，第 401—402 页，1922 年 2 月 15 日

希望你可以看到纺纱的真正价值。只有它是人类内心情感有形的外部表达。如果我们同情那些饥饿的印度人民，我们就必须将纺纱嵌入他们的生活。因此，我们必须成为专业人士，而且必须像举行圣礼一样每天纺纱，让他们意识到纺纱的必要性。倘若你已理解纺纱的意义，意识到它是人类爱的标志，你就不会再参加别的公开活动。如果很多人都不追随你了，那你就有更多的空间纺纱、梳棉或是织布。

《圣雄甘地选集》第 23 卷，第 99 页，1922 年 3 月 17 日

从经济角度看，我敢说除非做外国纺纱和布匹的商人放弃他们的买卖，人们不再迷恋外国布，我们国家所面临的最大问题，也就是饥荒才能够解决。我希望所有的商人都可以为印度土布和纺纱的宣传做出最大的贡献。

《致一位甘地主义资本家》，第 50 页，1922 年 3 月 18 日

纺纱对我的影响越来越深。每天我都觉得自己离穷人更近了，更靠近神了。我认为这 4 个小时是一天中最有利的时光。我劳动的成果就呈现在我面前。在那 4 小时中我不会有杂念。在读《薄伽梵歌》

《古兰经》及《罗摩衍那》时，我思绪会漂浮不定，但是当我转着轮子或是操作纺纱车的椎弓时，我的思绪是稳定的。我知道不是每个人都是如此，也不可能都同我一样。我认为纺纱是贫困印度的经济救赎，对我而言它极具魅力。纺纱和文学追求在我脑中进行着激烈的竞争。

《圣雄甘地选集》第23卷，第134页，1922年4月14日

要消灭贱民制度就要为印度教因贬低其1/5信仰者而犯下的罪忏悔。驱除酒精和毒品不仅可以净化国家，而且还会阻止无良政府获得近2.5亿卢比的不道德收入。复兴手工纺纱和手工织布，亦即恢复了印度村落的辅助产业，复兴了古印度艺术，消灭了令人耻辱的贫困，为一直以来的饥荒提供了保障。同时，也会消除英国掠夺印度的强烈动机，因为如果印度不需要进口外国布料和机器就可以自足的话，英国和印度的关系将会变得自然甚至理想化。他们会通过自主合作实现互惠互利，同时在整体上也会有益于全人类。印度各大宗教间的团结会迫使英国无法再执行分而治之的政策，而抵抗掠夺和侮辱的非暴力不合作如果能够成功的话，也将成为全世界的范例。

《圣雄甘地选集》第23卷，第244页，1924年3月14日

这个世界上，没有任何机器能敌得过那些村民。除了他们自己心甘情愿的手脚和一些简单的、他们能够自己设计的木制工具之外，那

些村民不需要任何其他机械。

《圣雄甘地选集》第 23 卷，第 327 页，1924 年 3 月 28 日

我主张使用印度土布，恢复纺纱。其后果无外乎两个方面：糟糕和良好。

糟糕的方面在于，它将带来仅有的联合抵制活动，即抵制外国布料，这是追求民族独立所必需的……

好的方面是，它会给村民带来新的生活和新的希望。它可以让成千上万的人填饱肚子。它也可以让我们和村民保持联系并且保持一致。这是人民需要接受的最受欢迎的教育。它是相爱相顾。

《圣雄甘地选集》第 24 卷，第 286 页，1924 年 6 月 26 日

在我们时代，神存在于纺纱之中。饥饿就像森林大火一样侵袭着国家。除了纺纱，我找不到消除它的其他办法。神总是以有形的形式呈现在我们面前。我们唱着关于黑公主①的圣歌，"神以衣服的形式呈现在她面前"。当今想见到的神的人都会在纺纱中见到他。

《巴布致修行院姐妹们的信》，第 7 页，1926 年 12 月 20 日

在旅途中，我发现国家每时每刻都需要大量的纺纱老师。这些老

---

① 在《摩诃婆罗多》中，黑公主是非常纯洁、有奉献精神的女子。她在难敌的大会上被强制剥去衣物，但克里希纳神庇护她，赐予她无尽的衣物。

师都潜藏于具有优秀品质的妇女之中。

《致玛尼本·帕特尔的信》，第 31 页，1927 年 2 月 6 日

我不会对手纺车大失所望。手纺车的缓慢或许是它最吸引我的地方。但是它还有其他很多吸引人的地方，让我不会讨厌它。我对它保有永久的兴趣。它的真正意义让我越来越感兴趣，因为每一天我都可以发现它的美好之处。

《马哈德夫·德赛日记》第 1 卷，第 154 页，1932 年 6 月 8 日

对于经济学书籍的研究更加坚定了我的想法，亦即这些书中所提出的消除印度贫困的方法都是徒劳的。真正的办法在于，根据他们自己的需要自愿进行有组织的生产和消费，也就是复兴乡村工业。

《马哈德夫·德赛日记》第 1 卷，第 214 页，1932 年 7 月 5 日

对我们来说，凡是有用的工作，都是一样的，我们也都可以去做。制革、木工业、清洗盥洗室、农业、编织、煮饭、喂牛以及类似工作都有同样的价值。在我看来，学者、文盲、教师和拾荒者都应该获得同等报酬。

《马哈德夫·德赛日记》第 1 卷，第 277 页，1932 年 8 月 4 日

我没有理由担心你^①在那里不能用乡村生产的纸张。你需要有极大的热情，同时，对待穷人要怀有强烈的同情心。当这些成为你本性中的一部分，你就可以自主运用。你自发会做的事以及那些对你内心意愿的回应都将是真实的，这一点也会证明，你将会收获颇丰。

当你在那儿时，你就不会区别对待英国制造和非英国制造的商品了。

《致一位甘地主义资本家》，第 142 页，1935 年 9 月 4 日

只要我们在印度讲英语，你将印度土布称为"自由的制服"的说法将永远流传。我们需要一个一流的诗人将这美妙短语背后的所有思想都翻译成印地语。对我而言，它不仅仅是诗歌，而且阐明了一个真理，我们都能意识到这一真理的全部意义。

《一沓旧信》，第 245 页，1937 年 7 月 30 日

关于衣服我要说明一件事。如果不是自愿坚持的话，你有权放弃使用印度土布。你可以自由选择你认为方便的衣服，也可以选用你认为合适的任何布料。我想这就回答了你所有问题。

也就是说如果你愿意的话，你可以穿外国布或是印度布做的外套、袜子和衬衣。如果你尽力使你所有的这些东西都是手工纺织的布做的，也没有问题，但是不这么做也没有罪。

《致一位甘地主义资本家》，第 143 页，1935 年 9 月 4 日

---

① 指当时在英国的卡马尔纳扬·巴贾杰（Kamalnayan Bajaj）。

391

150 年前，我们生产自己所需的所有布料。妇女在自己家中纺纱，补贴家庭开销。村里的织工就织她们的纱线。我们这种农业大国正是以此作为国民经济的必要组成部分。它让我们以自然方式运用我们的空闲时间。现在的女子已经失去了巧妙的双手，很多人被迫无事可做，这使得这个国家陷入贫困。很多织工成为了清洁工，而有一些去当了雇佣兵。一半有艺术才能的织工渐渐消失了，另一半因为缺乏良好的手工纱线而在编织进口的外国纱线。

《圣雄甘地名信集》，第 36 页

9. 东方和西方

我已经冒着十分的危险谴责现代文明，因为我认为它的精神是邪恶的。有可能它的部分内容是好的，但是我已经从伦理学的视角审视了它的倾向。我辨别出那些置自己于环境之上的个人理想，正如将基督教与现代文明区分开来一样。它的活动绝不仅限于欧洲。

《圣雄甘地选集》第 10 卷，第 247 页，1910 年 5 月 10 日

深陷当前文明里的我们只要在这个环境里一天，我们就会利用邮政和其他设施。如果带着知识和理解利用这些东西，我们便不会为之疯狂，就会逐渐减少而不是日益增加对它们的迷恋。明白这一点的人不会被诱惑，把邮局或铁路带到没有这些东西的村庄。你和我都不应该消极，不应该因为担心蒸汽机和其他罪恶工具无法立即废除，或者并非所有人都会放弃使用它们，而任由它们增长。即使有一个人减少或停止使用它们，其他人也会跟着做。相信这样做是有益的人会继续这么做，而不理会其他人。这是传播真理的唯一的方法；世界上再无其他方法可言。

《圣雄甘地选集》第 10 卷，第 204 页，1910 年 4 月 2 日

欧洲事件的影响对印度没有好处。到过印度的普通欧洲人都被东方的神秘性所折服，而不是给东方人灌输他们自己的价值。这似乎是不可避免的。正如我们看到的那样，宗教没有给他们留下持久的印象，尽管我们认为已用当今的方法向他们展示了。我的理论是，现代文明毫无疑问是反基督的。欧洲带给印度的可能是这个文明，而不是耶稣的生活。你和一小部分其他人努力展示后者那种生活，这定会名留青史。但这需要时间。"神的磨盘转得慢"。你和跟你一样的人敢于直面邪恶，并不受其影响，反而支持它，发现隐藏其后的善，并收为己用，因此便有了一个完美的合体。我想要的是这个方法的相互作用。因此我欢迎你来参观静修院，就像我欢迎很多欧洲朋友一样，他们忠于自身最优秀的传统，并且足够开明，愿意吸收印度这片土地所提供的精华。

《我心爱的小孩》，第 11—12 页，1917 年 6 月 9 日

我要给美国商人传达一个信息：理解了纺车的内在含义，你们也将会因此找到实现美国民众真心渴望的世界和平的方法。

《圣雄甘地选集》第 23 卷，第 382 页，1942 年 4 月 5 日

我本人的动机是尽我所能，努力把印度文化，即古代文化，从强加在印度身上的现代文化，即西方文化中拯救出来，因为后者将对印度造成巨大破坏。古代文化的本质建立在最大限度的非暴力实践的基础之上。它的箴言是为了世上每一个生命，而西方文化则直白地建立在暴力的基础之上。因此，它不尊重所有的生命，而且在其进程中，

毫不犹豫地诉诸针对人类生命的大规模毁灭。它的箴言是：强权即公理，本质上是个人主义的。但是，这并不意味着印度不能向西方文化学习，因为后者尽管接受"强权即公理"的信条，但人情味并没有全部消失。这些年来，不懈追求那个披着真理外衣的错误理念，这已经让无数西方人看清了它背后虚伪的一面。我希望印度学习这种追求真理的精神，代替对印度传统毫无怀疑精神的满足，但是除非能够清醒意识到自身文化在宇宙中的重要地位，而且必须不惜任何代价加以保护。否则，印度是不能安全无虞地学到任何东西的。英国向印度引进西方文化，这意味着为了大不列颠预期的利益而剥夺印度的资源。此举已将数百万印度人推到了饥饿的边缘，并且几乎削弱了整个国家。

《圣雄甘地选集》第 23 卷，第 243—244 页，1924 年 3 月 14 日

西方世界一直要求我崇拜它的医学发明以及在这一领域取得的所有进步。

《巴布致米拉的信》，第 112 页，1930 年 7 月 7 日

10. 印－穆团结

我认为神创造低等形式的动物并不是为了供人类任意使用。人类之所以意识到自己是最高级别的生物，不是通过纵容，而是通过节制意识到这一点。如果素食可以维持生命健康，那么我就没有权利掠夺动物的生命。即使我认为宰杀某种动物是必要的，我也没有权利去宰杀所有的动物。因此，如果以羊肉、鱼和家禽为食（肯定足够了），那么，一定会生活得很好，为了我的生存而杀牛对我来说是一种罪过。也正是这种论点让老圣人将牛视作神圣之物，特别是当他们发现牛在国家生活中是最伟大的资产的时候。而且，我认为，只要我的崇拜没有放在跟造物主一样的高度，那么对牛，这种有用的动物，给予崇拜之情并没有错，也不违反道德或是犯罪。我非常赞同将特殊的敬奉留给我们的造物主（如伊斯兰教如此强调），但是我绝对不会混淆崇拜牛和宰杀牛这两个概念……

宰杀牛在道德层面是不可原谅的。

《圣雄甘地选集》第 16 卷，第 508—509 页，1920 年 1 月 25 日

在深入思考后，我得出个人结论，如果印度教徒与穆斯林之间的团结存在一个有效又可视的象征，那它就是采用手纺车，穿纯手织棉

布制成的衣服，而且这些衣服是由两个群体的老百姓手工织成的。只有对这个信仰的普遍接受才能给我们提供一个共同的理想和一个共同的行动基础。

只有当这两个群体都广泛使用，手织棉布才能得到普遍使用。继而手纺车和手织棉布在世界范围内的使用将唤醒印度。这也会是一种证明，证明我们有能力满足本国需求。从当前斗争开始的那一刻起，我们就意识到了抵制外国布料的必要性。我敢说，当手织棉布被大规模使用时，对外国布料的抵制便会随之而来。就我而言，手纺车和手织棉布有着特殊的宗教意义，因为它们象征着一种亲密关系，将两个社会团体成员与饱受饥饿与疾病的穷人联系起来。我们的运动如今可以被称为是道德的、经济的和政治的运动，这是一个普遍接受的事实。如果无法实现这一点，我认为任何成功都是不可能的。再一次说明，只有把非暴力当作实现独立和哈里发运动胜利的重要条件，手织棉布运动才能获得成功。因此，手纺车计划是我目前能提供给国家的唯一有效的和成功的计划。

《圣雄甘地选集》第 23 卷，第 92 页，1922 年 3 月 12 日

保护牛（Cow-protection）对我来说不仅仅指的是对牛的保护。牛只是众生的生命形式之一。保护牛意味着保护弱者、无助的人以及聋哑人。由此，人变成众生的仆人，而不是他们的神和主人。在我看来，牛就是关于怜悯的布道。到现在为止，人们只是在敷衍保护牛这件事情。但是我们很快会改变这一现状。

《一沓旧信》，第 43 页，1925 年 4 月 25 日

印度教徒和穆斯林教正在逐渐远离彼此，但是我并没有为此感到困扰。不知怎的，我认为日益扩大的距离，只是为了以后把他们更亲密地聚集在一起。

《一沓旧信》，第 47 页，1926 年 4 月 23 日

11. 提高女性的地位

　　女性正是服务的典型化身，但目前她们的服务却只局限于自己的家庭。那为什么不扩大女性的职责，进而惠及整个印度呢？一个真正虔诚的人是世界公民，但是为祖国服务恰恰是为全人类服务的基础。再者，能将为世界服务与为自己国家服务结合起来的人，最终将会获得自我解脱。

《甘地书信集 I》，第 6 页，1926 年 12 月 13 日

　　不少女性碌碌无为。可谁能使她们活跃起来呢？从出生起，女儿们便拥有母亲的溺爱。又有谁来阻止这些母亲呢？她们给孩子买各种各样的饰品与华服，很早便让女儿嫁出去，而且是嫁给年长她们很多的男人。每当看到女人身上的装饰品时，我就只感到痛苦与忧伤。谁能向她们说明真正的美在于心灵，而不在于这些装饰品呢？诸如此类的问题还有很多，但问题要如何解决呢？我想，也只有在女性中能出现一位如完美的黑公主一般的人，这个问题才能找到真正的答案。

《巴布致静修院姐妹们的信》，第 19 页，1927 年 2 月 28 日

是男人一直将女性置于无助与依赖的角色；所以一直以来，男人认为保护女人是他的职责。

《巴布致静修院姐妹们的信》，第 27 页，1927 年 5 月 9 日

只要内心仍存有对精美饰物的一丝迷恋，要我们去放弃或者通过模仿他人而进行的改变，都会毫无意义。但是如果我们已经不再对这些饰物痴迷，而心里还留存着渴望，那么由于我们的内疚感和来自别人的约束，我们开始做些外在的改变，最终还是能够消除这种痴迷的。痴迷以及其他类似的情感是我们的敌人，这些一直困扰着我们。因此，我们应该寻求任何适当的、可靠的手段来保护自己，免受干扰。我这些话是写给那些虔诚而忠实的朋友的。

《巴布致静修院姐妹们的信》，第 59 页，1927 年 12 月 19 日

印度女性不允许男医生检查她们的身体，或给她们做手术，这是对端庄品行的一种误解，它根源于对性骚扰的错误理解。在这个问题上，我更赞成西方的做法。我也知道，那样有时确实会导致不良后果。有些医德败坏的医生，曾与容易受骗或易被激起欲望的女性发生过不道德的行为。但这在任何其他情况下也都有可能发生，它并不是要停止这些必要又有益的活动的理由。我们必须对自己充满信心。

《巴布致静修院姐妹们的信》，第 88 页，1929 年 12 月 9 日

正是男性的欲望侮辱了女性的人格，他们主导女性穿衣与行为方

式，并借此来引诱或取悦他们。但女性并没意识到此种奴役与侮辱。因为女性自身也庇护着此种欲望，她们给鼻子、耳朵穿洞并在脚上戴上漂亮的"脚铐"（饰品），自然一副奴隶的模样。一个肆无忌惮的男人能轻易地诱骗一个戴着鼻环或耳环的女人。我从来都无法理解女人为何要戴这些会使她们降格的东西。因为，真正的美存在于心灵。

《巴布致静修院姐妹们的信》，第 90 页，1929 年 12 月 9 日

如果名声不好的女人决心洗心革面的话，男人也必须停止针对她们的侮辱行为。只要有来自男性的侮辱，必定也有来自其他女性的侮辱。如果这些女人放弃鄙陋的行业，开启生活新篇章，品格高尚的男人当然可以迎娶她们，这很令人尊敬。一日为妓，终身是妓——这不是个合理的命题。

《马哈德夫·德赛日记》第 1 卷，第 315 页，1932 年 3 月 28 日

爱美之心，人皆有之。这是再自然不过的事，但是美的标准不是绝对的。因此，我认为如果只追求身外之物的美，那种渴望是永远得不到满足的，我们必须学会欣赏内在美。学会之后就会发觉更多的美展现在你面前，那时占有之爱就会消逝。

《马哈德夫·德赛日记》第 1 卷，第 184 页，1932 年 6 月 21 日

如果遭受骚扰的女性有自杀的权利，那么一个财产遭劫的受托人当然也有这种权利，但他必须权衡当下应当做什么。如果一位女性

为了从强暴中逃脱而不愿意自杀，我们没有权利说她做得不对。另一方面，如果一个受托人在保护受托的财产时自杀，我们也不能评价他做得对。因为这都要根据个人当时的精神状况来定。然而，我仍然相信，如果有必要的勇气，遭受侵害的女性会甘心放弃生命，而不是她的美德。因此，我肯定会在与女性的谈话中鼓励这种态度，让她们明白，如果我们愿意，放弃生命并非难事。很多女性误以为，如果没有男人依靠或不会用匕首或左轮手枪，她们便束手无策，只能屈服于罪犯。我将一定会告诉她们，不必依靠保护人手中的武器来自卫，因为她们的美德将是最好的防身工具。但是，如果不是这样，她们可以自杀，而不是持刀与歹徒搏斗。女性自身不要看轻自己，认为自己软弱无力（abala）。

《马哈德夫·德赛日记》第 1 卷，第 210 页，1932 年 7 月 3 日

你告诉我 B 的房子因缺乏女性的整理而变得凌乱不堪。我一直认为这是由对男女分工差异的错误认识导致的。男女差异确实存在。但是，当男人面对要把家收拾得井井有条时，往往感到很无助；而印度女人在面对如何照顾好自己时，也表现出比西方女性更多的无助感，这两种无助情绪都源于他们成长过程中所接受的错误教育。为什么没有了女人的照料，男人就该这么懒惰，不能保持家的整洁呢？为什么女人总是觉得自己需要男人的保护呢？在我看来，这种异常现象是由于习惯性地认为女性生来就适合做家务，认为她们必须温顺柔弱，总需要被保护。然而，在静修院里，我们努力创造一种与之不同

的新氛围。当然，这是一项艰难但值得去做的工作。

《我心爱的小孩》，第 92 页，1932 年 7 月 18 日

如果女性意识到自身的尊严与特权，并充分利用它为人类服务，你们会让尊严与权利得到更好的提升。但男性以奴役女性为乐，而事实证明，女性也甘愿为奴，直到奴隶主和奴隶一道犯下践踏人性的罪恶。你也可以这么说，自孩童时起，我就有一个独特的使命，就是让女性意识到自己的尊严。我自己曾是一位奴隶主，但是白（Ba）[①] 向我证明她并不愿做奴隶。因此，我便开启了我的使命，而她也不再被奴役。现在，我在寻找一位欲实现其使命的女性。是你吗？你愿意成为这样的人吗？

《致拉吉库玛瑞·阿姆里特·考尔的书信集》，第 100 页，1936 年
10 月 21 日

我在不到 30 岁的时候就早已与女性一同工作了。在南非，没有一个女性不认识我。但是我的工作是针对那些最穷困的人。我无法顾及知识分子，因为我对此的诉求一直都是发自内心。身为知识分子，我总是觉得自己像离开水的鱼。因此，你得出一概而论的说法是错误的，你不能责怪我并未组织女性知识分子。我自认没有这个本事，因为我组织活动的方法不合常规，也没有更高明的方法。我是说我并没有做什么可以发表的事迹。但是，我从不惧怕穷人群体的冷漠，当

---

① 指嘉斯杜白·甘地（1869—1944），甘地夫人。——译者注

然，我也从不怕接近贫穷女性群体时遭到同样的冷漠。她们和我之间有一条看不见的纽带。为什么你对我正经历的极大痛苦避而不谈呢？这不是为了女性群体吗？我竭尽所能，充分纯净我的灵魂，为了让我能为她们更好的服务，并通过她们为全人类服务。这也是我的精神支柱，即非暴力的要求。

《致拉吉库玛瑞·阿姆里特·考尔的书信集》，第146页，1938年7月8日

无论是谁，只要竭尽所能地工作，都是完成了自己的使命。但在工作中，你必须培养《薄伽梵歌》中所教诲的态度，就是时刻谨记要服务神，或将自己献给神，秉着这样的态度去做任何事。另外，如果你的所作所为都是为神献身，你将永远不会刻意感觉到"我在做这件事"。如此，你对任何人都不会怀有恶意，而且会慷慨地帮助他人。即使是再小的事，你都应不断审视自己是否遵循了以上准则。

《甘地书信集Ⅰ》，第16页

12. 公共利益

请不要时时刻刻想着解放整个印度，这没有必要。而是要解放你自己，即使解放印度的责任很重，也要全身心关注自身。灵魂的高尚在于印度人能够意识到，自己就是印度。个人的解放就是印度的解放，其他都是虚假的。如果你对此感兴趣，那么请一定要坚持不懈。我们不需要为其他人操心。如果因他人而烦恼，反而会忘记自己的任务，从而失去一切。当然，解放自己须从利他主义，而不是从自私的角度出发。

《圣雄甘地选集》第 10 卷，第 206 页，1910 年 4 月 2 日

当人们能够无所畏惧地面对声誉、金钱、种姓、妻子、家庭甚至失去生命，真正的公众服务才会实现。那时才会获得自由，实现生命的终极目标。

《圣雄甘地选集》第 10 卷，第 350 页，1910 年 11 月 11 日

帮助各个阶层的劳工是我们的职责。对此我坚定不移。对于以"合作"的名义进行的这一切，我并没有什么信心。当前的首要任务

是对劳工阶层的境遇进行详细的调查。劳工赚多少钱？住在何处？住处环境如何？花费多少？有多少积蓄？有多少债务？有几个孩子？如何把孩子抚养成人？他以前从事何种工作？是什么导致了他生活的变化？他现在的境况如何？在没有找到解决这些问题的办法之前，就试图建立一个合作型社会根本就是不合理的。我们有必要首先融入劳工阶层之中，如果能做到这一点，我们就可以在很短的时间内解决大量问题。

《圣雄甘地选集》第 14 卷，第 147 页，1918 年 1 月 3 日

我反对广告，因为它们非常不真实。一份好的报纸应该免费宣传公众所需要的书籍。在我看来，这是报纸的必要功能。同样，我觉得有必要建立一个综合的广告代理机构，为了报酬刊登有用的信息。但是我痛恨报纸通过广告来赚钱，因为这是在欺骗大众。

《圣雄甘地选集》第 16 卷，第 250 页，1919 年 10 月 22 日

人们借助法律放弃坏习惯，这本身并不是武力或暴力。同样地，用法律禁止销售烈酒，强制酒鬼戒掉酒瘾也不是暴力行为。如果对那些酒鬼进行鞭笞，这肯定是暴力行为。国家没有义务销售烈酒。

《圣雄甘地选集》第 24 卷，第 274 页，1924 年 6 月 21 日

唯有坚持真理。我们做任何事情都应坚持非暴力。为了国家和自己的利益，我们应该使用手纺车，穿印度土布；印度教徒和穆斯林教

徒应该友善和睦地生活，印度教徒应该消除贱民制度，把贱民当作我们的兄弟；酒鬼应该放弃酗酒，瘾君子应该戒掉坏习惯。这才是我们所有人的责任。

《圣雄甘地选集》第 25 卷，第 256 页，1924 年 10 月 22 日

难道我们没有背诵"视万物如己身"吗？其中提到我们应心怀众生，推己及人。如果我们能做到，看见别人家脏兮兮的小孩的时候，就好像是看见了自己的孩子，也会觉得丢脸；同样，在看到别人受苦时，我们也能感受到痛苦，并会想方设法摆脱这种痛苦。

《巴布致静修院姐妹们的信》，第 13 页，1927 年 1 月 17 日

只有做到为国服务的最高标准，统治者才有资格发号施令。而这些命令不可为牟取私利，而要为了社会的福祉。现如今，统治者已忘记他们的职责，不再树立无私奉献的榜样，而是沉溺于享乐，把权力当作自我放纵的一种手段。

《甘地书信集 I》，第 8 页，1927 年 1 月 8 日

我们必须要培养自身平等地对待所有人的品质，就像《薄伽梵歌》所教导我们的那样。

《巴布致静修院姐妹们的信》，第 42 页，1927 年 8 月 22 日

尽管意见相左，内心满是烦恼与愤怒，我们也必须完成本该完成的事。当然，我们做得也不能比别人做得差。

《巴布致静修院姐妹们的信》，第 52 页，1927 年 10 月 31 日

世界上总是有一些小偷。有 3 种方法可以防范他们：（1）随身不携带任何东西，但这很难做到。（2）随身携带东西，但是应该保持警惕。（3）应该利用小偷对法律惩罚的恐惧吓走小偷，而且应该联合起来惩罚他。我们已放弃第三种方法。第一种最理想化。而第二种我们已经将其用于实践中——物品尽量少带，对于必须要随身携带的物品也要保持绝对的警惕。

《巴布致静修院姐妹们的信》，第 85 页，1929 年 11 月 29 日

在学到更多技能之后，我们便可以做更多的工作，更多地减轻生理上和心理上的负担。

《甘地书信集 II》，第 13 页，1932 年 5 月 8 日

最大多数人的最大利益原则，这个原则赤裸裸地宣称在 100 个人中，为了 51 个人的利益，宁愿牺牲剩下 49 个人的利益。这是一条摧残人性的无情原则。人类唯一真实而且高贵的信条就是所有人的最大利益，而它只有通过完全的自我牺牲才能实现。

《马哈德夫·德赛日记》第 1 卷，第 149 页，1932 年 6 月 4 日

我不相信"最大多数人的最大利益"原则，也不赞同"强权即公理"。对于人类而言，其考虑的目标应该是所有人的利益，在其中首先要服务的是弱者。虽然我们早已是靠两条腿直立行走的人类，但仍需摆脱四腿野兽的天性。

《马哈德夫·德赛日记》第 1 卷，第 221 页，1932 年 7 月 10 日

监狱应该是一个改过自新之地，而非惩罚之处。果真如此的话，为什么一个伪造犯在狱中会被铁镣绑住双腿？这些铁镣并不会改善他们的品行。依我看，如果并没有想要越狱或难以管理的问题的话，那么，给狱中任何人的双腿绑上铁镣，都是令人难以忍受的。

《马哈德夫·德赛日记》第 1 卷，第 170 页，1932 年 6 月 17 日

纵使是善的结果也不能为暴力辩护，它们无法消除暴力所带来的罪恶。并不是每次暴力所带来的罪恶都能被处理好。因此，尽管在谋杀犯被处决后，我们可能如释重负，但因绞死他而产生的罪恶是无法衡量的。如果我们总想谋求什么结局的话，那么，信仰也就失去了意义。

《致拉吉库玛瑞·阿姆里特·考尔的书信集》，第 116 页，1937 年 6 月 2 日

即使在充满痛苦的地方，仍有幸运的人，这正是神的恩惠。但如果所有人都陷入痛苦之中，又靠谁来照顾他们呢？所以，当我们服务

他人时，必须照顾好自己。不能依赖他人，但对于他人给予的帮助应满怀感激。

《甘地书信集 I》，第 22 页

13. 印度的自由

　　想要消除印度人对议会的钟爱并非易事。毋庸置疑的是，任何施行剥皮、火刑，或是割掉耳鼻的行为都极其野蛮；然而，议会（制度）的专横暴虐程度甚至比成吉思汗、帖木儿①和其他政体都更为严重。

《圣雄甘地选集》第 10 卷，第 204 页，1910 年 4 月 2 日

　　自治只对那些能够理解它的人有意义。你我直到今日也依然能够享受其益处，其他人也应该像我们一样理解它。但由他人——印度人也好，英国人也罢——来保护我们，这就不是自治，而是帕拉拉吉（pararaj）即外在的统治。

《圣雄甘地选集》第 10 卷，第 205 页，1910 年 4 月 2 日

　　每当我体验越多，我就越能体会到机器将会永远使我们处于被奴役的状态，也越发觉得我在《印度自治》中的观点是完全正确的。另

---

① 帖木儿（1336？—1405），帖木儿帝国的创立者。——译者注

外，在萨提亚格拉哈上面，我也发现了新的真理。依我看，无论对于弱者还是强者来说，它都是最纯粹的武器。

《圣雄甘地选集》第 15 卷，第 340 页，1919 年 6 月 1 日

如果我们想让自己的国家在民族之林立足，那么我们必须在政治生活中最大程度地实现诚实。要做到这一点首先的一个前提是，不惜一切代价，坚定不移地信仰和实践真理。

《圣雄甘地选集》第 17 卷，第 97 页，1920 年 3 月 18 日

我坚信当前的印度亟需净化，通过净化，印度将会获得自由，从而面目一新。

《圣雄甘地选集》第 19 卷，第 15 页，1920 年 9 月 23 日

我正在收集各种仇恨的能量，并且将其导向某个出口释放。

仇恨和对傲慢权力的蔑视一样都是软弱的。如果我能够向国人证明我们无须畏惧英国当局，那么这种仇恨就会停止了。勇敢的人从不会憎恨他人，因为憎恨是懦夫的品行。而非暴力不合作是自我净化，就像在净化蔗糖的时候，污垢会浮出表面一样；如果人净化了自身，就能看到自己的弱点所在。

《圣雄甘地选集》第 19 卷，第 137 页，1920 年 12 月 17 日

一定要让学生明白，印度自治并不是只靠学习获得的，而是要在日常生活中展现出实现自治所需要的诸多品质：开放、诚实、勇气、凝聚力、友谊以及自我牺牲。而且，拥有这些品质的学生都必须回到他们的村落，并将其发扬光大。

《圣雄甘地选集》第 19 卷，第 292 页，1921 年 1 月 29 日

印度的经济和道德上的解放等等，主要依靠你们，印度的未来将寄托在你们身上，因为你们将要培养印度的下一代。诚然，你们可以将孩子培养成朴素、虔诚、勇敢的男男女女；也可以溺爱他们，令他们在生命的暴风雨面前失去勇气，并且沉溺于各种国外的华丽衣着，以至于从此难以戒除（这种依赖）。

《圣雄甘地选集》第 20 卷，第 497 页，1921 年 8 月 11 日

我的目标是争取印度的独立自治。而要实现这一目标，必须坚持非暴力和真理的手段。如果印度依靠并仅仅依靠这两种方式赢得独立，那么印度的自治不但对世界毫无威胁，反而对人类大有益处。纺车是内部变革的外部表现，而且它在全国的推广将能保障印度的经济独立，也能够使上百万的印度农民摆脱日益贫困的命运。

《圣雄甘地选集》第 23 卷，第 361 页，1924 年 4 月 5 日

如果每个人真诚地认为自己微乎其微，认为印度的自治超乎一

切，那么这对于获得和实行自治是最好的事情了。

《圣雄甘地选集》第 23 卷，第 330 页，1924 年 3 月 28 日

我个人认为，向国旗致敬是不容置疑的。我看不到这里面有任何错误之处。因为民族精神对于一个国家的存在来说是必要的。国旗正是培养此种精神的物质辅助。

《圣雄甘地选集》第 26 卷，第 554 页，1925 年 4 月 25 日

14. 教育

教育并不是指读书识字，而是性格的培养，它意味着承担责任。用我们的话来说，教育的字面意思就是"训练"。

《圣雄甘地选集》第 9 卷，第 208 页，1919 年 3 月 25 日

为什么每一个小伙子都要会英语？假如每个省都有人受过专门的英语训练，他们就可以在全国范围内用土话来宣传最新发现和研究成果，这难道还不够吗？如此一来，男孩女孩们都将徜徉在新知识的世界里，那么过去 60 年里从未有过的印度复兴将指日可待。我越来越感觉到，如果男生要消化不同的科学知识，那只有接受用土话进行的培训才是可行的，可惜现在还没有任何针对此项必要改革的措施。所以，在改革成功之前，恐怕我们只能让英国人替我们考虑，而且必须继续像奴隶一样模仿他们。除非落实以上改革，否则没有任何自治方案能够幸免于难。

《圣雄甘地选集》第 14 卷，第 153 页，1918 年 1 月 16 日

我对马德拉斯辖区人民的爱国主义、无私和睿智有着足够的信

心，我知道，他们中间那些愿意与其他省份的人民一起为国服务的人，将愿意牺牲自我，去学习（如果只是唯一的语言的话）印地语。我提议他们应该为能够学习这门语言感到荣幸，因为这样才能使他们走进数百万同胞的心灵。

《圣雄甘地选集》第 14 卷，第 301 页，1918 年 3 月 31 日

学生就是渴望学习之人。学习要学有价值的知识，而唯一有此价值的知识就是自我。真正的知识是来自对自我的认识。为了认识自我，人们必须去学习文学、历史、数学等等，而这些都是学习知识的手段。识字对于学习上述学科是必要的。但根据我们的经验，学识渊博而不识字的人也是存在的。明白这一点的人在追求读书识字，学习文学和其他学科知识中不会痴狂，他只会对追求自我的知识痴狂不已。在追求自我知识的道路上，他会丢掉阻碍他前进的一切事物，并全身心投入任何有利于这一追求的事务中。对于这种人来说，他的学习生涯永无止境，不论是吃饭、喝水、睡觉、运动，还是在挖掘、织布、纺纱或任何别的工作中，他无时无刻不在学习（认识自我）。为此，他要不停地培养自己的观察能力，他并不需要一位又一位的老师，或者说，他把整个世界看作老师，并接受其中正确的部分。

《圣雄甘地选集》第 26 卷，第 362 页

我认为天城文是世界上最科学和最完美的文字，因此它最适合在印度全国推行。但目前让穆斯林来接受这种文字仍有困难。因此，我认为受过教育的阶层都应该同时学好这两种文字。其中具有更多活力

且容易书写的那种将成为全民通用文字，尤其是当印度教徒和穆斯林及其他阶层已经完全放下彼此之间的不信任，并已学会按照国家利益来处理非宗教问题的时候。

《圣雄甘地选集》第 14 卷，第 1 页，1920 年 1 月 19 日

文字教育的目的只不过是要增强我们的服务精神而已。既然现在你有机会服务他人，那么你应该全身心投入其中，并且学会乐在其中。在你服务时，如果你无法放弃自己在灵魂上的骄傲，并且以为"是我在服务"，那么这种出于骄傲的服务是毫无价值可言的。《薄伽梵歌》告诉我们，我们自身什么也没做，什么也做不到，我们只不过是神意愿的工具而已。

《甘地书信集 I》，第 23 页

15．种姓制度和贱民

……我认为我们犯下了一个滔天罪行，那就是将一整个阶层的人都当作贱民对待，也正因为如此，总有人针对这个阶层做出一些令人反感的事情。不愿与某个人一起用餐和连碰都不愿碰他，这是截然不同的两件事。当今没有人是不可接触者。如果我们不介意与基督徒和穆斯林接触的话，那为何会对那些与我们拥有共同信仰的人心怀芥蒂呢？无论是从平等的角度，还是从实际常识的角度看，为贱民制度辩护都是站不住脚的。

《圣雄甘地选集》第 13 卷，第 120 页，1915 年 7 月 26 日

为贱民服务是我一生的热情所在。倘若印度教教义真的承认贱民制度，那么我坚信我将无法再做一名印度教教徒。

《圣雄甘地选集》第 19 卷，第 289 页，1921 年 1 月 29 日

那些针对贱民阶层所犯下的罪行，以及对数百万沉默大众的掠夺，都让我深有感触。但我更清醒地意识到，我们对相对低级的动物世界所负有的责任。当年佛祖背起羊羔并责骂了婆罗门，就已经展现

了最高程度的爱，在印度教中对牛的崇拜也正体现了这种爱。

《圣雄甘地选集》第 19 卷，第 395 页，1921 年 3 月 2 日

种姓（群体）有权驱逐违反规定的个体。但是你不必对自己的所作所为感到羞愧和懊悔。毋庸置疑，你在自己种姓中的影响定会减弱，筹集资金的能力也将下降，但我对此一点也不担心。照此发展下去，即便你变得穷困潦倒，你也不必感到悲伤和悔恨。若贫困潦倒是因为坚持对社会有益的原则，这是值得称赞的。当你的种姓最终意识到你的坚定和诚恳之时，它本身也会变得更加宽厚与谦卑。种姓制度必须进行改革，很显然你的所作所为也将为改革铺路。

《致一位甘地主义资本家》，第 64 页，1926 年 7 月 16 日

贱民制度是一种毁灭灵魂的罪行，而种姓制度是一种社会性的恶……

《甘地书信集Ⅱ》，第 34 页，1932 年 10 月 10 日

净化应是思想上的。而这种净化是所有人类本应拥有的。在这个启蒙的年代，一个女人想要守住自己的达摩，就必须为贫民服务（Daridranarayan）①，并且进行自我教育。为贫民服务就是传播印度土

---

① 19 世纪末印度哲学家辨喜（Swami Vivekananda）主张为贫民服务与虔信和服务神一样重要。Daridranarayan 意即为贫民服务，就是为神服务。——译者注

布，纺纱，等等。同时，为哈里真服务意味着消除贱民制度这一污点。这两件事都是神自己的旨意。教育绝不能与深闺制度并行。

《致一位甘地主义资本家》，第 139 页，1933 年 10 月 25 日

哈里真们必须知道，他们在自我净化的过程中需要避免种姓教徒（caste-Hindus）所有的恶俗。他们应避免童婚。在我看来，改革者们不必焦虑，因为萨尔达法令（Sarda Act）[①]是一项明智的举措。但是如果此法令针对种姓教徒的约束力都不够强硬的话，对贱民们的约束可能也不够。哈里真们应该在其群体中文明地宣传童婚的罪恶，并普及这一法令对他们的要求。这样一来，人们可以确信，一旦有人有意触犯法令就会遭到控诉。但是即使出现这种情况，也应该由哈里真们自己负责。他们不应该为此而索求或接受种姓印度教徒哪怕是金钱的资助。无论如何，对萨尔达法令的集中宣传都至少需要一年的时间。

《致拉吉库玛瑞·阿姆里特·考尔的书信集》，第 11 页，1935 年
2 月 2 日

种姓的数量是不胜枚举的，而就目前来看它们拖了印度教的后腿。

----

① 亦作 the Child Marriage Restraint Act，规定法定婚龄为女生 14 岁，男生 18 岁。1929 年在英属印度颁布，是印度社会改革的结果。——译者注

瓦尔纳（Varna）①的出发点却不同，它意味着职业，而且它与不同种姓的共餐和通婚没有关系。属于这四类瓦尔纳的人曾经可以在不同种姓间实行共餐甚至通婚，他们自然地不必也不会因此脱离自己的种姓。这一点在《薄伽梵歌》对四大瓦尔纳的定义中都得到明确喻示。当一个人放弃他所世袭的职业时，他才脱离自己的种姓。但是这种宝贵的瓦尔纳制度（Varnashram）已经遗失了，如今却只留下一片混乱。

《甘地书信集 II》，第 40 页

---

① 梵语瓦尔纳是种姓制度的概念，在该制度中主要指四种不同的阶层，经典中根据一些原则区分四种阶层，并明确规范彼此的义务与权利。实际社会中，种姓并非依据该理论的规范划分，因此不能将瓦尔纳理论与种姓制度画上等号。——译者注

16. 梵行/婆罗摩恰立亚 [①]

婆罗摩恰立亚誓约和其他誓约只有被当作精神信条时才是神圣并能带来幸福的。一旦被邪恶的人所采用，它们只会带来更多不幸。

《圣雄甘地选集》第 9 卷，第 117 页，1908 年 12 月 28 日

对道德问题心存疑问时，我们可能会无视其他长辈的命令；并且，我们是有责任违背他们的。但当存在明显的道德问题时，我们甚至可以漠视父母的命令；而且这也是我们的责任。如果我的父亲让我去偷窃，我必然不会遵从。如果我想遵守梵行，而这遭到父母的反对，我一定会礼貌地拒绝服从。

《圣雄甘地选集》第 5 卷，第 406 页，1911 年 2 月 8 日

沉溺于感官的享受，然后坚持说自己并没做什么，只是跟着感觉走而已，自己只是一个旁观者——所有这些都是徒劳的说辞。他可能

---

① Brahmacharya，音译为婆罗摩恰立亚，意为（僧侣般的）禁欲，独身（生活）。——译者注

据此宣称，那些能够完全控制感官的人，其感官感受只不过是为了身体的运转而已。按照这种说法，我们当中没有人有资格说这些话，除非我们成为真正的穷人，我们无法做到这一点。我们没理由相信，国王是凭借其善行（punya）①而成为国王的。我们只能说国王之所以称为国王，是凭借其行为。但从灵魂本质来看，并非所有的行为都是善的。

《圣雄甘地选集》第 11 卷，第 150 页，1911 年 8 月 23 日

必须尽最大的努力来压制欲望。人总会有不恰当的欲望。通过一次次的克制，我们的思想变得更加坚定，精神也变得更为强大。

《圣雄甘地选集》第 12 卷，第 389 页，1914 年 3 月 17 日

除自我之外，万物皆是转瞬即逝。我们不仅要将此铭记于心，而且要在行动中与其保持一致。每当我反思越多，就越坚定地感受到真理和梵行的至关重要性。后者与其他道德准则一道，都是包含在真理之中的。然而，我不由自主地认为梵行与真理一样重要，值得世人敬仰。因此，我坚定不移地认为这两者的结合可以克服任何障碍，而真正的障碍便是心中罪恶的欲望。如果幸福的获取并不取决于我们与他人的外部关系，那么我们应该更多地考虑自己应该做些什么，而不是考虑人们会怎么说。

《圣雄甘地选集》第 12 卷，第 396 页，1914 年 3 月 22 日

---

① 印度教和佛教用语，指的是 merit，即功德。——译者注

诚实、梵行、非暴力、不偷盗、不贮藏（财物），这5条生活准则是有远大理想的人必须具备的品质。每个人都应该志存高远。因此，培养一个人的品行应当以上述准则为基础。毋庸置疑的是，世人都应遵守这5条准则。即使是商人，他也不能说谎；即使婚后，他也必须保持禁欲；即使是为了生存，他也应坚守非暴力准则。在世上生存，从不盗窃——遵守不偷盗、不贮藏财物以及其他东西的准则很不容易。不过，一个人必须以此为最终目标，并在这些方面有所克制；当一个人的思想摆脱了这些事情，他才可能达到至高的修行境界[①]。

《圣雄甘地选集》第13卷，第17—18页，1915年7月22日

我坚信一个人品行的培养离不开誓约的辅助。誓约之于人类的重要性，就像锚之于船舶。没有锚的船会摇摆不定，最终会撞裂在岩石上；没有誓约，人类将会面临相同的命运。真理的誓约涵盖了所有其他的誓言。敢问一个尊重真理的人怎么会违反梵行或者去偷盗呢？"梵天是唯一真实的，其他的一切都是不存在的。"如果这条经典是真的，那么关于梵天的知识都隐藏在遵行真理的行为之中。

《圣雄甘地选集》第14卷，第97页，1917年11月22日

没有诱惑是不能克服的，味觉上的诱惑也是。正是因为克服它太困难，我们才很少会想到这一点。在我看来，控制住味觉也就意味着

[①] 佛教和印度教要获得救赎或最终解放，必须达到学会放下的至高境界，这本身就属于非暴力的思想。——译者注

控制了一切。

《圣雄甘地选集》第 15 卷，第 34 页，1918 年 8 月 29 日

为了遵从梵行这一原则，必须做到以下 10 点：（1）独处；（2）合理饮食；（3）读好书；（4）定期冥想；（5）足够的体力和脑力劳动；（6）避免辛辣食物和含酒精饮料；（7）远离性感的表演等其他事物；（8）禁欲（放弃性交的欲望）；（9）避免和女人单独相处；（10）重复念诵罗摩那摩或其他的准则。

《圣雄甘地选集》第 25 卷，第 133—134 页，1924 年 9 月 13 日

在任何情况下或面对所有可能的诱惑时仍能不为所动，才是真正的梵行。如果一位美丽的女人靠近一尊大理石男性雕像，雕像丝毫不为之所动，那么，在同样的情况下，一个禁欲的人也会表现得如同雕像一般。但是，正如雕像并不会使用它的眼睛或者耳朵一样，男人也应如此克制自己，以此避免任何犯罪的机会。

《马哈德夫·德赛日记》第 1 卷，第 80 页，1932 年 4 月 19 日

如果遵从梵行只是要避免同女士单独相处，甚至包括只是为其服务的女性，那么梵行本身就不能称其为梵行。而且这种梵行等同于身体上的自我克制，但缺乏必要的精神支撑，在关键时刻会让我们失望。《薄伽梵歌》（Ⅱ：59）中有这样一句箴言：一个人对于世间

欢愉的渴望只有在他经历荣福直观（beautific vision）①的时候才会消除。但是反过来看也是正确的：一个人只要依旧贪恋肉欲生活（the freshpot of Egypt）②，必定无法达致梵行。这就是说，这两件事是相辅相成的。当人面对至高无上者，即神时，欲望才会消逝。因为即使感官消失了，也难以彻底根除内心的欲望。因此，只要没有直面神，就可能再次产生欲望。男人在直面神之后就不可能再有欲望；事实上他放弃了自身的阳刚之气，而变成了无性的个体。他不再是一个重要的人，而是降卑为零。换句话说，他的品行特征会消失，与神融为一体。如果用诚信或真理这些词来代替上帝、梵天，这个观点就会更好理解。在这方面我们无需自欺欺人。那么，谈到要成为一个诚实的人（即 satyachari），他应该怎样行事呢？倘若在真理静修院里，有人嘴上说要以世界为家，而满脑子尽是邪恶的想法，那么用《薄伽梵歌》（III：6）里的话来说，他就是个伪君子（mithyachari）。

《马哈德夫·德赛日记》第 1 卷，第 80—81 页，1932 年 4 月 19 日

认为其他任何人比自己低人一等或者高人一等都是一种罪过，因为众生平等。荼毒我们的是所接触的罪恶，而不是所接触的人。对于愿意一生致力于服务他人的人来说，所有的人都是平等的。高低等级之分是我们必须根除的印度教的污点。

《马哈德夫·德赛日记》第 1 卷，第 286—287 页，1932 年 8 月 14 日

---

① 又为 beatific vision，是指圣徒灵魂在天堂对上帝的直接认知。——译者注
② 《圣经》里的表达，指口腹之欲、肉体之欲。——译者注

漫无目的的遐想在精神发展过程中是绝对不允许的。这个问题确实困扰着大多数人，所以一般来说，我们的重点都会放在如何集中精神和专注度上。对此我们需要牢记于心。因为思虑过多浪费了精神能量，正如沉溺于感官也会浪费我们的生命能量一样。身体上的虚弱会影响心智，而精神上的虚弱也会影响身体。因此，我对梵行有着更加全面的理解，并且认为漫无目的的遐想是破坏梵行的行为。一直以来我们之所以难以实现梵行，正是因为对梵行的理解太窄。但如果我们接受广义的梵行，并尝试控制 11 个器官的感觉，那么对我们动物性欲望的控制就相对容易得多。

《马哈德夫·德赛日记》第 1 卷，第 305 页，1932 年 8 月 23 日

请谨记我对梵行所下的定义：梵行并非是对某种或某几种感官的压制，而是完全掌控它们。压制与掌控，这两种状态有着本质的不同。如今我可以压制所有的感官，但要掌控它们可能需要一生的时间。掌控，意味着让它们成为自身意识的仆人，任你差遣。我大可通过简单无痛的手术来刺穿耳膜，一举彻底压制听觉，但这实际毫无意义可言。我必须训练双耳，让它们非礼勿听，拒绝流言蜚语、淫秽与亵渎之言；聆听天国之乐，它们将能够听见来自千里之外、迫切渴望援助的声音。

《巴布致米拉的信》，第 257 页，1933 年 4 月 27 日

梵行是一种精神状态。毫无疑问，梵行有助于生活的方方面面。其中，饮食对个人基本的精神状态影响最小，但并不是说错误的饮食

习惯不会阻碍精神进步。我想说的是，适当且适量的饮食是遵循梵行的必经之路之一，但并不是其唯一表现形式。味觉上的放纵意味着精神上的脆弱，也与梵行精神背道而驰。遵循梵行的最高方法就是认识到灵魂是神的一部分，神一直住在我们内心深处。在内心谨记这一点，便能获得思想的净化与力量。

《甘地书信集Ⅱ》，第 3 页

17. 勇敢

所有的恐惧本质上都是精神软弱的体现。倘若一直屈服于它，我们将永远无法克服各种不幸。

《圣雄甘地选集》第 7 卷，第 93 页，1913 年 5 月 30 日

死亡会让我们念及自己的使命，忽略肉体，但不应激起恐惧。一个人即便被烧死，他似乎也不会遭受更多的痛苦。当痛苦难以忍受时，他便失去了意识。那些极其执着于肉体的人只会感到更加痛苦，而知晓灵魂的人是不会畏惧死亡的。

《圣雄甘地选集》第 7 卷，第 365—366 页，1914 年 3 月 1 日

尽管沉思良久，但我仍未能摆脱对死亡的恐惧。但是我并没有失去耐心。我不断地努力，相信自己终有一天会根除这种恐惧。一旦努力争取，我们就不应放弃任何一个机会。因为这是我们的使命所在。只有神能够赐予或者左右结果。所以，还有什么好担忧的呢？当母亲喂养孩子时，她不会考虑这样做的前景如何——虽然它总能带来一些结果。要摆脱对于死亡的恐惧，并驱除内心的欲望，人们只需不断努

力，心存喜悦；那样恐惧和欲望终会消失。否则你便会像一个决心不再想到猴子的人一样，却一直无法摆脱猴子的影子。

我们生而有罪，而且由于我们有罪的行为，使我们深受肉体的奴役；所以你又怎么能够期望一分钟之内就能净化身体内所有的不洁呢？你可以按你喜欢的方式去生活，但不管怎样，都要认识到神的存在。

这是阿克哈·巴加特（Akha Bhagat）[①] 的教诲。

图尔西达斯说道：

无论是否身处逆境，重复罗摩神的名字，你便会得到你应该得到的一切。

《圣雄甘地选集》第 7 卷，第 375 页，1914 年 3 月 7 日

世上没有人能加速或推迟我的死亡，哪怕是一分钟。最好的回避死亡的办法是去面对它。毫无疑问，我们都有义务去照顾好自己的生命。但除此之外，我们什么也做不了。因此，不管死亡何时到来，我们都应该欢迎它。

《圣雄甘地选集》第 7 卷，第 386 页，1914 年 3 月 14 日

如果我们一直对神存有敬畏之心，并且从未做过违背良知的事，那么我们不应对死亡有丝毫的恐惧。在那时，当死亡来临时，它只不

---

① 神秘的 17 世纪古吉拉特诗人，以讽刺文学闻名。他是一个虔诚的吠檀多信徒。

过是一种更好的、值得欢迎的变化而已，并不需要任何的悲伤。

《圣雄甘地选集》第7卷，第390页，1914年3月18日

一个人如果内心深知凡人的肉体终会枯萎消逝，他会时刻准备着迎接死神的到来。他这样做了之后，神将会限制他外在的（感官）活动，丰富其内心，使其依照内心的要求生活下去。

《圣雄甘地选集》第8卷，第30页，1915年2月27日

随着我的知识和阅历的增加，我越发相信由分离与死亡所带来的悲痛也许是最大的错觉。当人意识到这一错觉，他就会变得自由。物质的世界并不存在死亡与分别。悲剧恰恰在于，虽然我们热爱朋友身上的一些品质，但是随着时间的推移，当附着在他们身上的非本质性的东西消逝时，我们难免悲伤。然而，真正的友情能从细微中窥见友情的全部。你似乎现在已经发现了这个道理。就让它永远停在那一刻吧。

《巴布致米拉的信》，第41页，1927年4月27日

期望在有生之年都能见到挚爱的人是一种自私的欲望。它来源于软弱，或是源于缺乏肉体死亡后灵魂永生的信念。肉体历经变化而迎来死亡，但是鼓舞人心的精神却既不会变化，也不会死亡。真正的爱，是将这份爱由肉体转向心灵深处，并且要进一步意识到万物合

一，所有的生命都是一致的，值得珍爱。

《巴布致米拉的信》，第 156 页，1931 年 7 月 6 日

像这样的死亡对我没有多少影响，我只能感受到类似失去的一些感受。没有比哀悼死亡更大的无知了。

《马哈德夫·德赛日记》第 1 卷，第 213 页，1932 年 7 月 5 日

只要穿着这肉体的衣裳，我们就要保持它的干净、纯洁与健康，当我们不得不脱下它的时候，就丢弃它吧，不要带有一丝遗憾，因为那是为我们所使用的东西。就让肉体的给予者——无上的神拿去吧，只要他愿意。肉体是供我们奉献所用，不是用来享乐的。

《马哈德夫·德赛日记》第 1 卷，第 276 页，1932 年 8 月 7 日

人类的身体还不如一只玻璃手镯耐久，因为手镯如果保养得当，也许能够用上几百年。但是我们的身体，不管多么用心保养，终究会在一定期限内消失，也许那一刻还未来临之前，就被摧毁了。因此，我们不能依赖于肉身。

《马哈德夫·德赛日记》第 1 卷，第 276—277 页，1932 年 8 月 7 日

你所挚爱的精神将会永远伴你左右。但是肉体这个你由之热爱精神的媒介，在维持我们对精神的热爱中，并不总是必要的。确实，有

用的东西就会继续存在，同样的，已经别无用处的东西自然会消失殆尽。既然我们不知道肉体何时变得没有用处，那么我们应该明白，死亡的来临就意味着肉体已经毫无用处了。

《巴布致米拉的信》，第 210 页，1932 年 9 月 20 日

就我个人而言，多年来我已完全不会因为死亡的失去而悲伤。当命运带走同伴的生命时，我会感到震惊，但那也纯粹是由于个人情感的不舍或者自私。然而，我很快便能平复下来，并意识到死亡是一种解脱，应该受到人们的欢迎，甚至要像对待朋友一样欢迎它；死亡并不代表着精神的消亡，它只是肉体的消逝而已。

《甘地书信集 II》，第 28 页，1932 年 11 月 24 日

我们的生是为了死，死是为了重生。这已是老生常谈的话。但是现在又不得不做更透彻的解释。因为不知何故，人们无法像迎接新生一样欢迎死亡。即便是经过自己的亲身判断，我们仍然拒绝相信一个事实，那就是如果没有灵魂，肉身就毫无意义，而且没有任何证据证明，灵魂会随着肉体消亡。

《巴布致米拉的信》，第 260 页，1933 年 5 月 4 日

坦承自己的无助并不是怯懦的表现，相反，它也许正是勇敢的

开始。

《致拉吉库玛瑞·阿姆里特·考尔的书信集》，第 29 页，1935 年 6 月 19 日

只要神想要我以此身躯在这世上继续工作，他便会安排好一切。当生命大限到来时，医生并不能拯救我的生命。

《致拉吉库玛瑞·阿姆里特·考尔的书信集》，第 99 页，1936 年 10 月 16 日

死为了重生，正如有生便有死一样。因此，活着不是为了获得欢愉，死亡也不必要悲伤。只是有一样东西是必须明确的：我们必须认清自己活着的使命，并为之释放全部生命，直至死亡的一刻。

《甘地书信集 I》，第 18 页

恐惧死亡的行为就像害怕丢弃一件破旧衣衫一样。我时常会深思关于死亡的问题，并且理智地确信，惧怕死亡的行为是一种纯粹的无知。

《甘地书信集 I》，第 24 页

我全身心投入目前的活动中，因为我把它们当作生命的意义所在。如果在进行这些活动时，我突然必须面对死亡，我将会平静以

待。现在的我真是不知恐惧为何物。

《甘地书信集I》，第 32 页

"死亡只不过是一种沉睡和遗忘而已。"但是这场梦是那么美，以至于身体都不愿醒来，记忆的重重负担也被抛到九霄云外。

《甘地书信集II》，第 5 页

与出生相比，死亡更应是一件需要庆祝的事情。因为新生命的降生必须经历九个月的孤独日子，出生后的生活也有许多不尽如人意。但死亡对有些人来说，是为了完成生命的目的。要实现这种意义的死亡，人们必须以超脱的态度把自己的生命全情投入工作之中。

《甘地书信集II》，第 49 页

18. 健康和保健

我们的医疗队能为国家提供何种服务？通过这五到七年内不停地解剖尸体，杀害动物，宣扬没用的教条，他们想要做成哪些伟大的事情呢？一个国家有能力治疗身体上的疾病，这又能给国家带来什么呢？依我看，此举只会徒增人们对于身体的依恋罢了。我们可以制订一个计划，使得国家不需要现代医学科学也可以阻止疾病的增长。这并不意味着完全不需要医生或医务人员。恰恰相反，我们需要他们。问题在于，很多年轻人过分重视这个职业，花费成百上千的卢比，浪费好几年的青春，就为了获得医师资格。这实在不应该。因为人们必须知道，我们现在不能，将来也不会从这些信奉对抗性疗法的医师上获益。

《圣雄甘地选集》第10卷，第206页，1910年4月2日

牛奶……只是肉食的另一种形式，人没有权利去享用。有人反驳说因为婴儿吮吸母亲的乳汁，人们就应该服用奶牛的乳汁，这本身就是无知的表现。

《圣雄甘地选集》第12卷，第127页，1913年7月2日

人们应该学会食用尽可能少的种类和数量的食物，少到只要摄取能维持身体生存所需的数量即可。我们最好将这一准则牢记于心，并且作为自己的饮食标准。

《圣雄甘地选集》第 12 卷，第 387 页，1914 年 3 月 17 日

每当发现有医生身体虚弱或者疾病缠身时，我都会感到悲伤。它提醒我们，医学是一门多么不完整、不可靠的实证科学。当人们能够保持足够的客观，便会立刻意识到它与生俱来的弱点，因为世上不存在包治百病这回事。就算是最有效的药物，也有成千上万种例外情形；就算是最成功的手术，也会在人们的身体和精神上留下伤疤。

《我心爱的小孩》，第 84 页，1926 年 8 月 20 日

它足以让我们看到，任何一种疾病都不过是因为违背了我们仍未知的某些自然法则，它促使我们努力去了解这些自然法则，并祈祷获得遵行这些法则的能力。所以当我们生病的时候，心灵的祷告不仅有效，而且也是一种良药。

《巴布致米拉的信》，第 58 页，1927 年 7 月 9 日

如果我们喜欢美味的食物，为什么要遮遮掩掩呢？品尝美味的食物并不是罪。有意隐藏这种渴望，却又私下里纵欲才是罪。每个人，不管男人还是女人，都有随意享用他或她想吃的食物的自由……每个人都可以满足自身对于美食的追求，唯一的限制就是，美食应该符合

通常意义上的厨房规矩。也就是说，人们无论在私底下、住处或公开的场合都不能做只满足个人特殊口味的菜肴。你可以出门去朋友的住所赴宴，这没有什么好隐藏的，对所吃的东西也没有什么限制。另外，人们也可以在家里储存诸如干果之类的食物。如果能够不行使这种自由，那就再好不过了。当然也不是要完全限制。我对您最真诚的请求是：永远表里如一。不管做什么都可以公开地做。不要让自己受到别人的不良影响。如果曾经出于羞愧而允诺做了某件事情，请在事后也要保持言行一致。

《巴布致静修院姐妹们的信》，第 64 页，1928 年 12 月 10 日

治疗孩子感冒，就给他日光浴。这是一种热敷疗法，它可以强身健体，治愈感冒。

《甘地书信集Ⅱ》，第 21 页，1930 年 11 月 28 日

任何一种疾病都会使身体衰弱，除非整个身体系统都能够得到充分休息，而且心灵上的紧张都能得以放松。在我看来，精神上的控制是最难的。对于这一点，最好的治疗就是《薄伽梵歌》。每一次遭受精神打击，人们采取的却是不当的治疗措施。就让所有的喜悲从身上一闪而过吧，就如水流过鸭子的后背一样。因为当我们要做什么时，我们的使命只是明确是否一定要行动，如果确定它确实势在必行，那就把这行动视为上苍手中的一种工具，而不去担忧或执着于结果。当我们看到，某种结果的出现，通常都不只是一种原因导致的时候，我们就知道这种超脱态度是科学而必要的。谁敢说，"这是我做

的"？……

　　大脑接收到的任何真理必须立即传送到心灵。否则的话，真理就会被丢弃，它会在大脑里囤积进而污染大脑。一旦大脑被污染，整个身体系统也将不能幸免。因此，大脑仅仅只能当作是一个传输站。无论它收到什么，要么迅速传至内心，并因之采取行动，要么因为不适合传达而立即予以拒绝。大脑未能合理地依此运作，是绝大多数的身体疾病和精神耗损的病因。如果大脑能够依此运作，就不会有脑力衰竭这回事了。所以，一般情况下，我们生病了……不仅是由于饮食上的错误，而且也是因为大脑未能恰当地运作。《薄伽梵歌》的作者显然已经认识到这一点，用尽可能清晰简明的语言为我们献上了世界上最好的治疗方法。

　　　　　　《巴布致米拉的信》，第 139 页，1930 年 12 月 13 日

　　我坚信，蔬菜世界无疑是存在可以有效代替牛奶但又没有牛奶缺点的种类。但是那些拥有此类研究所需资格的医生却从不会认真思考这一点。

　　　　　　《致一位甘地主义资本家》，第 75 页，1932 年 4 月 9 日

　　你应该摒弃身体属于你自己的这种想法。身体是属于神的，神暂时赐予你身体是为了让你保持它的清洁与健康，并为他服务。你只是一个托管人，而不是所有者。因为所有者也许会滥用或者误用他的财产，但是托管人或者监护人必须特别小心翼翼，让财产在他的照料之下得以物尽其用。所以你不必为身体担忧，你得尽其所能照顾好它。

神会在他愿意的时候将它收回。

《甘地书信选Ⅱ》，第 27 页，1932 年 11 月 5 日

越来越多的人变得虚弱不堪，究其原因并不是因为营养不良，而是因为营养过剩或者饮食不当。如果我们选择适当的饮食方式，极少的食量就能够满足我们，那该是何其绝妙之事！

《巴布致米拉的信》，第 254 页，1933 年 3 月 13 日

绿色蔬菜，面包或恰巴提（印度面包），牛奶再加点少量水果，有这些食物已经非常完美。如果我们有牛奶，连豆子都变成了一种有害的多余。因为人能从牛奶中得到所需要的全部蛋白质。

《甘地书信集Ⅱ》，第 24 页，1933 年 3 月 21 日

作为自然生活方式的坚定行动者，我认为人们能够以符合自然法则的方式来恢复疲惫不堪的身体。我认识不少人在医疗手段无效的情况下，靠这种方法最终痊愈了。然而我们的医生兄弟们对此却没有任何反思。

《致拉吉库玛瑞·阿姆里特·考尔的书信集》，第 10 页，1935 年 1 月 17 日

身体上遭受的折磨能够也应该转化为精神上的愉悦。如果一个人想让自己真正丰富起来，就必须经历这个艰难的过程。这些被强加在

身上的疾病应该用来丰富一个人的思想。

《致拉吉库玛瑞·阿姆里特·考尔的书信集》，第 232 页，1946 年 10 月 21 日

享用食物要像吃药一样，不是为了满足一己食欲，要适可而止。要让精神和身体全部投入服务的行动中来。在冥想中见证神即是真理的道理。

《甘地书信集 I》，第 37 页

自童年开始，我的阅历就让我确信一个教义——人的精神性禀赋不应被用于治疗身体的小病。然而，我确实认为在使用药物等方面应有所节制，不过，这里纯粹指的是在治疗身体和保健方面的用药行为。我完全依赖神，但不是为了祈望他能治愈我，而是为了完全臣服于他的意志，并与成千上万的人们休戚与共——他们即使想要，也得不到任何科学的医药帮助。

《甘地书信集 I》，第 45 页

向那些贫穷和受折磨的人提供免费的医疗知识。

《甘地书信集 II》，第 31 页

要像受托保管神的财产一样，悉心照料自己的身体。不要放任和

骄纵你的身体，也不要弄脏或让它负荷太多。

《甘地书信集 I》，第 33 页

19. 自制

没必要为往事或已成之事感到遗憾,重要的是,人们应当从中吸取教训。

《圣雄甘地选集》第12卷,第420—421页,1914年5月28日

任何善行,不论它是何种情感所驱使的,都会有所收获。那些出于害怕或羞耻而追求真理,进行自制的人,也会外在地获得善行的益处;这就是善行的力量所在。

《圣雄甘地选集》第17卷,第369页,1920年5月1日

出于厌恶之情不与人用餐是一种罪过。但出于自制不与人用餐则是一种美德。

《圣雄甘地选集》第17卷,第500页,1920年6月20日

为和平和自由抗争的一个条件就是要能够做到自制。要实现这一

点，有必要放弃尘世的欢愉。

《圣雄甘地选集》第 26 卷，第 45 页，1925 年 1 月 25 日

《薄伽梵歌》里说，如果一个人只是表面上实现自制，在思想深处却渴望感官上的享受，那他是愚蠢的、虚伪的。这句话就是专门为那些伪善者而写的。书中还建议，那些诚实又真诚的人，应该坚持自制，不要轻易动怒。

《巴布致静修院姐妹们的信》，第 59 页，1927 年 12 月 19 日

有些人仅仅是小小的触碰都会兴奋起来，这点让他们很害怕，但也应该坦率地承认这个事实。而且，他们必须保持界限。因为如此热情的天性实为一种病症，这种人应该避免与别的男女接触。随着时间的推移，这种病症可能会逐渐消失。

《巴布致静修院姐妹们的信》，第 89 页，1929 年 12 月 9 日

有些男人只要一碰触到女性便会变得兴奋。同样地，也有女人一碰触到男人就兴奋的情况。这些人有必要避免接触所有人，即便这意味着一种强制性的或者甚至是不正常的病态生活。

《巴布致静修院姐妹们的信》，第 89 页，1929 年 12 月 9 日

对于犯人和他的亲友来说，自制都是最好的事情。但真正的自制

是要让人打起精神来。当它变得令人身心疲惫或者悲伤难过时，那就只是一种机械的或者说是生搬硬套的自制了。

《巴布致米拉的信》，第 170 页，1932 年 2 月 4 日

人类的寿命可能会达到一百岁甚至更长。但不管活多久，任何人都只不过是不灭的世界中的沧海一粟。对生命长短的依恋与计算都是没有意义的。因为我们的计算注定是不确定的，只能猜测一个人最长能活多久，而剩下的却无能为力，

即使是健康的孩子也会被死神带走。我们不能断言一个乐于享受生活的人并不能活得长久，只能说简单与朴素的生活或许能活得更久。然而，为了长寿而锻炼自制力也是一件吃力不讨好的事情。这种热情必须要有所克制，才能获得自我实现。如果在克制过程中发现生命有所缩短而非延长时，也不必烦心。因为健康和长寿只是自制的无关紧要的结果。

《马哈德夫·德赛日记》第 1 卷，第 119 页，1932 年 5 月 19 日

我们的生活应该日益简单而非越来越复杂。我们应该渐进提高自制力。

《巴布致米拉的信》，第 257 页，1933 年 4 月 27 日

自制……是来自于对神与我们同在并且悉心关注着我们的确信，就好像除此以外，他别无其他挂念一样。这一点是如何实现的，我并

不清楚，但是我相信确实如此。那些有信仰的人，自然会有神来消除他们心中的顾虑。

《巴布致米拉的信》，第 267 页，1933 年 6 月 5 日

自愿服从的人通常伴随着自己内心坚定的信仰。

《致拉吉库玛瑞·阿姆里特·考尔的书信集》，第 85 页，1936 年 8 月 30 日

在进行自制修行时，必须时刻谨记——我们都是神的火花，因此都部分地具有神性。既然自我放纵从来都与神无关，那么人类非常有必要拒绝这类行为。

《甘地书信集 I》，第 35 页

20. 自我发展

我们最重要的资本不是我们所拥有的钱财，而是我们的勇气、信念、坦率与能力。

《圣雄甘地选集》第 6 卷，第 302 页，1907 年 1 月 28 日

要想赢取神的恩典，只有一条简单的路，那就是逐渐地、有意识地践行真理和其他美德，而且要与（至高无上的）神建立唯一的联系，排除其他一切事物，奉献于神！

"吃掉我的整个肉身吧，哦，乌鸦！

啄净我的肉身；

但祈求切勿吃掉我的双眼，

我仍希望看到我所爱之人。"

上述这段文字出自一对恋人；但实际上表现出来的是，灵魂渴望见到以神之形显现的所爱之人。他不在乎肉体是否存在。如果那盛怒的乌鸦没有吃掉他的智慧之眼，他就一定会见到他挚爱的人。

《圣雄甘地选集》第 10 卷，第 311 页，1910 年 8 月 31 日

只要老人的要求不违背道德规则，我们都有义务顺从老人。因为此举蕴含着最根本的美德。

　　　　《圣雄甘地选集》第 10 卷，第 406 页，1911 年 2 月 8 日

　　要像怜悯世间万物一样怜悯自己，将他们视为一体。不管出于何种目的毁坏生命的行为，我们都要警惕地有意与之保持距离。

　　对身体没有依恋之情，对死亡毫无畏惧之心，对此我们要倍加珍惜。

　　深知身体终究会让我们失望，因此此刻就应为解脱而努力。

　　　　《圣雄甘地选集》第 12 卷，第 366 页，1914 年 3 月 1 日

　　若心灵纯净，身体内粗鄙的冲动便会无处藏身。但这里的心指的是什么呢？心要如何才算纯净呢？其实，心无外乎就是灵魂或是灵魂所在之地。可以想象，灵魂的完全实现便意味着纯净，在完全实现灵魂的状态下，对所有感官的渴望都是不可能出现的。一般来说，只追求心灵纯净而别无他求的时候，纯净就源于我们的心灵。

　　　　《圣雄甘地选集》第 12 卷，第 376 页，1914 年 3 月 7 日

　　如果能永不停息地去爱他人，那么，我就是个完全觉悟了的人，但实际上我并不是。那些我所挚爱的人不会误解我的意图和话语，也不会对我心存恶意。由此可以断定，若有人敌视我们，过错是在我们自身。我们与白人的关系也是这样。所以说心灵的完全净化是最后一

步。而在那之前，我们都是在逐步接近越来越纯净的状态，而对感官的渴望也会逐渐减弱。在这个意义上，这些渴求都不再从感官中产生了。

大脑是一个人自由与否的唯一根源。

各种感觉正是大脑冲动的外在显现。正是通过它们，我们才知道大脑冲动具体是指什么。

各种感觉被消除之后，我们仍不能消除脑中的那些冲动，据观察，即使是阉人，也会有各种各样的欲望。即便那些天生就有类似缺陷的人，也会被欲望缠身，并因其违背自然的行为而心生愧疚。我的嗅觉是有缺陷的，即使这样，我仍旧有想要享受芬芳的欲望，这种欲望强烈到当有人谈论玫瑰或者其他花的香味时，我的注意力便像只哈巴狗一样随着他们的话题而转移，根本就很难抽身出来。

我们都听说过有些人对信仰十分狂热，当他们根本无法控制自己时，就切掉自己的器官。也许在那些情况下，他们有义务去这样做。试想一下，如果我的精神为欲望所掌控，使得我对自己的妹妹心生邪念；欲火焚身之时仍没有完全失去理智。这时，我认为在别无他法的情况下，切去某部分的器官也是我神圣的使命。但是，这种极端的情况不会发生在一个逐步追求进步的人身上，反而会发生在那些有着不堪的过去，却突然间失去了所有欲望的人身上。实际上，如果一个人想要瞬间有效地摆脱欲望和感官的压迫，那样做无异于缘木求鱼，只有依靠极大的耐心才能完全实现这一目标。通过魔术创造在一夜之间创造出的杜果树只不过是一种欺骗眼睛的视觉游戏，同样，突如其来获得的精神净化也是如此。当然，如果精神对净化本身有所准备，只缺手握魔法石的圣人指点，那么突如其来的净化也是有可能的。一旦得到圣人指点，就会立即意识到精神的净化，而之前的一切便幻化成一场梦境。这种变化确实不会瞬间实现，但在一定程度上，最简单也是最快捷的实现方法如下所述：

回到孤独中去，寻求与圣人为伴，吟唱神之赞歌，讲述神圣故事，阅读教化之书，坚持身体禁欲，享用少量饭食，以水果为生，保持最少的睡眠，放弃种种欢愉；任何人，只要能做到以上几点，就会发现控制精神是一件轻而易举之事，就像手握樱桃一样简单①。做到以上几点，并伴以冥想。每当精神受到欲望的侵袭时，就应当寻求宗教生活的帮助，例如禁食。

《圣雄甘地选集》第 12 卷，第 376—377 页，1914 年 3 月 7 日

早起的人就算在周日也不能例外。否则，我们就会急切地期待周日的到来。

《圣雄甘地选集》第 12 卷，第 409 页，1914 年 4 月 17 日

健全的精神毕竟还需要健康的身体来支撑，这虽是自明之理，但是也需要许多限定条件。例如众所周知的摔角手桑多（Sandow），他的身体是最强壮的身体之一，但我不确定他是否也有一个健全的内心。对我来说，健康的身体是屈从于精神的，时刻准备好服务于精神。我不认为这种身体能在足球场上锻炼出来，而应是在玉米地和农场里历练而成。

《圣雄甘地选集》第 13 卷，第 49 页，1915 年 4 月 17 日

---

① 是一种印度传统的说法。

我们要做的第一件和最后一件事情都是要改造我们自己。而在改造的过程中，我们似乎总会有所评判。

《圣雄甘地选集》第 13 卷，第 452 页

不要因为虚伪的面子而隐瞒自己的无知。

《甘地书信集Ⅱ》，第 18 页，1919 年 6 月 2 日

如果别人误认为你愚蠢，没有关系，但是不要因为无知而冒险去做错事。

《甘地书信集Ⅱ》，第 19 页，1919 年 6 月 2 日

表达最纯洁的爱像如履薄冰。"完全没有我自己，一切只为你"，说起来容易做起来难。我们永远不会知道何时能放下自私，幻想这些全是爱。每当我思考得越多，就越能感受到自己经常谈到的真理。爱和真理是一枚硬币的两面，这二者做起来都很难，但却是生命中唯一值得为之奋斗的东西。如果一个人不爱神创造的一切，他就不可能是"正确的"；因此爱和真理合在一起才是完整的奉献。

因此，我期待你们和我一样，都可以最大程度地认识到这一点。

《我心爱的小孩》，第 53—54 页，1920 年

如果身体是神的庙宇，它就理应受到最好的照料，当然不是过分

溺爱，也不是不顾不理，或者漠不关心。

《我心爱的小孩》，第 57 页

要顺从有原则的道德心，这是神的指示。否则会导致毁灭，因为那是魔鬼的诱惑之语。

《我心爱的小孩》，第 56 页

忍让并不意味着放弃自身的判断。真诚的忍让并不是惰性，而是能量；因为内心知晓最终会有可以依靠的神，一个人，在充分考虑到自身限制的情况下，是可以承担着一千个接连不断的考验，但当他这样做时，是需要谦卑、知识与辨别力的。

《圣雄甘地选集》第 20 卷，第 500—501 页，1921 年 8 月 13 日

自信就是即使在极度沮丧失望时也不放弃信念。我对真理与非暴力充满信念，即便在苦难中我依然继续坚守。

《致玛尼本·帕特尔书信集》，第 11 页，1924 年 5 月 11 日

傲慢和坚定通常是紧密相连的。如果我们继续修行内心的平和，傲慢逐渐会退居次位，消除傲慢的最好方法就是尽力不去与对立面相

对抗。

《圣雄甘地选集》第 24 卷，第 87 页，1924 年 5 月 20 日

纯净与克制是值得珍惜的美德。

《致玛尼本·帕特尔书信集》，第 12 页，1924 年 5 月 20 日

精神既是我们的敌人，也是我们的朋友。我们有义务好好控制精神。为此，在这方面，我们不需要任何医生的药物。

《圣雄甘地选集》第 24 卷，第 284 页，1924 年 6 月 23 日

真正的力量是心灵的力量。理智似乎都无关紧要。如果理智告诉你，"我爱你"，但是心灵却拒绝这么做，那理智这么说又有何用？

《圣雄甘地选集》第 25 卷，第 257 页，1924 年 10 月 22 日

一旦养成某种习惯，我们就难以改变了。只有当习惯是好习惯时，才可以称得上是美德。真正投身于非暴力的人，不管是在思想上还是在行为上最终都会无法实施暴力。思想乃行为之父。当思想先行，行为自然而然地会跟上它的脚步。

《致玛尼本·帕特尔书信集》，第 25 页，1926 年

投入意味着拥有信念——对神与自我的信念。这种信念将会带领我们做出所有牺牲。为了牺牲而牺牲是很难的事，但如果牺牲是为了造福他人，则是简单易行的。没有母亲自愿睡在湿地上，但如果为了让她的孩子睡在干燥的地方，她也会心甘情愿为之。

《巴布致静修院姐妹们的信》，第 14 页，1927 年 1 月 24 日

我们应像善待自己一样礼遇他人。如果能够做到这一点，在面对他人的孩子满身脏兮兮的样子时，我们就会想到如果这个孩子是我们自己的孩子的话，就会为此感到羞愧。同样当面对他人困境时，要把他人的困境视为我们自己的，并且尝试去帮助他人解脱困境。

《甘地书信集 I》，第 7 页，1927 年 1 月

我们应当下定决心永远不能自杀。自杀之人对世事焦虑过多，或是试图向世人掩饰自己的缺点。我们永远不要表现出不真实的一面，或者去做力所不能及的事情。

《巴布致静修院姐妹们的信》，第 39 页，1927 年 8 月 1 日

净化自身的第一步就是承认并根除对他人怀有的不良情绪。只要我们心中仍旧对邻居怀有恶意或是猜疑，还不努力摆脱这种不良情绪，我们就永远不能学会人生第一课：真正爱他人。

《巴布致静修院姐妹们的信》，第 48 页，1927 年 10 月 3 日

我们不想欺骗自己、他人或者这个世界。因此不管心里有什么都必须开诚布公。一旦心灵被净化，将不容易再次被玷污。但如果仍有不纯净之物留在心中，那么即便是美善的思想也会被玷污，就像泼进脏容器的水一样肮脏了。一旦对他人有一次心存猜疑，那么我们最终也会怀疑他的一切。

《巴布致静修院姐妹们的信》，第 49 页，1927 年 10 月 10 日

包容大度是对那些犯错之人毫无恶意，并且爱他们，为他们服务。如果我们只对同我们思想与行动一致的人心存善意，那就并非符合真正的包容大度和爱的品质。充其量只能称为友情或者相互爱慕。这些情况是不适合称为"爱"的。"爱"是对敌人怀有友善之心。

《巴布致静修院姐妹们的信》，第 50 页，1927 年 10 月 17 日

倘若没有勇气，便不会有真理。做错事是罪，做错了还加以掩盖是更大的罪。那些愿意承认自己的错误，拥有纯粹内心的人已洗刷了他们的罪过，再次走上正道。而那些出于虚伪的羞耻心掩盖自身错误的人，在罪恶的泥潭里越陷越深。这种例子确实比比皆是。因此，我建议你们消除那种虚伪的羞耻心。如果你曾经做错了事，不管是不是有意的，立刻承认并决心不再犯错。

《巴布致静修院姐妹们的信》，第 71 页，1929 年 4 月 8 日

乐观主义者是那些即使面临无限失望的时候，依然继续心怀希望

的人。同时他也是容易轻信那些将真理套上甜言蜜语外衣的人。轻信不是值得推崇的品质。乐观依靠内心的声音，然而，轻信依赖外在的条件做出判断。

《马哈德夫·德赛日记》第1卷，第133页，1932年5月27日

感觉由心而生。除非心灵一尘不染，否则它很容易就会使我们误入歧途。就像是保证房间和其中的一切都是干净的一样。心灵是关于神的知识的源泉。如果源头被污染了，其他的一切补救措施都是无用的。如果能保证心灵的纯洁，其他一切都不需要了。

《我心爱的小孩》，第91页，1932年5月29日

你绝对不能失去自信，否则邪念会侵入你的脑海。这就像是一座房子，不定时地清洁其中的废物就能够保持清洁。反复地拒绝邪念进入脑中，自我净化的努力才能得以成功。警觉的人不能被认为是伪善的。摆脱伪善的黄金法则是：不要掩盖邪念，坦白承认它们的存在。当然这样做并不是需要击鼓欢迎的事，但是做了错事必须要向朋友坦白，就算其他人知道了这件事也没有关系。

《马哈德夫·德赛日记》第1卷，第169—170页，1932年6月17日

错误本身是不好的；因此我们应该以之为耻，但承认错误并且寻求谅解是好事；因此我们这样做时并不必感到羞耻。寻求原谅意味着不再犯错的决心，这种决心有什么好羞耻的？真理和非暴力是不能一

较高下的。但是如果一定要比较的话，我认为相对于非暴力，真理是更高一层的——因为非真理就等同于暴力了，而真理的热爱者迟早会发现非暴力的存在。

《马哈德夫·德赛日记》第 1 卷，第 177 页，1932 年 6 月 19 日

自信意味着一个人对工作拥有坚定不移的信念。一旦获得这种信念，即便无意间犯了许多失误，也不必对那些失误焦虑不已。我们绝对不允许自己被害怕走上歪路的恐惧所击败。

《马哈德夫·德赛日记》第 1 卷，第 178 页，1932 年 6 月 19 日

我们不能将他人视为自己钟爱之情的投射之处，我们应只爱他的美德。每个人的美德都会最终体现在他具体行为或者别的方面。如果欣赏他的美德，我们应该支持那些体现美德的外在表现的活动。

《马哈德夫·德赛日记》第 1 卷，第 262 页，1932 年 7 月 31 日

学习的目的应该只着眼于服务。服务充满着无穷乐趣。因此，我们必须承认，学习是有助于获得赐福的。只学习而不服务是不能通向永恒的极乐世界的。

《马哈德夫·德赛日记》第 1 卷，第 276 页，1932 年 8 月 7 日

与其想着改变世界，不如让我们把精力集中到自我提高上来。因

为凭我们自己很难弄清楚世界是否在走正道。但如果我们走了一条笔直而狭窄的道路，就会发现所有人都走在这条路上，或者得找到方法引导他们一起走。了解自己就是忘却自己的身体，或者将自己降低到尘土里去，化身为零。

《马哈德夫·德赛日记》第 1 卷，第 276 页，1932 年 8 月 7 日

不管过去还是现在，我都有反对者。然而我却从来不对他们生气。即使是在梦中，我也从未对他们不怀好意，结果就是很多反对者现在都成了我的朋友。时至今日，对我来说，任何反对都是无效的。尽管遭受了三次袭击，但我仍旧站在这里。我并不是说反对者没有击中我。他也许成功了，也许没有，但都与我无关。我的使命是要祝福他并且愿意在一个恰当的场合为他服务。一直以来，我都尽我最大的努力实践这一信条。我相信这也是我精神的重要组成部分。令我担忧的是，成千上万的人们对我的崇敬。我从来不觉得自己适合被人崇敬，也不喜欢被人崇敬；另一方面，我也知道自己并不能胜任这种崇敬。我在任何时候都没有渴求荣誉，但对工作却一向充满渴望。我曾尝试着将崇拜者转变为我的同事。如果他们抗拒这种转变，我就会拒绝他们靠近。如果这一目标能够实现，我肯定会欢呼雀跃，但是目前它还只是一个期望而已。

《马哈德夫·德赛日记》第 1 卷，第 284 页，1932 年 8 月 12 日

要对抗这个世界，人们无需培养自身的傲慢或者粗暴。耶稣、佛陀和波拉拉达都曾面对这个世界，但是他们都闪耀着人性的光辉。我

们所需要的最根本的东西就是自信与对神的信念。那些与世界为敌的傲慢之人最终都会失败。

《马哈德夫·德赛日记》第 1 卷，第 284 页，1932 年 8 月 12 日

只要你的内心认为你没错，你就不必认为自己有错。毕竟那是我们唯一的判断依据。因此，我们要尽力保持心灵的纯净。有罪过的人认为罪是值得称赞的，因为他的心灵不纯净。倘若认识不到这一点，他无论何时都会继续犯错。所以没人能够告诉你什么是对你有益的，我只能告诉你的是，必须循着真理与非暴力的道路前行，并且要一以贯之。

《马哈德夫·德赛日记》第 1 卷，第 286 页，1932 年 8 月 14 日

怎么做才能永不动怒呢？人要对所有人慷慨，打心眼里认识到我与众生一体，众生中有我，我融于众生。每一滴水都汇聚成大海。宇宙正如这大海。如此，我们又怎能对他人生气呢？

《马哈德夫·德赛日记》第 1 卷，第 286 页，1932 年 8 月 14 日

没有精神的纯净，外在的行为不可能真正体现无私精神。因此精神的纯净与否可以根据外在的行为判断。一个人如果不净化他的外在行为，就会在追求精神净化的道路上面临误入歧途的危险。

《马哈德夫·德赛日记》第 1 卷，第 305 页，1932 年 8 月 23 日

不要试图去寻找思维如何运转的证据。你只要相信它在工作并会产生有效的结果。所以，要尽力维持心灵的纯净，这样无论身体健康与否，自己都能保持平静的心态。

《甘地书信集Ⅱ》，第 26 页，1932 年 10 月 20 日

与神相连的 4 个法则是最清新的空气，最洁净的水，最简单的食物，最纯净的思想，前三者都源于最纯净的思想。因此就像是英文中的"plain"（简朴，朴素）一词一样，它意思是"简单的生活，崇高的思想"。在此，我想将其简化为"纯净的思想，清洁的生活"。身体生疖在我看来就是不清洁生活的标志之一。

《甘地书信集Ⅱ》，第 25 页，1932 年 11 月 13 日

纯粹的奉献会通向无私（anasakti）和智慧。否则便不是真正的奉献，而仅仅是感情主义。智慧意味着明辨是非的力量。如果文学研究并没有教人分辨对错，那它们便是故弄玄虚，一无是处。

《甘地书信集Ⅱ》，第 52 页，1932 年 6 月 12 日

不要去猜测缘由，要耐心地等待终究会来的认识本身。在任何情况下都不要往最坏的结果去臆想。因为神是仁慈的神，如果我们一定要想，那最好往最好的方向想吧。当然，《薄伽梵歌》的追随者根本不会去猜想。因为好与坏最终都会相连共生。当事情发生之时，他坦然处之，而后顺其自然地去应对，他在伟大机械师（the great

Mechanic）的带领之下，甚至让自己作为一个机器零件，有条不紊地自动回应机械师的指令。像机器一样，对于一个有智慧的人来说，这是最困难的事。然而，倘若一个人真想让自己达到完美的境界，他就必须做到化身为零，忘却自我。机器和人最重要的区别在于，机器是不会生气的，而人是有生命的，他是自觉地在伟大机械师的带领下变得如同机器一般。

《巴布致米拉的信》，第 238 页，1933 年 1 月 19 日

当遭受苦难时，你得让自己在精神上和身体上都能感到喜悦。从现在起你必须做到顺从内心的声音，那样结果往往会好起来的。一切都在神的掌控之中，虽然神并不亲自操刀，但是一切都按照神的旨意发展。如果我们都一意孤行的话，世界就会分崩离析。同样地，我们的愿望常常会受到挫折——但这是在检验我们对神的忠诚，看看我们在神不能实现我们的愿望时，是否依旧保持信仰。因此，我希望你能在事情并不如意时，仍能保持绝对平静。

《我心爱的小孩》，第 102 页，1933 年 12 月 15 日

最近我偶然读到一条英文的"每日一思"，它其实是说人应该反复沉思自己的美德，而非过错，因为你思考什么你便会成为什么。这并不意味着人不需要正视自己的错误，错误是一定要正视的。但人不需要一直想着过错而执着不已。我们印度的经文中也有类似的格言。

因此，你应该自信，笃定地继续你的善行。

《致一位甘地主义资本家》，第 105 页，1938 年 12 月 26 日

信念不能通过智力获得，而是要通过深刻的冥想以及持续的践行而慢慢获得。我们祈祷，唱赞美诗，读书，与神的子民建立联系，不断地进行纺纱工作，就是为了获得信仰。

《甘地书信集 II》，第 22 页

知足是最好的财富。

《甘地书信集 I》，第 42 页

虚荣都是空洞的，自尊才是真实的。没有哪个人的自尊能够被除了自己以外的其他人伤害，然而虚荣心的伤害大都来自外人。

《甘地书信集 I》，第 42 页

那些只遵从非真理的人，很容易变得伪善。伪善是我所见到的最有害的品质。

《甘地书信集 I》，第 46 页

我们互为彼此，通过行为互相影响。这里的行为包括思想，每一

个单独的想法都会有它相应的结果。因此我们必须培养常存善念的好习惯。

《甘地书信集I》，第 55 页

恩典（Grace）是诗中的语言。而虔敬本身就是一首诗。诗并非是不准确的、下等的，或是不必要的东西。相反，我们恰恰特别需要诗。科学告诉我们水是氧气和氢气的结合体，但是用诗的语言来说，水是神的馈赠。理解此种诗歌便是生活必不可少的一部分，而不知道水的化学构成根本就无关紧要。从逻辑上说，一切的发生都是行动的果实。但是古语有云，"行动的秘密在于不可预知"（《薄伽梵歌》第四卷，17 页）。我们凡人不可能知晓哪怕是一件平常事件的各种诱发因素。所以我们可以说凡事都是神的意愿与恩典。再者，身体是灵魂的牢房，灵魂像是困在罐中的空气。只要罐中的空气认为自己与大气其他气体不同，它就是无用的。同样，肉体中的灵魂如果认为自己是行动的主体，便不能从神的能量宝库中汲取能量。因此，凡事都是神的意愿是一个事实，这种谦卑会让每一个追寻真理的人受益匪浅。

《甘地书信集I》，第 54 页

一件事若不是被安排到我们身上，不管这件事多么重要，对我们个人的影响多么深刻，我们都不应该有所担忧。这是宗教（尤其是《薄伽梵歌》）的教义。我们必须训练自己不将任何事情看成是个人之事，或者将所有一切都当作是个人的，抑或是将自己被派予的工作视作唯一的个人事务。

《甘地书信集Ⅰ》，第 20 页

你必须要有不断变好的坚定决心。不断向神祈祷让你变好，然后你就会变好。

《甘地书信集Ⅱ》，第 31 页

放心吧，如果我们自己本身是好人，整个世界都会变好。世上的坏人屈指可数，这是事实。没有人生来便是恶人。有些人看上去坏，是因为我们没能辨别他们内心的善。

《甘地书信集Ⅱ》，第 33 页

没错，没有暴风雨便没有平静可言，没有冲突就没有和平。冲突就在和平之中。我们不应该脱离冲突来认识和平。因为生命就是永无止境地反对各种来自内在的和外在的冲突。因此，我们必须认识到平静是深藏在冲突中的道理。

《我心爱的小孩》，第 90 页

21. 无私奉献

确实，有种说法，没有了献祭（yajna），世界就会消亡。但是献祭并不只是单纯的点燃木头，再倒入酥油和其他东西。此举可以净化空气，但肯定无法净化灵魂。当我们献出骨头，让它像木头一样燃烧，以及将我们的鲜血像印度酥油（ghee）一样倾倒下去，与骨头一起燃烧，将我们的肉体献给火焰，这才是真正的献祭。只有这样，地球才能继续存在。

倘若没有这样的献祭方式，以及这种自我牺牲，地球将会无法维持而消亡。

《圣雄甘地选集》第 12 卷，第 319 页，1914 年 1 月 5 日

工作是祈祷，但也可能是种疯狂。

《圣雄甘地选集》第 25 卷，第 38 页，1924 年 8 月 25 日

我们所能掌控的是不断努力，而不是结果。当我们竭尽全力以

后，我们就该平静下来，觉得满意，并且永不认输。

《致玛尼本·帕特尔书信集》，第 23 页，1926 年 1 月 11 日

我们真的是在工作中并为了工作而活着。如果我们不把肉体当作是暂时的工具，而把自己等同于肉体的话，那么我们终将会随着肉体的凋零而随风消逝。

《巴布致米拉的信》，第 41 页，1927 年 4 月 27 日

谁能知晓运用我们所有的或者失去我们所有的，哪个让我们收获更多呢？也许那些留下来的，反而却失去了，看似失去的反而被留下来了。但是每个人都希望被拯救，每当我们获得拯救时，我们对神感激不已。然而实际上，人们应该为失去的一切而感激神。这就是我们所说的处之泰然。

《巴布致静修院姐妹们的信》，第 39 页，1927 年 8 月 1 日

那些全心全意埋头完成自身使命的人是可以对其他事情保持冷淡的。石头也是冷漠无情的，因为它无生命可言。而与它们不同，我们是有生命的。所以，当我们全身心投入刻不容缓的使命中时，只有对其他事物保持冷淡，才能够最终成功。当然这种坚定的意志并非一夜之间就能练成。

《巴布致静修院姐妹们的信》，第 40 页，1927 年 8 月 8 日

那些全情投入的人会竭尽全力去做自己的事情。但在工作中，应该采取我们所渴望的《薄伽梵歌》中所教导的态度。那就是，不管做什么，我们都要秉持一颗无私之心为了服务做事。这种服务精神就是为神奉献的精神。如此一来，人在做事时便不会有"是我在做这件事"这种想法，他也不会对任何人怀有恶意，恰恰相反，他会慷慨待人。即使只是提供最微小的服务，你也要时刻审问自己，是否按照这些想法在行动。

《巴布致静修院姐妹们的信》，第 46 页，1927 年 9 月 19 日

成功在于"努力"二字。神承诺坚持行善之人必有收获，我们每个人都或多或少曾有过这样的经历。

《巴布致静修院姐妹们的信》，第 52 页，1927 年 9 月 31 日

我们的快乐必须源于为使命献身，而不是努力带来的成功或物质条件。圣人梅赫达（Narasinh Mehta）曾说："如果一个人有能力为所欲为，那没有人会不开心，因为他可以消灭所有敌人，只留下朋友。"但人是卑贱的生物，只有放下骄傲并与神合二为一才能够变得伟大。一滴水自身没有多大用处；但在大海里，它便可以为承载巨轮贡献一份力量。同样，如果能将自我融入静修院，与神、与世界并肩作战，我们就可以为承载世界出一份力。那样的话，"我"（I）或"汝"（Thou）这样的称呼将会废弃，只有"神"（He）永存。

《巴布致静修院姐妹们的信》，第 53 页，1927 年 11 月 7 日

那些咏诵过《薄伽梵歌》中坚定追寻智慧诗篇的人应养成默默耕耘的习惯。当我们做印度薄饼或者淘米时，为何不全神贯注，完全投入工作中去呢？

《巴布致静修院姐妹们的信》，第 60 页，1927 年 8 月 6 日

无论做什么工作，都要有始有终。不要因为不喜欢就半途而废。如果有时不得不中断，就必须做好安排，以确保工作得以完成；如果不能做好安排，不应放弃，要继续独立完成。

《巴布致静修院姐妹们的信》，第 61 页，1927 年 11 月 26 日

有些事情要么不做，一旦做了就必须坚持到最后。神总是眷顾那些在工作上坚持不懈的人。

《巴布致静修院姐妹们的信》，第 85 页，1929 年 11 月 11 日

那些只考虑自己和自身利益的人终究注定要失败。投入自身使命的人从来都不会失败。我一直都认为，只有一直以来或后来变得与真理背道而驰的人才会遭遇失败。罪恶的行为是需要遮遮掩掩的，所以一般都私密进行。当然我们也见过那些光天化日之下犯罪，毫无羞耻之心的罪犯，在此我们先不谈论将罪恶视为美德的人。我们的运动失败的原因，大都是由前述之人只考虑自己所导致的。

自私会令我们跌倒，也会让整个社会倒退。请你们每个人都深刻

地思考这一问题，而且，就此自我反省。

《巴布致静修院姐妹们的信》，第 92 页，1929 年 12 月 23 日

如果我早将自身肉体视作献身之工具和神的庙宇，那么老年时期就会像是成熟的美丽果实，所有品德都将修炼得至善至美。如果我早就意识到这一点，现在能少了这个缺憾，那该是多么幸运的事情啊！

《巴布致静修院姐妹们的信》，第 177 页，1932 年 4 月 8 日

骑士精神需要更加严格的标准。即使面对无以回报，甚至不能对其帮助表达感激之情的陌生人，他也能做到坚持正义、拔刀相助，这才称得上是拥有骑士精神的人。

《马哈德夫·德赛日记》第 1 卷，第 102 页，1932 年 5 月 6 日

人们对我的一般印象就是，我能够让任何人竭尽全力地工作。如果这是事实的话，那是因为我从来没有怀疑有人会偷懒，我对每个人付出的努力都感到满意。有人甚至说，我很容易被骗，因为他们骗不了其他人。如果真如他们说的那样，我也不后悔。要是能得到一个未欺骗过任何人的证书，对我来说也足够了。要是没有人准备给我颁发这个证书的话，我就会给自己颁发一个。因为没有比谎言更能让我痛心的事了。

《马哈德夫·德赛日记》第 1 卷，第 220—221 页，1932 年 6 月 10 日

如果人们工作时秉承着家庭观念，彼此之间都具有相似的责任感，那么最长工时就没法适用于所有人，甚至还会变成不合理的规定。有些人身体健康，精力充沛，并没有其他工作要完成，如果他们要求加班，我们为什么要制定规则阻止他们呢？工时的长短要根据工作的分工、对待工作的态度和忙碌程度确定，那样人们就不会觉得工作是一种负担。只有当受到外力催促时，人们才会感受到负担。真正自发又快乐的工作是没有压迫感的。但是也有另一类工作狂，他们会因为自私的原因承受过重的压力而最终崩溃。这类人无法享受精神上的平静。我们切记不能以他们为榜样。

《马哈德夫·德赛日记》第 1 卷，第 166—167 页，1932 年 6 月 16 日

没有什么比在每天的工作——不管它多么低微——中获得大大的满足感更好的事情了。对那些静思、反省和祈祷的人，神总授予更大的工作及相应的责任。

《马哈德夫·德赛日记》第 1 卷，第 167 页，1932 年 6 月 11 日

那些热爱神的人不会以 8 小时工作制约束自己。他每时每刻都在工作，从不停歇。当机会来临时，他总能表现得很好。因为无论何时何地，他都能找到机会服务神。不管他走到哪里，神都在他身上洒满了芬芳。

《马哈德夫·德赛日记》第 1 卷，第 169 页，1932 年 6 月 17 日

如果全身心投入工作，人们就不会有负荷感；工作也不会令他筋疲力尽。但是如果他不能在工作中感到快乐，那么即使最轻松的工作对他来说也是重负。对于狱中犯人来说，一日如同一年；但在沉迷于声色犬马的人看来，一年恍如一日。我曾经一听到欧洲音乐就倍感厌倦，但现在却开始理解和欣赏部分欧洲音乐了。

《马哈德夫·德赛日记》第 1 卷，第 169 页，1932 年 6 月 17 日

进行科学实验的人对自己满怀信心，因此从不灰心丧气。同时他为人谦逊，所以对工作从不知足，也从不轻易妄下结论。与此同时，他反复衡量自己所取得的进展，运用事实说明 X 的结果只可能是 Y。我们的工作人员一般缺乏真正科学工作者所具有的谦逊态度。

《马哈德夫·德赛日记》第 1 卷，第 178 页，1932 年 6 月 19 日

超然自若的工人通常比心有所系的人更加努力。他看上去没有其他事情可做，似乎从不会感到疲倦。事实上，他应该完全不知疲倦了——可这只是理想情况而已。

《马哈德夫·德赛日记》第 1 卷，第 189 页，1932 年 6 月 22 日

倘若我们的哲学不能立刻运用到人们所热爱的、甘愿奉献的事业上，它就会像尘土一样索然无味。

《马哈德夫·德赛日记》第 1 卷，第 261 页，1932 年 6 月 31 日

对于那些忠于自我的人来说，以下这些话对他就足够了："不要从事超乎自己能力之外的事情，也不可存有敷衍偷懒之心。"那些许诺完成自己力所不能及的事的人是傲慢的，他的心必然有所顾虑，同时那些不愿尽力做事的人同窃贼没有区别。如果我们有个工作时间表，就能够挽救自己不犯这第二种罪过（即使是无心的）——我没有用"挽救"（save）而是用"能够挽救"（can save），因为如果不能愉快地、聪明地遵守时间表，那么它也不能发挥最大作用。

《马哈德夫·德赛日记》第1卷，第221页，1932年7月10日

我绝对会继续活下去。只要有一个姊妹还在继续我所做的一切，谁能说我死了呢？我们暂且不考虑《薄伽梵歌》里所提到的灵魂永生之哲学。但我这里提到的永生，指的是肉眼可以看得到的活着。

这样你就不必心烦意乱、焦躁不安。我确实希望你竭尽所能地做到最好，为自己、为他人都增添光彩。让我们安心地继续俯身于神身前，臣服于他的思想与财富。

《致一位甘地主义资本家》，第137页，1932年9月19日

为什么你会觉得我们只能用身体来奉献呢？思想才是更为强大的服务工具，而且当心灵更加纯洁的时候，思想也能发挥更大作用。实际上，我们奉献是为了获得完全的纯净。拥有纯净心灵的思想，可以做到那些堕落心灵永远无法完成之事。

《甘地书信集 II》，第26页

要继续坚持写作的习惯，不断提高写作水平。但它们都不是终点，而只是通向终点的工具。终点是完成个人所被赋予的使命。人的全部使命在于为他人祈福并善待他人。要做到这点，我们要学会爱人如兄弟姐妹，与其一起同甘共苦。

《甘地书信集 I》，第 5 页

让我们为了善行而行善吧，不要为了善果而行善。

《甘地书信集 II》，第 56 页

《薄伽梵歌》首先指出生命的至善（the summum bonum），随后告诉我们如何生活才能够不断进步，以达到至善境界。它的教义可以归纳为："全力以赴地去完成你被派给的任务，不要在意结果。"这是我们在静修院遇到问题时应该遵循的原则。至于窃贼们，如果可以，我们当然会邀请他们一起加入修行。但是由于我们在精神上还未臻于至境，还并未具备同化这种顽劣品质的能力，我们只能按照自己认为合适的方法对待他们。至于那些毁坏庄稼的走失牛群与昆虫，我们还未想出一个对付它们的非暴力方法。所以，我们只能因为无计可施而依旧会对其采用某些暴力方法，例如，通过叫喊或者拍打赶走失散的牛群，假装或者真的扔出石头来吓走鸟群，通过耕作手段来消灭昆虫，捕抓蛇类，确保它们不再具有危险性，或者在无法排除危险的情况下杀死它们。我清醒地认识到，所有的这些确实与修行的原则背道而驰。但静修院与它的成员都不完美，因此，即使是错的，他们也得这么做。每个人都得独自寻找通向永恒之城（Eternal City）的路。

我毫无疑问地确信，不这样做的后果，要远比我们这样做来得更差。《薄伽梵歌》的作者说："任何行为都有缺陷，正如火上也有烟一样"（第十八卷，48）。因此，我们要怀有谦卑之心，秉持献身精神去完成使命，时刻意识到自己只不过是"伟大造物主"（神）手中的工具而已。

《甘地书信集Ⅱ》，第 16—17 页

努力奋斗是人的全部使命。如果在尽最大努力拼搏的时候，敌人将我们击倒，我们也不要有丝毫的沮丧。我们必须重新振作起来，继续奋斗。只要不向挫败屈服，我们就根本无需感到羞耻，因为那根本就不是失败。

《甘地书信集Ⅱ》，第 32 页

信念要么源自内心，要么由内而外显现。你必须从亲身实践中发现信念，世界各地、各国和各时代的所有老师和先知都不例外。真正的祈祷不是单纯的口头说说而已，而是无私的奉献。

《甘地书信集Ⅱ》，第 33 页

22. 甘愿贫穷

请记得贫穷是我们的命运。我越这样想，越能感觉到做穷人比富人更有福气。贫穷的用处比富有更有乐趣。

《圣雄甘地选集》第9卷，第206页，1919年3月25日

所有人都同样富有，或者同样贫穷是永远不可能的事。但如果我们考虑到（各种职业的）利与弊，就会发现世界似乎是由农民来供养的。当然，农民是贫穷的。如果一位律师吹嘘自己是一位无私的或者高尚的人，那么，就让他通过体力劳动谋生，在办案的时候不要收取任何费用。

《圣雄甘地选集》第10卷，第206页，1910年4月2日

好人对世俗的追求没有兴趣。相反，他们力求摆脱世俗追求，以期达到解脱的境界。

《圣雄甘地选集》第13卷，第34页，1915年3月4日

如果一个人为了国家而甘愿贫穷，并且将自己投身于奉献他人，他绝不会因为母亲去世而失去母亲。因为所有的女性，只要年纪足够大，都会是他的母亲。他的父亲也不会离去，因为每一位长者都是他的父亲。奉献就是他的妻子，这样的妻子会消逝吗？对他来说，世界上的其他人都如同他的兄弟姐妹一样。因此，对某人母亲的逝世表示哀悼只是出于礼节。人们有必要迁就世俗而为此浪费钱财吗？

《圣雄甘地选集》第 14 卷，第 466—467 页，1918 年 7 月 2 日

纺纱对于我来说象征着与土地上最贫穷的那部分人相依为命，每日坚持纺纱就意味着在保持着我与他们之间的关系。因此，在我看来，那永远是一个美好而又快乐的体验。我宁愿终日不吃，也不可一日不转（纺轮），希望你们可以理解这"转轮"背后伟大的寓意。

《我心爱的小孩》，第 79 页，1926 年 2 月 10 日

甘愿贫穷的理想是最吸引人的。我们已经有了进步，但是因为我无法彻底地实现这个理想，使得静修院的其他人也难以达到。他们有这样的决心，却没有典范可循。

《巴布致米拉的信》，第 182 页，1932 年 5 月 6 日

我逐渐意识到一个事实：大自然在任何时刻都赐予刚好满足我们需要的物品，而不会有更多的赠予。但我们总是有意无意对此加以忽视。正是这种忽视导致了一部分人饮食过量，而另一部分人却粮食

短缺的普遍局面。目前我们正在采取措施改变有人在挨饿，而美国的
生产商们却在焚烧过剩麦子的局面。现在要完全依照自然法则行动的
可能性不大，但我们并不需要为此感到担忧。

《马哈德夫·德赛日记》第 1 卷，第 168 页，1932 年 6 月 17 日

参考文献

1.《阿卜杜勒·加法尔·汉》，D.G.坦都卡（Tendulkar），大众波卡山（Popular Prakashan）出版社（为甘地和平基金会出版），孟买，1967年。

2.《一沓旧信》，贾瓦哈拉尔·尼赫鲁，亚洲出版社（Asia Publishing House），孟买，1960年。

3.《巴布致静修院姐妹们的信》，莫罕达斯·卡拉姆昌德·甘地，纳瓦吉万（Navajivan）出版社，艾哈迈达巴德，1960年。

4.《巴布致米拉的信》，莫罕达斯·卡拉姆昌德·甘地，纳瓦吉万出版社，艾哈迈达巴德，1959年。

5.《圣雄甘地选集》卷1、4、7、8、9至卷20，卷22至28，出版司（Publications Division），印度政府，德里。

6.《圣雄甘地名信集》，契普尔（R.L.Khipple）编译，印度印刷公司（Indian Printing Works），拉合尔，1947年。

7.《甘地与真纳会谈记录》，《印度斯坦时报》，新德里，1944年。

8.《圣雄甘地与政府的通信（1942—1944）》，纳瓦吉万出版社，艾哈迈达巴德，1957年。

9.《圣雄甘地与政府的通信（1944—1947）》，纳瓦吉万出版社，艾哈迈达巴德，1959年。

10.《斯里尼瓦沙·萨斯特里书信集》，吉伽迪桑（T.N.Jagadisan）

编，罗克豪斯与子弟（Rochouse&Sons）有限公司，马德拉斯，1944 年。

11.《致玛尼本·帕特尔书信集》，莫罕达斯·卡拉姆昌德·甘地，纳瓦吉万出版社，艾哈迈达巴德，1963 年。

12.《致拉吉库玛瑞·阿姆里特·考尔的书信集》，莫罕达斯·卡拉姆昌德·甘地，纳瓦吉万出版社，艾哈迈达巴德，1961 年。

13.《给萨达尔·瓦拉拜·帕特尔的书信集》，莫罕达斯·卡拉姆昌德·甘地，纳瓦吉万出版社，艾哈迈达巴德，1957 年。

14.《马哈德夫·德赛日记》卷 1，瓦吉·哥凡吉·德赛（Valji Govindji Desai），纳瓦吉万出版社，艾哈迈达巴德，1953 年。

15.《圣雄——甘地的一生》，卷 1、3、5，D.G. 坦都卡（Tendulkar）著，瓦塔卜哈伊·K. 加韦瑞（Vithalbhai K.Jhaveri）与 D.G. 坦都卡（Tendulkar）出版，孟买，1952 年。

16.《我心爱的小孩》，莫罕达斯·卡拉姆昌德·甘地，纳瓦吉万出版社，艾哈迈达巴德，1959 年。

17.《领导者苏巴斯·钱德拉·鲍斯——他的一生与著作》，索潘（Sopan）出版社，孟买，1946 年。

18.《在和平与战争中的非暴力》卷 1，莫罕达斯·卡拉姆昌德·甘地，纳瓦吉万出版社，艾哈迈达巴德，1962 年。

19.《我的故事》，卷 1，M.R. 贾亚卡尔（M.R.Jayakar），亚洲出版社（Asia Publishing House），孟买，1958 年。

20.《甘地书信集》I、II，莫罕达斯·卡拉姆昌德·甘地，V.G. 德赛选译，纳瓦吉万出版社，艾哈迈达巴德。

21.《致一位甘地主义资本家》，莫罕达斯·卡拉姆昌德·甘地，卡卡萨卜·卡勒卡尔（Kakasaheb Kalelkar）编，加姆那拉·萨瓦信托公司（Jamnalal Seva Trust），沃尔塔，1951 年。

22.《托尔斯泰和甘地》，卡里达斯·纳格博士（Dr.Kalidas Nag），书店出版社（Pustak Bhandar），巴特那，1950 年。

23.《真理以不同的方式召唤他们》，莫罕达斯·卡拉姆昌德·甘地，R.K. 普拉卜胡（R.K.Prabhu）、拉瓦德拉·科勒卡尔（Ravindra Kelekar）编，纳瓦吉万出版社，艾哈迈达巴德，1961 年。

下表为信件影印件编号与日期（萨巴尔马甘地博物馆馆藏）

编号	日期	编号	日期
1536–1537	1940 年 2 月 19 日	14378	1928 年 9 月 7 日
7973	1922 年 3 月 4 日	14942	1928 年 2 月 15 日
7977	1922 年 3 月 4 日	15663	1929 年 10 月 12 日
12350	1927 年 5 月 13 日	16424	1930 年 2 月 2 日
13197	1928 年 4 月 20 日	16948	1931 年 2 月 23 日
13275	1927 年 9 月 1 日	17023	1931 年 4 月 29 日
14120	1927 年 4 月 28 日	18565	1932 年 9 月 30 日
14130	1927 年 5 月 28 日	18622	1932 年 11 月 15 日
18622	1932 年 11 月 24 日	23905	1932 年 10 月 9 日
19127	1933 年 7 月 27 日	23961	1947 年 11 月 29 日
20348	1933 年 2 月 24 日	26400	1932 年 9 月 20 日
21535	1933 年 7 月 26 日	26409	1934 年 11 月 15 日
22641	1934 年 12 月 10 日	26412	1937 年 2 月 19 日
21642	1935 年 1 月 3 日	26413	1937 年 4 月 9 日
22663	1941 年 1 月 25 日	26415	1937 年 9 月 23 日
22666	1947 年 7 月 26 日	29503	1933 年 9 月 30 日
23126	1939 年 7 月 23 日		

非暴力的细节：甘地书信选

FEIBAOLI DE XIJIE：GANDI SHUXIN XUAN

图书在版编目（CIP）数据

非暴力的细节：甘地书信选 ／ （印）莫罕达斯·卡拉姆
昌德·甘地著 ；阮思余等译. -- 桂林 ：广西师范大学
出版社，2025. 2. -- （梵澄译丛 ／ 闻中主编）.
ISBN 978-7-5598-7802-1

Ⅰ. K833.517=5

中国国家版本馆 CIP 数据核字第 2025XN1525 号

广西师范大学出版社出版发行

广西桂林市五里店路9号　　邮政编码：541004
网址：http://www.bbtpress.com
出版人：黄轩庄
全国新华书店经销
北京博海升彩色印刷有限公司印刷
北京市通州区金桥科技产业基地环宇路6号
邮政编码：100076
开本：710 mm × 960 mm　1/16
印张：31　字数：365 千
2025 年 2 月第 1 版　2025 年 2 月第 1 次印刷
印数：0 001~5 000 册　定价：82.00 元

如发现印装质量问题，影响阅读，请与出版社发行部门联系调换。